Anke Giese

Differenziertes Performance Measurement in Supply Chains

Mit einem Geleitwort von
Prof. Dr. Dr. h. c. Günter Fandel

Anke Giese
Hagen, Deutschland

Dissertation FernUniversität in Hagen, 2011

ISBN 978-3-8349-3588-5   ISBN 978-3-8349-3589-2 (eBook)
DOI 10.1007/978-3-8349-3589-2

Die Deutsche Nationalbibliothek verzeichnet diese Publikation in der Deutschen Nationalbibliografie; detaillierte bibliografische Daten sind im Internet über http://dnb.d-nb.de abrufbar.

Springer Gabler
© Gabler Verlag | Springer Fachmedien Wiesbaden 2012
Das Werk einschließlich aller seiner Teile ist urheberrechtlich geschützt. Jede Verwertung, die nicht ausdrücklich vom Urheberrechtsgesetz zugelassen ist, bedarf der vorherigen Zustimmung des Verlags. Das gilt insbesondere für Vervielfältigungen, Bearbeitungen, Übersetzungen, Mikroverfilmungen und die Einspeicherung und Verarbeitung in elektronischen Systemen.

Die Wiedergabe von Gebrauchsnamen, Handelsnamen, Warenbezeichnungen usw. in diesem Werk berechtigt auch ohne besondere Kennzeichnung nicht zu der Annahme, dass solche Namen im Sinne der Warenzeichen- und Markenschutz-Gesetzgebung als frei zu betrachten wären und daher von jedermann benutzt werden dürften.

Einbandentwurf: KünkelLopka GmbH, Heidelberg

Gedruckt auf säurefreiem und chlorfrei gebleichtem Papier

Springer Gabler ist eine Marke von Springer DE.
Springer DE ist Teil der Fachverlagsgruppe Springer Science+Business Media
www.springer-gabler.de

Geleitwort

Zum Controlling von Supply Chains gibt es bislang nur vereinzelte Vorschläge in der Literatur, die aber kein ganzheitliches Bild erkennen lassen, aus dem heraus man eine entscheidungsorientierte Empfehlung für ein differenziertes Performance Measurement in Supply Chains ableiten könnte. Insofern ist es von besonderer Bedeutung, Supply Chain-Typologien zu entwickeln, die es erlauben, unterschiedliche Supply Chains voneinander zu unterscheiden, weil man dann daran eine unternehmensindividuelle Gestaltung zum Performance Measurement dieser Supply Chains anknüpfen kann. Danach kann man das Unterfangen angehen, die Konzeptionierung eines differenzierten Performance Measurement in Supply Chains vorzunehmen. Dieser Intention folgt die vorliegende Schrift. Sie arbeitet zunächst die Grundlagen des Supply Chain Management und Controlling auf, bevor das Performance Measurement in Supply Chains als Erweiterung klassischer Kennzahlensysteme und deren Einsatz diskutiert wird. Dabei liegt der besondere Aspekt auf dem Entwurf eines unternehmensübergreifenden Ansatzes.

Dem Begriff der Supply Chain wird eine prozessorientierte Sichtweise zugrunde gelegt, wobei Kundenaufträge nach dem Pull-Prinzip über die verschiedenen Wertschöpfungsstufen der unterschiedlichen Wirtschaftssubjekte hinweg verfolgt werden. Insbesondere wird auf die schrittweise Erweiterung der Logistik zum Supply Chain Management hingewiesen, wodurch sich betriebswirtschaftlich die Notwendigkeiten einer funktionalen, gütermäßigen und informationsmäßigen Integration der Leistungsprozesse ergeben. Schließlich sollen durch die kostenoptimale Gestaltung unternehmensübergreifender logistischer Prozesse interorganisationale Erfolgspotentiale der Wertschöpfungskette erschlossen werden. Dabei kommen als Zielgrößen Kostenvorteile, Zeitvorteile und Qualitätsvorteile in Betracht.

Die Ausgestaltung des Supply Chain Controlling erfolgt auf der Grundlage des logistikbasierten Ansatzes, dessen unternehmensinterne Perspektive dabei unternehmensübergreifend erweitert wird. Ziel ist die Existenzsicherung der Supply Chain, wobei als Instrumente die Supply Chain Map, der Portfolio-Ansatz, das SCOR-Konzept, das entsprechende Beziehungs-Controlling sowie die Kostenrechnung und Kennzahlensysteme zum Einsatz kommen können.

Das unternehmensübergreifende Performance Measurement verlangt nach einer gemeinschaftlichen Strategie der Wertschöpfungskette; hierbei kann die Ausrichtung auf ein fokales Unternehmen vorgenommen werden oder aber der Interessensausgleich aller Beteiligten im Vordergrund stehen. Eine unternehmensübergreifende, mehrebenenbezogene

Balanced Scorecard, in die aber gleichermaßen auch unternehmensinterne Kennzahlen einbezogen werden, eignet sich nach der Meinung der Verfasserin am besten für eine entsprechende Anpassung. Infrage kommende Ansätze werden dabei danach unterschieden, inwieweit sie dem Zeitbezug und der Einbeziehung unterschiedlicher Entscheidungsebenen gerecht werden, Teilprozesse der Supply Chain abbilden und den gesamten Güterfluss erfassen, funktionale oder prozessuale Kennzahlen oder aber solche quantitativer und qualitativer Art sowie finanzielle und nicht-finanzielle Größen einbeziehen.

Differenzierte Supply Chains weisen dabei durchweg bessere Kosten- und Leistungsgrößen auf als standardisierte Supply Chains. Dies genau schlägt die Brücke zu der Idee, zur Differenzierung von Supply Chains eine entsprechende Supply Chain-Typologie zu entwerfen, die wichtig ist, wenn man ein strategieorientiertes Performance Measurement zum Zweck des Supply Chain Controlling durchführen will. Infolgedessen wird eine Supply Chain-Typologie vorgeschlagen, die nach schlanken, agilen und hybriden Supply Chains differenziert und wichtige betriebliche Elemente der Wertschöpfungskette aufgreift.

Für die Konzeptionierung eines differenzierten Performance Measurement in Supply Chains wird ein Prozess vorgeschlagen, der sich aus der Vorbereitungsphase, der Entwicklungsphase und der Implementierungsphase zusammensetzt. In der Vorbereitungsphase ist die Strategie der Supply Chain zu definieren. Für die Entwicklungsphase beziehungsweise die Ableitung entsprechender Kennzahlen wird das SCOR-Modell herangezogen und entsprechend angepasst. In der Implementierungsphase liegen die Hauptaugenmerke darauf, wie häufig die Kennzahlen erfasst werden, wer dafür zuständig ist und welche Anreize dadurch gesetzt werden können.

Angesichts der bislang ungeordneten Verhältnisse auf dem Forschungsgebiet des Performance Measurement in Supply Chains ist es außerordentlich beachtlich, dass in dieser Schrift ein ganzheitlicher Ansatz zu dieser Thematik entwickelt wird.

Hagen, im November 2011   Günter Fandel

Vorwort

Die vorliegende Arbeit entstand während meiner Tätigkeit als wissenschaftliche Mitarbeiterin am Lehrstuhl für Betriebswirtschaft, insbes. Produktions- und Investitionstheorie, an der FernUniversität in Hagen. Sie wurde im Juli 2011 abgeschlossen und diesen Monat an der Fakultät für Wirtschaftswissenschaft der FernUniversität in Hagen als Dissertation angenommen.

Bei der Erstellung meiner Arbeit wurde ich durch zahlreiche Leute unterstützt, denen ich an dieser Stelle danken möchte. Besonderer Dank gebührt dabei meinem Doktorvater Herrn Prof. Dr. Dr. h.c. Günter Fandel, der sowohl fachlich als auch persönlich am erfolgreichen Abschluss meiner Promotion mitgewirkt hat. Weiterhin möchte ich mich bei Frau Prof. Dr. Ulrike Baumöl sowie Herrn Prof. Dr. Dieter Schneeloch für die Übernahme des Zweit- bzw. Drittgutachtens bedanken.

Die freundschaftliche Atmosphäre am Lehrstuhl hat wesentlich zum Gelingen der Arbeit, aber auch zu vielen schönen Erinnerungen an meine Zeit als wissenschaftliche Mitarbeiterin beigetragen. Hierfür danke ich meinen derzeitigen und ehemaligen Kollegen Sebastian Bartussek, Katharina Betzing, Steffen Blaga, Daniela Doliwa, Dr. Allegra Fistek, Van Loi Nguyen, Dr. Heike Raubenheimer, Linus Seikowsky, Thomas Solga, Dr. Sebastian Stütz und Jan Trockel. Bettina Acs und Heike haben durch intensives Korrekturlesen und hilfreiche inhaltliche Hinweise den erfolgreichen Abschluss der Arbeit vorangetrieben.

Ganz besonders bedanken möchte ich mich bei meinen Eltern, deren umfassende Unterstützung während meiner gesamten Ausbildung mir die Promotion erst ermöglichte. Abschließend möchte ich meinem Freund Boris danken, der mich in der finalen Phase meiner Promotion emotional begleitet hat.

Hagen, im November 2011   Anke Giese

Inhaltsverzeichnis

Abbildungsverzeichnis XIII
Tabellenverzeichnis XV
1. Einleitung 1
2. Grundlagen des Supply Chain Managements und Controlling 7
   2.1 Supply Chain und Supply Chain Management 7
      2.1.1 Begriff der Supply Chain 7
      2.1.2 Begriff des SCM 11
         2.1.2.1 Definitorische Abgrenzung des SCM 11
         2.1.2.2 Ziele des SCM 14
   2.2 Supply Chain Controlling 19
      2.2.1 Begriff des Controlling 19
      2.2.2 Einordnung des Supply Chain Controlling in die Controlling-Konzeptionen . 23
      2.2.3 Ausgestaltung des Supply Chain Controlling 27
3. Performance Measurement in Supply Chains 35
   3.1 Performance Measurement als Erweiterung des klassischen Kennzahleneinsatzes 35
      3.1.1 Definitorische Abgrenzung des Performance Measurement 35
      3.1.2 Kennzahlen als Basis des Performance Measurement 38
      3.1.3 Ansatzpunkte zur Weiterentwicklung traditioneller Kennzahlensysteme zu einem Performance Measurement 41
      3.1.4 Instrumente des Performance Measurement 47
         3.1.4.1 Balanced Scorecard 47
         3.1.4.2 Tableau de Bord 50
         3.1.4.3 Skandia Navigator 52
         3.1.4.4 Performance Pyramid 54
         3.1.4.5 Quantum Performance Measurement 57
         3.1.4.6 Konzept der selektiven Kennzahlen 60
   3.2 Unternehmensübergreifendes Performance Measurement 62
      3.2.1 Anpassung des Performance Measurement an den unternehmensübergreifenden Kontext 62
      3.2.2 Anforderungen an das Performance Measurement in Supply Chains 66
      3.2.3 Ansätze zum Performance Measurement in Supply Chains 69

4.	**Empirische Befunde zum Performance Measurement in Supply Chains**	**75**
4.1	Potentiale und Voraussetzungen eines unternehmensübergreifenden Kennzahleneinsatzes	75
4.2	Status Quo des unternehmensübergreifenden Performance Measurement	78
4.3	Besonderheiten des unternehmensübergreifenden im Vergleich zum unternehmensinternen Einsatz von Kennzahlen	82
4.4	Performance Measurement in verschiedenen Arten von Supply Chains	84
	4.4.1 Differenzierung von Supply Chains	84
	4.4.2 Unterschiede beim Performance Measurement in verschiedenen SC-Typen	87
4.5	Zusammenfassende Erkenntnisse aus den empirischen Studien zum unternehmensübergreifenden Performance Measurement	93
5.	**SC-Typologien zur Differenzierung von Supply Chains**	**97**
5.1	Einbindung von Supply Chains in Typologien	97
5.2	Bedeutung und Einsatzmöglichkeiten der Systematisierung von Supply Chains	99
5.3	Aktueller Forschungsstand im Bereich der SC-Typologien	101
	5.3.1 Kooperationsorientierte Typologisierung	101
	5.3.2 Produktorientierte Typologisierung	104
	5.3.3 Produktionsorientierte Typologisierung	110
	5.3.4 Branchenorientierte Typologisierung	118
5.4	Vergleichende Bewertung der verschiedenen Ansätze	120
5.5	Entwicklung eines eigenen Ansatzes zur SC-Typologisierung	123
6.	**Konzeptionierung eines differenzierten Performance Measurement in Supply Chains**	**131**
6.1	Prozessschritte bei der Einführung eines Performance Measurement-Konzepts	131
6.2	Ableitung einer SC-Strategie als Grundlage eines Performance Measurement	134
	6.2.1 Bestimmung der strategischen Ausgangsposition in der Supply Chain	134
	6.2.2 Einordnung der Supply Chain in die SC-Typen	139
6.3	Organisatorische Verankerung des Performance Measurement	142
	6.3.1 Allgemeine Ansätze	142
	6.3.2 Übertragung der Ansätze auf die zugrunde liegenden SC-Typen	147
6.4	Ableitung entsprechender Kennzahlen	149
	6.4.1 Allgemeine Ansätze	149
	6.4.2 Übertragung der Ansätze auf die zugrunde liegenden SC-Typen	151
6.5	Auswahl entsprechender Instrumente des Performance Measurement	158

6.5.1	Allgemeine Ansätze	158
6.5.2	Übertragung der Ansätze auf die zugrunde liegenden SC-Typen	170
6.6	Einbindung der Kennzahlen in die Instrumente des Performance Measurement	173
6.7	Implementierung des Performance Measurement	179
6.8	Zusammenfassung der Handlungsempfehlungen für die verschiedenen Prozessschritte	185
7.	**Fazit**	**187**

Literaturverzeichnis **191**

Abbildungsverzeichnis

Abb. 1: Aufbau der Arbeit ... 5
Abb. 2: Wertkette nach PORTER ... 8
Abb. 3: Überlappung der Wertketten ... 9
Abb. 4: Bullwhip-Effekt ... 18
Abb. 5: Ansatzpunkte zur Weiterentwicklung traditioneller Kennzahlensysteme ... 46
Abb. 6: Perspektiven der Balanced Scorecard ... 48
Abb. 7: Aufbau des Tableau de Bord ... 51
Abb. 8: Skandia Navigator ... 53
Abb. 9: Performance Pyramid ... 55
Abb. 10: Ursache-Wirkungs-Beziehungen zwischen Kennzahlen der Performance Pyramid 56
Abb. 11: Quantum Performance-Bewertungsmodell ... 59
Abb. 12: Konzept der selektiven Kennzahlen ... 60
Abb. 13: Anwendungspotentiale von Kennzahlen in der Supply Chain ... 76
Abb. 14: Verbreitung der Kennzahlen aus den Balanced Scorecard-Perspektiven ... 80
Abb. 15: SC-Differenzierungskriterien nach Branche ... 85
Abb. 16: Kosten- und Leistungsvergleich differenzierter und standardisierter Supply Chains ... 86
Abb. 17: Priorisierte Ziele des SCM in der Automobil-SC ... 91
Abb. 18: Priorisierte Ziele des SCM in der Konsumgüter-SC ... 92
Abb. 19: Einsatzempfehlungen bezüglich einer schlanken oder agilen Supply Chain ... 116
Abb. 20: SC-Typen nach CORSTEN/GABRIEL ... 119
Abb. 21: Prozess zur Einführung eines differenzierten Performance Measurement-Konzepts ... 132
Abb. 22: Doppelter strategischer Fit in der Supply Chain ... 135
Abb. 23: Wettbewerbskräfte nach PORTER ... 137
Abb. 24: Organisationsformen des Supply Chain Controlling in der Praxis ... 143
Abb. 25: Ebenen des SCOR-Modells ... 150
Abb. 26: Beispiele für strategische und operative Kennzahlen auf den drei Ebenen des Supply Chain Controlling ... 167
Abb. 27: Selektive Kennzahlen in der agilen Supply Chain ... 174
Abb. 28: Balanced Scorecard in der schlanken Supply Chain ... 176

Tabellenverzeichnis

Tab. 1: Definitionen des Performance Measurement 37
Tab. 2: Kategorisierung von Kennzahlen nach Vorlauf- und Ergebnisindikatoren 40
Tab. 3: Quantum Performance-Matrix 58
Tab. 4: SC-Kennzahlen-Matrix in Anlehnung an GUNASEKARAN/PATEL/MCGAUGHEY 83
Tab. 5: SC-Typen nach der kooperationsorientierten Typologisierung 102
Tab. 6: Merkmale integraler und modularer Supply Chains 105
Tab. 7: Gegenüberstellung funktionaler und innovativer Produkte 108
Tab. 8: Merkmale effizienter und responsiver Supply Chains 109
Tab. 9: Strategieempfehlungen nach VONDEREMBSE ET AL. 117
Tab. 10: Übersicht der Merkmalsausprägungen 118
Tab. 11: SC-Typologie auf Basis des Ansatzes von NAYLOR/NAIM/BERRY 130
Tab. 12: Checkliste zur Identifikation der SC-Typen 140
Tab. 13: Vor- und Nachteile der verschiedenen Organisationslösungen 145
Tab. 14: Key Performance Indicators für die agile Supply Chain 154
Tab. 15: Key Performance Indicators für die schlanke Supply Chain 157
Tab. 16: Bewertung der Instrumente für den unternehmensübergreifenden Einsatz 169
Tab. 17: Zusammenfassende Handlungsempfehlungen für die Einführung eines differenzierten Performance Measurement-Konzepts 186

1. Einleitung

Zahlreiche Entwicklungen haben zu einer Veränderung des Unternehmensumfeldes geführt und unterstützen damit die aktuelle Relevanz der Thematik dieser Arbeit. So zwingt der Wettbewerb in der global agierenden Wirtschaft Unternehmen verstärkt dazu, Kooperationen einzugehen. Hierdurch entstehen unternehmensübergreifende Wertschöpfungsketten, auch Supply Chains genannt, in denen idealerweise die Finanz-, Güter- und Materialflüsse vom Rohstofflieferanten bis zum Endkunden optimiert werden. Zur Steuerung dieser Supply Chains gewinnen zunehmend entsprechende Konzepte des Controlling an Bedeutung. Im Rahmen eines solchen Controlling spielt der Einsatz von Kennzahlen eine zentrale Rolle. Dabei werden traditionelle, ausschließlich finanzorientierte Kennzahlensysteme in der vergangenen Zeit verstärkt durch ein modernes Performance Measurement ersetzt bzw. ergänzt. Dieses erweitert die Verwendung finanzorientierter Kennzahlen um die Einbeziehung sogenannter Vorlaufindikatoren, die den Unternehmen frühzeitig eine Verschlechterung der Unternehmensleistung anzeigen. Solche Kennzahlen betreffen etwa die Bereiche Kunden, Prozesse und Mitarbeiter. Die unternehmensübergreifende Ausrichtung von Supply Chains verlangt aufgrund ihrer erhöhten Komplexität in besonderem Maße nach einem solchen erweiterten Kennzahleneinsatz.

Mit der Einführung eines Performance Measurement einher geht auch die Forderung, die Kennzahlen an der individuellen Strategie des Unternehmens bzw. der Supply Chain auszurichten. Der Einsatz standardisierter Kennzahlensysteme sollte deshalb durch ein differenziertes Performance Measurement, das die individuellen Ziele und Umweltbedingungen der jeweiligen Supply Chain berücksichtigt, ersetzt werden. Dabei müsste sich jedoch jede Supply Chain der Herausforderung stellen, ihre spezifische Situation zu analysieren und ein individuelles Konzept für ein entsprechendes Performance Measurement zu entwickeln.

Vor diesem Hintergrund möchte die Arbeit vorrangig dazu beitragen, die Forschung zu folgender Frage voranzutreiben: Wie lassen sich verschiedene SC-Typen abgrenzen und welche Gestaltungsempfehlungen können bezüglich eines differenzierten, auf den individuellen SC-Typ zugeschnittenen Performance Measurement gegeben werden?

Bei der Betrachtung dieser Frage fällt unmittelbar auf, dass sich diese in zwei Teilaspekte aufgliedern lässt. Der erste Teilaspekt betrifft die Typologisierung von Supply Chains, also die Einteilung von Supply Chains in verschiedene Typen. Hierbei ist folgende Frage zu klären: Welche Merkmale sollten zur Typologisierung von Supply Chains herangezogen werden bzw. wie sind in der Literatur zu dieser Thematik vorliegende Ansätze zu bewerten?

Wie kann ein bestehender Ansatz derart erweitert werden, dass das Profil der ihm zugrunde liegenden SC-Typen geschärft wird? Der zweite Teilaspekt bezieht sich auf das Performance Measurement in diesen verschiedenen SC-Typen, wobei sich folgende Fragestellungen ergeben: Welche Entscheidungen sind im Rahmen des Prozesses der Einführung eines differenzierten Performance Measurement-Konzepts zu treffen? Wie können Supply Chains als Basis hierzu einem der zuvor abgegrenzten SC-Typen zugeordnet werden? Welche Entscheidungen ergeben sich bezüglich

- der organisatorischen Einordnung des Performance Measurement,
- der einzusetzenden Kennzahlen,
- der anzuwendenden Instrumente und
- der Einbindung der Kennzahlen in die Instrumente des Performance Measurement

in den zuvor identifizierten SC-Typen? Wie kann die abschließende Implementierung des Performance Measurement erfolgen?

Darüber hinaus werden auch einige grundlegende Fragestellungen geklärt, die sich unmittelbar aus dieser Thematik ergeben: Wie lässt sich das Konzept des Supply Chain Managements (SCM) abgrenzen und welche Besonderheiten ergeben sich hieraus für ein Controlling in der Supply Chain? Inwiefern stellt das Performance Measurement eine Weiterentwicklung des klassischen Kennzahleneinsatzes dar und durch welche Instrumente wird es unterstützt? Welche Anpassungen sind bei einer Übertragung des Performance Measurement auf den unternehmensübergreifenden Kontext notwendig und welche konkreten Anforderungen ergeben sich hieraus? Wie ist der aktuelle Stand der Forschung in diesem Bereich? Darüber hinaus stellt sich die Frage nach der praktischen Relevanz dieser Thematik. Hier werden im Rahmen der Untersuchung diverser empirischer Studien sowohl das unternehmensübergreifende Performance Measurement im Allgemeinen als auch der Aspekt eines differenzierten Kennzahleneinsatzes in der Supply Chain beleuchtet.

Konkret ergibt sich aus den vorherigen Forschungsfragen folgender Aufbau der Arbeit: Das zweite Kapitel widmet sich den Grundlagen zum SCM und Supply Chain Controlling. Dabei wird zunächst auf den Begriff der Supply Chain sowie das Konzept des SCM und dessen Ziele eingegangen. Danach folgen wesentliche Erläuterungen zum Supply Chain Controlling, wobei dieses in die Konzeptionen des Controlling eingegliedert und entscheidende Aspekte zu dessen Ausgestaltung dargelegt werden. In diesem Zusammenhang wird das unternehmensübergreifende Performance Measurement als Teil des Supply Chain Controlling eingeordnet.

Das Performance Measurement in Supply Chains ist folglich Gegenstand des dritten Kapitels. Dazu wird das Performance Measurement als Erweiterung des klassischen Kennzahleneinsatzes herausgestellt, wobei auch dessen wesentliche Instrumente diskutiert werden. Im Anschluss wird das Performance Measurement im unternehmensübergreifenden Zusammenhang thematisiert. Neben den generellen Anpassungsmerkmalen werden konkrete Anforderungen an das Performance Measurement in Supply Chains hergeleitet. Zudem offenbart ein Überblick über aktuelle Forschungsansätze, dass ganzheitliche Konzepte zur Einführung eines differenzierten, an der Strategie ausgerichteten Performance Measurement in der bisherigen Forschung kaum Betrachtung finden.

Die empirische Fundierung der Thematik der Arbeit umfasst das vierte Kapitel. Anhand diverser Studien wird untersucht, ob die theoretischen Erkenntnisse zum Performance Measurement in Supply Chains in der Praxis aufgegriffen werden. Zudem werden im Rahmen der Auswertung der empirischen Befunde das Erfolgspotential der Differenzierung von Supply Chains nachgewiesen sowie das Performance Measurement in verschiedenen SC-Typen durchleuchtet. Diese Untersuchungen stellen die Basis der weiteren Analyse dar.

Das fünfte Kapitel beschäftigt sich dementsprechend mit der Differenzierung von Supply Chains. Hierzu werden zunächst die Einsatzmöglichkeiten einer solchen Differenzierung erläutert, bevor verschiedene SC-Typologien beschrieben und vergleichend gegenübergestellt werden. Im Anschluss erfolgt die Entwicklung einer eigenen SC-Typologie als Erweiterung der produktionsorientierten Abgrenzung verschiedener SC-Arten.

Im sechsten Kapitel wird diese Typologie für die Konzeptionierung eines differenzierten Performance Measurement zugrunde gelegt. Dazu werden vorab die Prozessschritte bei der Einführung dieses Performance Measurement-Konzepts dargelegt. Im ersten Schritt gilt es, die Supply Chain in einen der in Unterkap. 5.5 identifizierten SC-Typen einzuordnen. Auf Basis dieser Zuordnung wird über die Frage der Zuständigkeit für die Einführung und den Betrieb des Performance Measurement entschieden. Darauf folgen weitere Entscheidungen über einzusetzende Kennzahlen, Instrumente und die Einbindung der Kennzahlen in diese Instrumente, die in Abhängigkeit vom SC-Typ zu treffen sind. Die generelle Eignung der Instrumente wird dabei zunächst über die in Abschnitt 3.2.2 dargelegten Anforderungen an das Performance Measurement in Supply Chains geprüft. Abschließend wird auf Fragestellungen, die im Rahmen der Implementierung des Performance Measurement eine Rolle spielen, eingegangen.

Die Arbeit schließt mit einem Fazit im siebten Kapitel, das die Ergebnisse ausführlich zusammenfasst und die anfänglich gestellten Forschungsfragen beantwortet.

Die folgende Abbildung stellt den zuvor dargelegten Aufbau der Arbeit dar.

1	**Einleitung:** Ableitung der Forschungsfragen und Erläuterung des Aufbaus der Arbeit

Vorverständnis und Grundlagen

2	**Grundlagen des Supply Chain Managements und Controlling** • Begriff der Supply Chain • Definition und Abgrenzung des Supply Chain Managements • Fundierung des Supply Chain Controlling

3	**Performance Measurement in Supply Chains** • Performance Measurement als Erweiterung des klassischen Kennzahleneinsatzes • Instrumente des Performance Measurement • Anforderungen an das Performance Measurement in Supply Chains • Aktueller Forschungsstand zum unternehmensübergreifenden Performance Measurement

Praktische Relevanz der Thematik

4	**Empirische Befunde zum Performance Measurement in Supply Chains** • Kennzahleneinsatz in Supply Chains in der Praxis • Empirische Fundierung der Differenzierung von Supply Chains sowie eines entsprechenden Performance Measurement

Ableitung und Erläuterung des eigenen Ansatzes

5	**SC-Typologien zur Differenzierung von Supply Chains** • Vorstellung verschiedener SC-Typologien • Vergleichende Bewertung dieser Typologien • Herleitung einer Typologie als Basis für das weitere Vorgehen

6	**Konzeptionierung eines differenzierten Performance Measurement in Supply Chains** • Ableitung der zu treffenden Entscheidungen bei der Konzeptionierung eines differenzierten Performance Measurement • Prozessartige Darstellung der Einführung des Performance Measurement-Konzepts • Handlungsempfehlungen für die verschiedenen Prozessschritte

7	**Fazit:** Zusammenfassung der Ergebnisse und Beantwortung der Forschungsfragen

Abb. 1: Aufbau der Arbeit

2. Grundlagen des Supply Chain Managements und Controlling

In diesem Kapitel sollen als Basis der weitergehenden Überlegungen zunächst grundlegende Betrachtungen zum SCM sowie zum Supply Chain Controlling vorgenommen werden.

2.1 Supply Chain und Supply Chain Management

Im Folgenden wird aufgrund des Ziels der Abgrenzung verschiedener SC-Typen als erstes der Begriff der Supply Chain im Allgemeinen erläutert. Daran anschließend wird auf das Management von Supply Chains eingegangen.

2.1.1 Begriff der Supply Chain

Im Zusammenhang mit dem Begriff Supply Chain wird in der einschlägigen Literatur häufig zwischen einer unternehmensinternen und einer integrierten bzw. unternehmensexternen Supply Chain unterschieden.[1] Während die unternehmensinterne Sicht auf die zwecks Leistungserstellung im Unternehmen durchzuführenden Prozesse gerichtet ist, bezieht sich die unternehmensexterne Sicht auf die Schnittstellen der Unternehmung mit ihren Kunden und Lieferanten. Diese unternehmensexterne Sicht wird üblicherweise im Rahmen der Betrachtungen zum SCM zugrunde gelegt und ist Gegenstand dieser Arbeit.

Hierbei wird auf die Definition von BUSCH/DANGELMAIER zurückgegriffen, die unter dem Begriff Supply Chain im engeren Sinne eine Lieferkette, Versorgungskette oder unternehmensübergreifende Wertschöpfungskette verstehen.[2] Es wird eine ganzheitliche Betrachtungsweise der Logistikkette angestrebt, die vom Rohstofflieferanten zum Hersteller über Groß- und Einzelhändler bis zum Endkunden reicht. Allerdings steht die Supply Chain nicht nur für eine lineare Kette, sondern ist vielmehr als komplexes Gebilde zu verstehen, das als Netzwerk[3] interpretiert werden kann.[4] In der Praxis lässt sich jedoch feststellen, dass sich Supply Chains in den seltensten Fällen über alle Wertschöpfungsstufen erstrecken, sondern meistens nur die dem jeweiligen Unternehmen unmittelbar vor- bzw. nachgelagerte Stufe einbeziehen.[5]

---

[1] Vgl. u. a. Thaler (2007), S. 45; Werner (2008), S. 7.
[2] Vgl. Busch/Dangelmaier (2004), S. 4.
[3] Ein Netzwerk ist durch kooperative und relativ stabile Beziehungen gekennzeichnet, die zwischen rechtlich selbstständigen, wirtschaftlich in der Regel jedoch abhängigen Unternehmen bestehen. Vgl. Sydow (1992), S. 82. Netzwerke umfassen dabei im Gegensatz zu linearen Ketten auf jeder Stufe mehrere Akteure.
[4] Vgl. Busch/Dangelmaier (2004), S. 4.
[5] So gaben bei einer empirischen Untersuchung von GÖPFERT/NEHER lediglich 13 % der in Supply Chains eingebundenen Unternehmen an, dass sich die entsprechende Wertschöpfungskette vom Rohstofflieferanten bis zum Endkunden erstrecke. Vgl. Göpfert/Neher (2002), S. 38.

Dabei ist ausgehend vom Endhersteller die Einbeziehung der vorgelagerten Stufe – also der Lieferanten – ausgeprägter als die der nachgelagerten Stufe – also der Kunden.[6]

Die Supply Chain weist einen engen Bezug zur Wertkette nach PORTER auf. In einer Wertkette werden alle Tätigkeiten einer Unternehmung in einem System von miteinander verknüpften Aktivitäten abgebildet. Dabei findet eine Unterscheidung in primäre und unterstützende Wertschöpfungsaktivitäten statt. Primäre Aktivitäten dienen der Herstellung des Produkts, dessen Verkauf und Distribution an den Kunden sowie dem Kundendienst. Unterstützende Aktivitäten haben die primären Aktivitäten über den Kauf von Inputs, die Beschaffung von Personal, die Entwicklung von Technologien und den allgemeinen Erhalt der Unternehmensstruktur aufrecht zu erhalten.[7] Diesen Zusammenhang zeigt die folgende Abbildung.

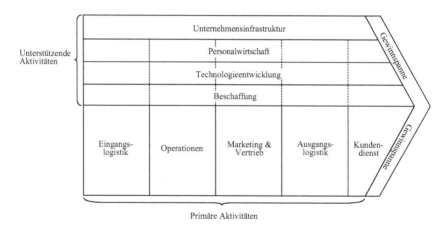

Abb. 2: Wertkette nach PORTER[8]

Die primären und unterstützenden Aktivitäten zeichnen sich in sehr hohem Maße durch interdependente Beziehungen aus. Eine im unterstützenden Bereich durchgeführte Handlung kann somit zu Veränderungen im primären Bereich führen und umgekehrt. Die Zuteilung der interdependenten Aktivitäten zu organisatorischen Funktionen hat ein Organisationsmodell zur Folge, in dem bestimmte Vorgänge mehrere Abteilungsbereiche betreffen und nicht ausschließlich den jeweiligen Funktionsbereichen zugeordnet werden können.[9] Obwohl die

---

[6] Vgl. Baumgarten/Wolff (1999), S. 26.
[7] Vgl. Porter (2010), S. 69.
[8] Vgl. Porter (2010), S. 66.
[9] Vgl. Corsten/Gössinger (2008), S. 105.

Wertkette ursprünglich unternehmensintern ausgerichtet ist, können durch deren Erweiterung zusätzlich zu den unternehmensinternen auch die netzwerkweiten Wertschöpfungsaktivitäten eingeordnet werden, so dass – ähnlich wie bei der Supply Chain – keine Begrenzung auf die einzelne Unternehmung erfolgt, sondern der gesamte Wertschöpfungsprozess erfasst wird. Auf diese Weise entsteht eine Wertkettenverschränkung, bei der sich mehrere Wertketten „überlappen".[10] So werden beispielsweise im Rahmen der Beschaffung sämtliche Aktivitäten betrachtet, die in Zusammenhang mit dem Beschaffungsprozess stehen und nicht nur die direkt der Beschaffungsabteilung zugeordneten Tätigkeiten.[11] Hierdurch kommt es – wie Abb. 3 darstellt – zu einer Verschränkung mit den Wertketten der Lieferanten.

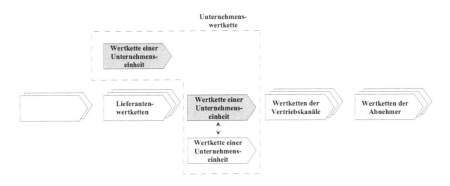

Abb. 3: Überlappung der Wertketten[12]

Diese prozessorientierte Sichtweise ist aus der Kritik am klassischen funktionsorientierten Ansatz entstanden. So birgt dieser Ansatz, der ein Unternehmen u. a. in einen Einkaufs-, Forschungs-, Fertigungs- und Vertriebsbereich trennt, die Gefahr von Informationsverlusten an den Schnittstellen zwischen den Funktionsbereichen. Eine mögliche Ursache ist, dass der Informationsbeschaffer (z. B. der Verkäufer, der den ersten Kundenkontakt hat und den Auftrag verhandelt) und der Informationsnutzer (z. B. der Auftragsabwickler) zwei verschiedene Personen sind und Informationen unabsichtlich verloren gehen können. Abteilungen können Informationen jedoch auch vorsätzlich verschweigen, um sich eigene Vorteile zu sichern. Kosten- und zeitintensive Koordinationsmaßnahmen sind für einen störungsfreien Ablauf erforderlich.[13]

---

[10] Vgl. Porter (2010), S. 83.
[11] Vgl. Corsten/Gössinger (2008), S. 105.
[12] Vgl. Porter (2010), S. 64.
[13] Vgl. Thaler (2007), S. 23.

Ein prozessorientierter Ansatz bietet hingegen die Möglichkeit, alle Unternehmensaktivitäten nach den Kundenaufträgen auszurichten. Die Bildung von abteilungsübergreifenden Teams reduziert den genannten Informationsverlust, so dass Kosten- und Zeiteinsparungspotentiale gemeinschaftlich von Einkauf, Produktion und Vertrieb aufgedeckt werden können.[14] Der Prozess ‚Kundenauftrag' endet jedoch nicht an den Unternehmensgrenzen, da z. B. die Bestellung von Rohstoffen beim Lieferanten ein wichtiger Bestandteil ist. Eine Weiterführung der unternehmensinternen Prozessorientierung ist daher Ausgangspunkt für die Entwicklung einer Supply Chain. Sie zeigt auf, dass Prozesse nicht an die Unternehmensgrenzen gekoppelt sind, sondern unternehmensübergreifend definiert werden müssen. Prozesse stellen folglich das Bindeglied zwischen Netzwerkunternehmen dar.[15]

Die entscheidenden Impulse gehen dabei in der Supply Chain nicht – wie der Begriff „Supply" vielleicht vermuten lässt – von den Lieferanten aus; stattdessen ist Ausgangspunkt der Planung bzw. der Optimierung die Nachfrage (Demand) der Endkunden,[16] d. h. es ist ein Trend vom Push- zum Pull-Prinzip festzustellen. Beim Push-Prinzip wird auf Lager produziert mit der Folge hoher Gesamtkosten. In diesem System geht die Versorgungskette also vom Lieferanten aus. Dagegen beginnt im Pull-Prinzip die Wertschöpfungskette beim Endkunden, so dass der Kunde die Prozessaktivitäten bestimmt und die Versorgungskette „zieht". Folglich ist eine ganzheitliche Orientierung mit Blick auf den Endkunden notwendig, d. h. Ziel ist es, Angebot und Nachfrage bestmöglich aufeinander abzustimmen.[17] Als positive Effekte zeigen sich u. a. niedrigere Kosten im Gesamtsystem.[18] Hier setzt der Gedanke des SCM an.

---

[14] Vgl. Arndt (2010), S. 39ff.
[15] Vgl. Fleisch (2001), S. 11f.
[16] Vgl. Arndt (2010), S. 47.
[17] Dabei wird sich in Abschnitt 5.3.3 zeigen, dass je nach strategischer Ausrichtung der Supply Chain das Pull-System entweder direkt realisiert oder eine Optimierung der Nachfrageplanung im Rahmen des Push-Systems durchgeführt wird. Bei der Anwendung des Pull-Systems wird immer erst dann produziert, wenn die Kunden tatsächlich Bedarf anmelden. Ansonsten werden Nachfragedaten der vergangenen Perioden zwischen den SC-Unternehmen ausgetauscht, so dass die Produktion über Nachfrageprognosen bestmöglich geplant werden kann.
[18] Vgl. Corsten/Gabriel (2004), S. 16f.

2.1.2 Begriff des SCM

Im Rahmen der Ausführungen zum SCM sollen neben einer allgemeinen definitorischen Abgrenzung auch dessen Ziele thematisiert werden, da diese eine zentrale Rolle bei der späteren Ableitung von SC-Kennzahlen spielen.

2.1.2.1 Definitorische Abgrenzung des SCM

Das SCM hat seinen Ursprung in den USA, wo zu Beginn der 1980er Jahre angloamerikanische Consultinggesellschaften den Begriff prägten und das Konzept wiederum nur in den USA einen ersten Eingang in die Theorie fand. Erstmals erwähnt wird der Ansatz des SCM von den Beratern OLIVER und WEBBER im Jahre 1982, wobei allerdings noch keine konkrete Definition genannt wird.[19] In Deutschland hingegen setzte sich das SCM erst Mitte der 1990er Jahre durch.[20] Dabei wurde die wissenschaftliche Diskussion durch die Entwicklungen in der betrieblichen Praxis veranlasst, so dass das SCM kein in der Theorie entworfenes Konzept, sondern eine in der Praxis entstandene und von der Theorie aufgegriffene Thematik darstellt. Allerdings bemerken COOPER/LAMBERT/PAGH, dass die dem SCM zugrunde liegenden Konzepte bereits wesentlich früher auftraten. So reichen Forschungsansätze zum Management von interorganisationalen Prozessen und der Systemintegration bis in die 1960er Jahre zurück und auch Ansätze zum Informationsaustausch zwischen Organisationen sind bereits zeitlich vor dem Auftreten des Begriffs SCM zu finden.[21]

Ein grundsätzlicher Streitpunkt ist die Abgrenzung des SCM von der klassischen Logistik. In der Literatur wird die Entstehung des SCM aus der Logistik bzw. dem Logistikmanagement aus unterschiedlichen Perspektiven beschrieben. ROSS bezieht sich auf die Entwicklung aus der Management- bzw. Aufgabenbereichsperspektive. In den 1960er Jahren agierte die Logistik dezentral und hatte die Aufgabengebiete Einlagerung und Transport der Waren. In den beiden folgenden Jahrzehnten gerieten die Kostenoptimierung und der Kundenservice in den Fokus. Dies machte es erforderlich, die Logistik über ein entsprechendes Logistikmanagement zentral zu steuern. Die Einbindung der Logistik in Unternehmensprozesse, wie Produktions- und Bestandsplanung sowie den Einkauf von Material, wurde Ende der 1980er, Anfang der 1990er Jahre eingeleitet. Die Logistik begann, über die Grenzen des Unternehmens hinaus zu agieren und widmete sich von da an auch Aufgaben der Beschaffung und

---
[19] Vgl. hierzu den entsprechenden Nachdruck Oliver/Webber (2002), S. 66ff.
[20] Vgl. Werner (2008), S. 3.
[21] Vgl. Cooper/Lambert/Pagh (1997), S. 2.

der Lieferung an den Kunden. Ende der 1990er Jahre umfasste die Logistik schließlich das, was heute als SCM bezeichnet wird, also die Integration der logistischen Aktivitäten über die Unternehmensgrenzen hinweg.[22]

Ein weiteres Konzept zur Beschreibung der Entwicklung des SCM fasst Unternehmensbereiche schrittweise zu Unternehmensfunktionen zusammen. Ausgangspunkt ist die Herangehensweise der 1950er und 1960er Jahre, bei der die einzelnen Unternehmensabteilungen wie Einkauf, Verkauf, Produktion und Distribution unabhängig voneinander agierten. Dabei war jeder Bereich jeweils eigenverantwortlich für sein Ergebnis. Im ersten Schritt, der Phase der funktionalen Integration, wurden die Material- und Informationsflüsse der oben genannten Unternehmensbereiche zusammengefasst und unter die Kontrolle der Logistik gestellt. Deren Tätigkeiten gewannen dadurch an Umfang und Komplexität. Nachdem diese Stufe erreicht worden war, wurde der Aufgabenbereich der Logistik in der Phase der internen Integration um Tätigkeiten wie die Auftragsabwicklung und Beschaffung erweitert. Dadurch wurde die Logistik zu einer Querschnittsfunktion zwischen den einzelnen Unternehmensbereichen. Im dritten und letzten Schritt, der Phase der externen Integration, entwickelte sich das SCM wie es heute verstanden wird. Diese erweiterte Form der Logistik besitzt nun die Aufgabe, Material- und Informationsflüsse unternehmensübergreifend zu koordinieren. Dabei werden sowohl Lieferanten als auch Kunden in die Betrachtungen mit einbezogen, um Wertschöpfungsketten bzw. -netzwerke aufzubauen und optimieren.[23]

Diese Historie trägt dazu bei, dass sich bislang noch keine einheitliche Definition für den Begriff des SCM herausgebildet hat. In diesem Zusammenhang beschreibt KOTZAB, dass insbesondere von vielen US-amerikanischen Autoren die Ansicht vertreten werde, der SCM-Ansatz beinhalte nicht nur logistische Prozesse, vielmehr sei er als erweiterte betriebswirtschaftliche Konzeption zu verstehen.[24] Diese Schlussfolgerung wird wiederum von einigen SCM-Forschern angezweifelt. So wird insbesondere im deutschsprachigen Raum das Augenmerk mehr auf die logistische Aufgabenabwicklung gelegt.[25] Diese Sichtweise wird auch hier verfolgt. Allerdings soll dabei berücksichtigt werden, dass sich bei institutioneller Betrachtungsweise ein bedeutender Unterschied zwischen beiden Ansätzen zeigt. Die Logistik konzentriert sich überwiegend auf die Optimierung der Material- und Informationsflüsse eines Unternehmens. Im SCM-Ansatz hingegen wird eine vollständige Integration aller

---

[22] Vgl. Ross (1998), S. 77ff.
[23] Vgl. Sennheiser/Schnetzler (2008), S. 5ff.; vgl. Stevens (1989), S. 6.
[24] Vgl. Kotzab (2000), S. 41; vgl. hierzu u. a. die Definitionen nach Bowersox/Closs (1996); Christopher (1992); Cooper/Lambert/Pagh (1997); Ellram/Cooper (1990).
[25] Vgl. Kotzab (2000), S. 41; vgl. hierzu u. a. die Definitionen nach Arndt (2010); Fandel/Giese/Raubenheimer (2009); Göpfert (2004); Thaler (2007).

im Wertschöpfungsprozess beteiligten Unternehmen verfolgt, d. h. unternehmensübergreifend und partnerschaftlich werden auf ganzheitlicher Basis die Material-, Dienstleistungs- und Informationsflüsse entlang der gesamten Supply Chain koordiniert.[26] Zusätzliches Abgrenzungskriterium gegenüber der betriebswirtschaftlichen Logistik ist daher die permanente interorganisatorische Ausrichtung des SCM-Konzepts. Aufgrund dieser Ausrichtung vollzieht sich somit auch der Wandel von der Funktions- zur Prozessorientierung, d. h. das SCM geht über die Grenzen einer Unternehmung hinaus.[27] Daraus ergibt sich, dass trotz der in dieser Arbeit zugrunde gelegten Betrachtungsweise des SCM als erweiterte Form der Logistik eine enge Verknüpfung der SCM-Forschung mit anderen betriebswirtschaftlichen Disziplinen, wie Beschaffung und Marketing, als gegeben angesehen werden soll.

In ähnlicher Weise stellt PFOHL in seiner Arbeit heraus, dass die mit dem SCM verfolgte unternehmensübergreifende Ausrichtung der Wertschöpfungsströme zu einer neuen Betrachtungsweise von Problemen führe und sich in diesem Kontext das Gedankengut vieler betriebswirtschaftlicher Teildisziplinen und Forschungsrichtungen niederschlage.[28] Auch WERNER betont die erweiterte Sichtweise des SCM gegenüber der Logistik. So konzentriert sich die traditionelle Logistik auf die Optimierung von Aktivitäten in abgegrenzten Funktionsbereichen, d. h. im Zentrum der Logistik steht die Durchführung physischer Tätigkeiten, wie die Ein-, Um- und Auslagerung der Produkte. Dadurch ist die Logistik auf einen Funktionsbereich der Unternehmung beschränkt. Demgegenüber ist das SCM wesentlich weiter gefasst. Neben logistischen Leistungen enthält das SCM-Konzept zudem begleitende Finanz- und Informationsflüsse. Dabei nimmt das SCM als Leistungskonzept für die Versorgung, Entsorgung und Recycling in der Supply Chain unterschiedliche Bereiche der Logistik in Anspruch. Damit wird das SCM im Vergleich zur traditionellen Logistik als das umfassendere Konzept gesehen, das aus einer integrierten, unternehmensübergreifenden Supply Chain resultiert.[29]

---

[26] Vgl. Hahn (2000), S. 12. Dabei soll in dieser Arbeit in Anlehnung an FANDEL/STAMMEN von einer umfassenden Prozesssicht ausgegangen werden, die auch die Produktentwicklungsprozesse mit in die Betrachtung aufnimmt. Vgl. zu den verschiedenen SC-Prozessen Fandel/Stammen (2004), S. 295f.
[27] Die unternehmensübergreifende Ausrichtung des SCM wird in praktisch allen Veröffentlichungen auf diesem Gebiet betont.
[28] Vgl. Pfohl (2000), S. 35f.
[29] Vgl. Werner (2008), S. 18.

Zusammenfassend lassen sich die bedeutenden Eigenschaften des SCM festhalten als

- die Erschließung interorganisationaler Erfolgspotentiale,
- die effiziente Integration der relevanten Teile des unternehmensübergreifenden Wertschöpfungssystems,
- die kostenoptimale Planung, Gestaltung, Steuerung und Kontrolle der unternehmensübergreifenden logistischen Prozesse, die zur Entwicklung, Erstellung und Verwertung von Sachgütern und/oder Dienstleistungen führen,
- die Koordination und Optimierung der Güter-, Informations-, Dienstleistungs- und Finanzflüsse und
- die Befriedigung der Bedürfnisse der Endkunden.[30]

2.1.2.2 Ziele des SCM

Im Rahmen des SCM sollen zur Realisierung des obersten Ziels der Gewinnmaximierung die Interessen aller im Prozessgeschehen beteiligten Personen – so auch die Interessen der Endkunden – entlang der gesamten Wertschöpfungskette optimiert werden.[31] Erfolgt nun aufgrund des zuvor dargestellten Bezugs zur Logistik zunächst deren Zielbetrachtung, so gilt dort als das klassische Ziel die Optimierung des Logistikerfolgs, die maßgeblich von der Logistikleistung und den Logistikkosten beeinflusst wird. Allerdings ergeben sich aufgrund der Querschnittsfunktion der Logistik bei funktionaler Betrachtung etliche Zielkonflikte mit anderen betrieblichen Funktionsbereichen. So konkurriert beispielsweise die Zielsetzung niedriger Lagerbestände im Logistikbereich mit den Zielen der Absatzabteilung, den Kundenwünschen entsprechend zeitnah zu liefern, und der Beschaffungsabteilung, aus Kostengründen möglichst große Volumina auf einmal zu bestellen. Die Logistik hat hier einen Ausgleich zwischen den Zielkonflikten zu schaffen bzw. diese durch entsprechende Maßnahmen abzuschwächen.[32]

Vor diesem Hintergrund ist es das Hauptziel des SCM, den Gesamtprozess über die Unternehmensgrenzen hinweg sowohl zeit- als auch kostenoptimal zu gestalten. Dabei leitet sich aus dessen definitorischer Abgrenzung ab, dass dies durch eine unternehmensübergreifende Koordination der Material- und Informationsflüsse über den gesamten Wertschöpfungsprozess – vom Lieferanten bis zum Endkunden – erreicht werden soll.[33] In diesem

---

[30] Vgl. Fandel/Giese/Raubenheimer (2009), S. 4.
[31] Vgl. Beckmann (2004), S. 12.
[32] Vgl. Arndt (2010), S. 123ff.
[33] Vgl. Melzer-Ridinger (2005), S. 8.

Zusammenhang werden Ziele wie die Schaffung von Transparenz und der Abbau von Informationsasymmetrien, die ganzheitliche Wertschöpfungskettenorientierung, die Kontinuitätsverbesserung im Material-, Informations- und Finanzfluss oder die Optimierung der Komplexität genannt.[34] Zur Messung des SC-Erfolgs und der Durchführung eines entsprechenden Controlling sind jedoch weniger allgemeine, sondern mehr direkt über Kennzahlen abbildbare Ziele erforderlich. Daraus ergeben sich die nachfolgend zu realisierenden SCM-Ziele:[35]

- Kostenvorteile,
- Zeitvorteile und
- Qualitätsvorteile.

ARNDT kommt in seinen Untersuchungen zum gleichen Ergebnis. Er nimmt im Rahmen der Betrachtung des SCM als erweiterte Form der Logistik Bezug auf das logistische Zieldreieck, das ebenfalls die obigen Zieldimensionen – Kosten, Zeit und Qualität – zugrunde legt. Dabei werden den Logistikkosten beispielsweise die Fehlmengenkosten zugerechnet.[36]

Entsprechend werden diese drei Zieldimensionen des SCM auch in dieser Arbeit aufgegriffen. Zudem wird der Bullwhip-Effekt mit den typischen Nachfrageschwankungen entlang der Zulieferkette aufgrund dessen zentraler Bedeutung im Zusammenhang mit dem SCM-Konzept erläutert. Grundsätzlich gilt es bei Betrachtung der Zieldimensionen jedoch immer zu berücksichtigen, dass die strategische Ausrichtung der Supply Chain maßgeblich bestimmt, welche der im Folgenden dargelegten Ziele vorrangig verfolgt werden und welche eher eine untergeordnete Bedeutung haben.[37]

Kostenvorteile

Kostenvorteile können über ein SCM in zahlreichen Bereichen, aber primär durch reduzierte Bestandskosten erzielt werden. Zu diesen zählen u. a. Kapitalkosten, Versicherungsbeiträge, Kosten für den Untergang von Gütern (Diebstahl, Unfälle) oder Abschreibungen (z. B. Preisverfall bei Hochtechnologiegeräten wie PC-Geräten).[38] Zum Abbau der Lagerbestände sind Angebot und Nachfrage unter Beachtung einer transparenten Endkundennachfrage in optimaler Weise im Wertschöpfungsprozess zu koordinieren. Zugleich ist auch die Bestandsüberwachung zu verbessern. Als Ergebnisse können Sicherheitsbestände reduziert und damit

---

[34] Vgl. Busch/Dangelmaier (2004), S. 8.
[35] Vgl. Weber/Dehler/Wertz (2000), S. 266.
[36] Vgl. Arndt (2010), S. 125.
[37] Diese Überlegungen werden im Rahmen der Differenzierung verschiedener SC-Typen in Kap. 5 vertieft.
[38] Vgl. Arndt (2010), S. 140; vgl. Weber/Dehler/Wertz (2000), S. 266.

gebundenes Kapital verringert werden. Ein hiermit einhergehender Vorteil ist die Reduzierung des Bullwhip-Effekts, der im Folgenden noch näher beschrieben wird.[39] Zusätzliche Kosteneinsparungen zeigen sich bei Systemkosten. Diese betreffen die Kosten für die Planung, Steuerung und Kontrolle von Materialflüssen entlang der Supply Chain, die durch die strategisch optimale Ausrichtung des gesamten Netzwerks mit einer verbesserten, teilweise globalen Planung reduziert werden können.[40] Ein weiterer Kostenvorteil ist im Transportbereich realisierbar, wo die Transportkosten durch optimierte Transportwege und eine verbesserte Auslastung der Transportfahrzeuge gesenkt werden können. Letztlich sind zudem Kosteneinsparungen in den Bereichen der Fertigung, der Beschaffung, des Vertriebs und der logistischen Verwaltung möglich.[41] Allerdings sind all diese Maßnahmen unter Berücksichtigung von Interdependenzen zu gestalten, da Maßnahmen der Kostensenkung an einer Stelle in der logistischen Kette dagegen Kostensteigerungen in anderen Bereichen auslösen können.[42] Kennzahlen im Bereich Kosten können beispielsweise die SC-Gesamtkosten, die Leerkosten, die Bestandskosten und die Kosten des Informationsaustauschs betreffen.[43]

Zeitvorteile

Die Zielgröße Zeit, hierzu zählen u. a. Entwicklungs-, Durchlauf- und Lieferzeiten, findet im SCM zentrale Betrachtung. Daher ist es nicht verwunderlich, dass der Umsetzung dieser Zielsetzung besonderes Augenmerk verliehen wird. Dies geschieht durch das sogenannte Time Based Management (Zeitmanagement). Danach werden der Zeitaufwand als kritische Management- und Strategiegröße betrachtet und dementsprechende Vorgehensweisen zur Zielerreichung gewählt.[44] So können durch Kooperation von Lieferanten und Kunden die Entwicklungszeiten von neuen Produkten drastisch reduziert werden. Die rasche Umsetzung von Produktentwicklungen ermöglicht neben der zeitnahen Erfüllung von Kundenwünschen ebenso die Realisierung von Wettbewerbsvorteilen gegenüber den Mitkonkurrenten am Markt. Durchlaufzeiten werden hingegen durch gezielte Maßnahmen einer verbesserten Planung im Produktions- und Transportbereich sowie ein effizientes Bestandsmanagement gesenkt. Neben einer Verbesserung der Termintreue wird als weiteres Ergebnis dieser Maßnahmen die Möglichkeit eröffnet, schneller und flexibler auf Änderungen in der

---

[39] Vgl. Busch/Dangelmaier (2004), S. 9.
[40] Vgl. Arndt (2010), S. 140.
[41] Vgl. Busch/Dangelmaier (2004), S. 9.
[42] Vgl. Arndt (2010), S. 140.
[43] Vgl. Weber/Wallenburg (2010), S. 333.
[44] Vgl. Corsten/Gabriel (2004), S. 7.

Kundennachfrage reagieren zu können. Damit steigt die Lieferflexibilität, was wiederum entscheidend zur Verbesserung des Kundenservices beiträgt.[45] Die Reduzierung der Durchlaufzeiten hat aber nicht nur Auswirkungen auf die Lieferzeiten. Auch der Sicherheitsbestand, der an sich nur für kurzfristige Kundenwünsche bereit zu halten ist, kann durch verbesserte Durchlaufzeiten auf ein Minimum reduziert werden. Im Zusammenhang mit der in der Supply Chain verfolgten Zielsetzung, zu Zeitvorteilen zu gelangen, ist zudem der Umstand beachtlich, dass die Erreichung dieses Ziels auch erhebliche Auswirkungen auf andere unternehmenswichtige Größen, wie z. B. Kosten, Service, Qualität und Image, haben kann, d. h. der Faktor Zeit in Summe den Unternehmenserfolg maßgeblich beeinflusst.[46] Wesentliche zeitbezogene Kenngrößen sind die Lieferzeit und die Durchlaufzeit.[47]

Qualitätsvorteile

Die Erreichung von Qualitätsvorteilen ist ein weiteres wichtiges Ziel des SCM. Grundlage für eine Qualitätsverbesserung stellt das notwendige Vertrauen dar, das zwischen den Unternehmen einer Supply Chain bestehen muss. Dadurch wird eine intensivere Zusammenarbeit zwischen allen im Wertschöpfungsprozess beteiligten Partnern ermöglicht. Als Ausdruck einer solchen Zusammenarbeit sind z. B. gemeinsame Aktivitäten im Bereich der Forschung und Entwicklung sowie ein stetiger wechselseitiger Informationsaustausch denkbar. Desweiteren kann eine Verbesserung der Produktqualität als Folge einer unternehmensübergreifenden, vertrauensvollen Zusammenarbeit der Qualitätsplanung, -lenkung und -prüfung erreicht werden.[48] Wie bei den Kosten- und Zeitgrößen kommen auch hier wieder Kennzahlen zur Messung dieser Zielgröße zum Einsatz. So wird die Qualität über Kenngrößen wie die Ausschuss- oder die Reklamationsquote – als Kennzahl für die Kundenzufriedenheit – gemessen.[49]

Reduzierung des Bullwhip-Effekts

Mit dem Gebiet des SCM ist eng das zentrale Problem des FORRESTER- bzw. Bullwhip-Effekts[50] (sogenannter Peitschenschlageffekt) verbunden. Kennzeichnend für diesen Effekt ist

---

[45] Vgl. Busch/Dangelmaier (2004), S. 9; vgl. Weber/Dehler/Wertz (2000), S. 266.
[46] Vgl. Corsten/Gabriel (2004), S. 7.
[47] Vgl. Arndt (2010), S. 129ff.
[48] Vgl. Busch/Dangelmaier (2004), S. 9; vgl. Weber/Dehler/Wertz (2000), S. 266.
[49] Vgl. Arndt (2010), S. 132ff.
[50] Benannt nach J. W. FORRESTER, der bereits in den 1950er Jahren feststellte, dass sich kleine Variationen im Konsum des Endverbrauchers durch systembedingte Einflüsse zu größeren Nachfrageveränderungen auf der Stufe des Herstellers sowie der Vorlieferanten aufwiegeln können. Vgl. Forrester (1958), S. 37ff.

die in der Supply Chain typisch auftretende Nachfrageverzerrung und -aufschaukelung, die durch die ungenügende Informationsweitergabe der Kundennachfrage eines Unternehmens an seine Lieferanten entsteht. So führen lokal begrenzte Informationen und damit einhergehend lokale Entscheidungen zu dem Umstand, dass kleinere Schwankungen der Kundenbestellungen bzw. Bedarfsmeldungen auf jeder weiteren Stufe der Supply Chain erst mit Zeitverzug weitergegeben werden. Aufgrund dieses Zeitverzugs im Informationsfluss kommt es zu dem Effekt, dass sich die Nachfragemengen der Endkunden durch die Weitergabe dieser Informationen, die sich vom Einzelhandel über den Großhandel zu den Produzenten erstreckt, immer weiter aufschaukeln.[51] Bei der graphischen Darstellung dieser Verzerrung der Bestellmengen in Abb. 4 wird das Bild des Peitschenhiebes einer Bullenpeitsche und damit die Begriffsbezeichnung des Bullwhip-Effekts klar.

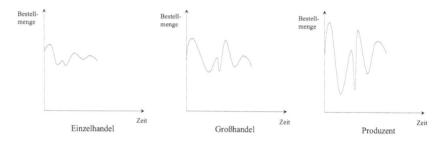

Abb. 4: Bullwhip-Effekt

Dabei wird der Bullwhip-Effekt umso größer werden, je mehr Stufen die Supply Chain besitzt und je unkoordinierter die Aktivitäten in der Wertschöpfungskette ablaufen. Ursächlich für diesen Effekt ist also die mangelnde Koordination der Teilnehmer entlang der Wertschöpfungskette.[52] Aus diesem Grund wird die Lösung dieses Problems als bedeutendes Motiv für den Übergang zum SCM angesehen, d. h. wesentliches Ziel der Supply Chain ist es, den Bullwhip-Effekt zu reduzieren. Eine verbesserte Koordination der Wertschöpfungskette zur Verminderung des Bullwhip-Effekts wird durch die Abstimmung der SC-Akteure mithilfe eines entsprechenden Informations- und Kontrollsystems erreicht. Somit stehen alle wesentlichen Informationen, insbesondere die aktuelle Nachfrage der Endverbraucher, allen Teilnehmern der Wertschöpfungskette ohne zeitliche Verzögerung zur Verfügung.[53]

---

[51] Vgl. Göpfert (2004), S. 33f.
[52] Vgl. Corsten/Gössinger (2008), S. 100.
[53] Vgl. Corsten/Gössinger (2008), S. 103.

GÖPFERT stellt heraus, dass alle in der Literatur angeführten spezifischen Zielsetzungen des SCM – konsequente Orientierung an der Nachfrage der Endkunden, bessere Kundeneinbindung, globale Sicht auf verfügbare Bestände und Ressourcen, Abbau von Beständen, verbesserte Kapazitätsauslastung, Flexibilisierung der Ressourcen, Erhöhung der Lieferbereitschaft sowie höhere, steigende Umsätze bei gleichzeitig besserer Rendite – eng mit dem Bullwhip-Effekt verbunden sind. Deswegen müssen sämtliche Aktivitäten der Supply Chain auf die Lösung dieses Kernproblems ausgerichtet sein. Die Lösung des Bullwhip-Effekts macht dabei eine unternehmensübergreifende Informationsversorgung, Planung und Steuerung notwendig.[54] Andere zu dieser Thematik vorzufindende Veröffentlichungen kommen zum Problem des Bullwhip-Effekts in der Supply Chain zu ähnlichen Überlegungen.[55]

An dieser Stelle setzt auch das Supply Chain Controlling an, das über eine solche unternehmensübergreifende Informationsversorgung, Planung und Kontrolle eine Entscheidungsunterstützung des SCM gewährleisten soll. Zur Überwachung der zuvor genannten Ziele dient hierbei häufig ein System von Kennzahlen. Anhand von Kennzahlen sind entsprechende Maßnahmen für die betroffenen Bereiche anzuwenden. Dabei reicht der Umfang der Maßnahmen von der Planung, Steuerung, Kontrolle und Beurteilung bis hin zur Koordination unternehmensinterner und -übergreifender Prozesse.

2.2 Supply Chain Controlling

Die nachfolgenden Ausführungen zum Supply Chain Controlling stellen eine Voraussetzung für das nächste Kapitel zum Performance Measurement in Supply Chains dar, da dieses als Teil des Supply Chain Controlling aufgefasst werden soll.

2.2.1 Begriff des Controlling

Das Controlling ist eine seit langem etablierte Disziplin im Rahmen der Betriebswirtschaftslehre. Dessen ungeachtet hat sich ein einheitliches Verständnis dahingehend, welchen Zweck Controlling verfolgen soll, bislang nicht durchsetzen können. Da das Supply Chain Controlling auf dem klassischen Controlling basiert, sollen zunächst kurz verschiedene Controlling-Konzeptionen dargelegt werden, bevor auf das Supply Chain Controlling eingegangen wird. Gemein ist diesen Ansätzen nur die Erkenntnis, dass „control" nicht einfach mit „Kontrolle" übersetzt werden darf. Die folgende Systematisierung

---
[54] Vgl. Göpfert (2004), S. 35f.
[55] So u. a. bei Kuhn/Hellingrath (2002), S. 17f. oder bei Zäpfel/Wasner (1999), S. 297ff.

unterscheidet zwischen der Informationsversorgungs-, der Planungs- und Kontroll- sowie der Koordinationsfunktion des Controlling. Darüber hinaus wird der in den letzten Jahren viel diskutierte rationalitätsorientierte Ansatz vorgestellt.

Informationsversorgungsfunktion

Die Informationsversorgung wurde als der ursprüngliche Zweck des Controlling gesehen.[56] Das Controlling beinhaltet in diesem Zusammenhang vor allem Aktivitäten zur Informationsbeschaffung, -aufbereitung, -verdichtung und -verteilung. Die Aufgaben des Controlling gehen somit von der Feststellung des Informationsbedarfs durch Abstimmung mit den jeweiligen Bedarfsträgern über die Beschaffung bis zur empfängergerechten Aufbereitung und Erläuterung der Informationen.[57] Es muss dabei sowohl der Gefahr einer Informationsüberflutung als auch einem Mangel an benötigten Informationen vorgebeugt werden. Mithilfe eines Controlling soll also die Koordination der Informationserzeugung und -bereitstellung mit dem Informationsbedarf erfolgen.[58] Die Grundlage für diese Informationsversorgung bietet meist das Rechnungswesen. An dieser Konzeption wird häufig kritisiert, dass sie einerseits zu kurz greift, da sich die Tätigkeiten von Controllern nicht auf reine Informationsaufgaben konzentrieren und dass sie andererseits die Notwendigkeit eines neuen Begriffes „Controlling" nicht rechtfertigt, da die Informationsversorgungsfunktion schon immer bestand und lediglich an Gewicht gewann.[59]

Planungs- und Kontrollfunktion

Der zweite Typus von Definitionen erweitert die Informationsversorgungsfunktion des Controlling um dessen Planungs- und Kontrollfunktion. Diese Sichtweise beschäftigt sich neben der Gestaltung des Informationssystems mit der Frage, wie Planung und Kontrolle in ein Controlling integriert werden können. Die Kontrolle wird dabei als Pendant zur Planung gesehen.[60] Aufgabe ist es, ein Messinstrumentarium aufzubauen und Informationen über Soll-Ist-Abweichungen bereitzustellen. Das Controlling hat also eine ergebnisorientierte Planung durchzuführen, die durch Zielvereinbarungen und Zielerreichungsanalysen überwacht wird.[61] Zu kritisieren an dieser Controlling-Definition ist, dass nur eine kombinierte Betrachtung

---

[56] Vgl. Müller (1974), S. 683ff.
[57] Vgl. Weber/Schäffer (2008), S. 21f.
[58] Vgl. Müller (1974), S. 683.
[59] Vgl. Küpper (2008), S. 35; vgl. Weber/Schäffer (2008), S. 21.
[60] Vgl. Horváth (2009), S. 141.
[61] Vgl. Weber/Schäffer (2008), S. 23.

bereits vorhandener Führungselemente erfolgt sowie die rein operative Sichtweise, die die Berücksichtigung der strategischen Ebene durch ein Controlling vernachlässigt.[62] Die Planungs- und Kontrollfunktion kommt jedoch grundsätzlich bereits den Definitionen von HORVÁTH[63] und KÜPPER[64] sehr nahe, die in einer nochmals erweiterten Controlling-Sichtweise die Koordinationsfunktion des Controlling hervorheben.

Koordinationsfunktion

HORVÁTH bezeichnet Controlling als „ergebniszielorientierte Koordination von Planung und Kontrolle sowie Informationsversorgung".[65] Es geht seiner Auffassung nach also nicht um die Koordination des gesamten Führungssystems, sondern ausschließlich um die Abstimmung zwischen Planungs-, Kontroll- und Informations(versorgungs)system. Controlling ist somit als ein Subsystem der Führung anzusehen, welches es ermöglicht, das Gesamtzielsystem ergebniszielorientiert an Veränderungen der Umwelt anzupassen und die Koordinationsaufgaben hinsichtlich des operativen Systems zu erfüllen. Der Inhalt der Controlling-Aufgaben wird hier im Gegensatz zur planungs- und kontrollorientierten Konzeption nicht mehr nur allein durch das monetäre Erfolgsziel bestimmt, sondern durch alle Formal-, Sach- und Wertziele der Unternehmung.[66] KÜPPER beschränkt das Koordinationsproblem hingegen nicht auf einzelne Führungsteilsysteme, sondern weitet es auf alle Teile des Führungssystems aus. Er identifiziert als grundlegende Teilsysteme der Führung die Organisation, das Planungssystem, das Kontrollsystem, das Informationssystem und das Personalführungssystem. Diese Verselbstständigung der Teilsysteme lässt die Notwendigkeit und Bedeutung der Koordination im Führungssystem deutlich werden. Personalführungssysteme und Planungsmodelle lassen sich beispielsweise nur dann anwenden, wenn entsprechende Daten durch das Informationssystem zur Verfügung gestellt werden.[67] Problematisch an dieser Controlling-Konzeption ist, dass meist keine klaren Aussagen dazu existieren, wie die genauen Grenzen bei der Bildung der Subsysteme gezogen werden sollen.[68] So vertreten auch HORVÁTH und KÜPPER – wie zuvor erläutert – über die Bildung der Teilsysteme verschiedene Auffassungen.

---

[62] Vgl. Küpper (2008), S. 27; vgl. Weber/Schäffer (2008), S. 23.
[63] Vgl. Horváth (1978), S. 202ff.; vgl. auch Horváth (2009), S. 94ff.
[64] Vgl. Küpper (1988), S. 168ff.; vgl. auch Küpper (2008), S. 28ff.
[65] Horváth (2009), S. 123.
[66] Vgl. Horváth (2009), S. 129.
[67] Vgl. Küpper (2008), S. 28ff.
[68] Vgl. Weber/Schäffer (2000), S. 110.

Rationalitätssicherungsfunktion

Der rationalitätsorientierte Ansatz von WEBER/SCHÄFFER weist eine komplett neue Sichtweise auf das Controlling auf. Grundlage ist die Erkenntnis, dass auch die Akteure, die Führung vollziehen, wie alle Menschen kognitiven Begrenzungen unterliegen. Wird von einer Soll-Fähigkeit ausgegangen, so bedeuten Abweichungen von dieser, dass es durch mangelndes Können oder Wollen bzw. opportunistisches Verhalten zu Rationalitätsverlusten kommt, die in monetärer Hinsicht schließlich zu negativen Auswirkungen auf das Ergebnis führen. Insofern beeinflussen Fähigkeiten und individuelle Wünsche das Handeln von Managern. Rationalitätsverluste können dabei auf allen Stufen des Führungszyklus, bestehend aus Willensbildung, -durchsetzung und -kontrolle, auftreten.[69]

Die Autoren machen diese Problematik zum Kern ihrer Controlling-Auffassung. Aus ihrer Sicht besteht die Funktion des Controlling darin, die Rationalität der Führung sicherzustellen. Diese wird als Zweckrationalität definiert und bemisst sich an der „effizienten Mittelverwendung bei gegebenen Zwecken"[70]. Unter Rationalitätssicherung im Hinblick auf Führungshandlungen werden all diejenigen Handlungen verstanden, die die Wahrscheinlichkeit erhöhen, dass die Realisierung von Führungshandlungen der zuvor festgelegten Zweck-Mittel-Beziehung entspricht.

Zur Sicherstellung dieser Rationalität der Führung sollen die Controller dahingehend unterstützend wirken, dass sie das Management entlasten, ergänzen, aber auch begrenzen. Durch die Entlastung soll es dem Management ermöglicht werden, sein Augenmerk auf Rationalitätsengpässe zu richten. Ergänzung erfährt die Führung, indem die Richtigkeit der vom Management eingesetzten Mittel geprüft wird oder von Controllerseite selbst geeignete Mittel angeregt und durchgesetzt werden. Damit opportunistische Neigungen und Handlungen von Managern begrenzt werden, können Controller oder andere relevante Akteure Handlungsergebnisse des Managements in Frage stellen und gegebenenfalls entsprechende Sanktionen androhen.[71]

Dem rationalitätsorientierten Controlling liegt kein klar definierter Problemlösungsansatz zugrunde. Stattdessen wird dieser den vorhandenen Rationalitätsdefiziten angepasst. So wird bei Problemen in der Datenbereitstellung beispielsweise die Informationsversorgung durch

---

[69] Vgl. Weber/Schäffer (1999), S. 734ff.
[70] Weber/Schäffer (2008), S. 44.
[71] Vgl. Weber/Schäffer (2008), S. 39ff.

ein Controlling fokussiert.[72] Dementsprechend können als Kritikpunkte – je nach Anwendungsbereich des Controlling – die zuvor bereits angeführten Punkte genannt werden.

2.2.2 Einordnung des Supply Chain Controlling in die Controlling-Konzeptionen

Da das Supply Chain Controlling eine spezielle Form des Controlling darstellt, knüpft dieses zwingend an die generische Controlling-Diskussion an und wirft daher ebenso wie diese ungeklärte Fragen auf. Hiermit ist die Problematik unterschiedlicher Controlling-Verständnisse angesprochen, die sich nun auf das Supply Chain Controlling erstreckt, da auch hier bislang keine einheitliche definitorische Abgrenzung existiert. Zurückzuführen ist dies jedoch nicht allein auf die Heterogenität der Controlling-Verständnisse. Hinzu kommt, wie bereits im Rahmen der Erläuterungen zu den Definitionsansätzen des SCM in Abschnitt 2.1.2.1 deutlich wurde, dass selbst hinsichtlich des Begriffes SCM noch unterschiedliche Auffassungen anzutreffen sind.

Die Frage, welches Controlling-Verständnis geeignet sei, um es auf die Supply Chain zu übertragen, wird von einigen Autoren diskutiert.[73] Dabei konstatieren GÖPFERT/NEHER, dass grundsätzlich alle allgemeinen Controlling-Konzeptionen an den unternehmensübergreifenden Kontext angepasst werden können.[74] Es sollte allerdings nicht vernachlässigt werden, dass die allgemeinen Controlling-Konzeptionen für den Einsatz auf Unternehmensebene entwickelt wurden. STÖLZLE weist deshalb darauf hin, dass deren direkte Übertragung auf die Supply Chain problematisch sei. Die unternehmensinterne Sicht, die ihnen zugrunde liegt, ignoriert unternehmensübergreifende Aktivitäten und wird somit dem besonderen Charakter von SCM nicht gerecht. Als weitere Gründe werden ein über die Anforderungen der Logistik hinausgehender Informationsversorgungs- und Koordinationsbedarf sowie die Opportunismusneigung der Akteure genannt. Von daher ergibt sich ein besonderer Anpassungsbedarf gegenüber klassischen Controlling-Ansätzen.[75] In den nächsten Abschnitten soll in diesem Zusammenhang dargelegt werden, wie einzelne Autoren versuchen, die vier allgemeinen Controlling-Ansätze auf die Supply Chain zu übertragen.

---

[72] Vgl. Friedl (2003), S. 176.
[73] Vgl. u. a. Göpfert/Neher (2002); Götze (2003); Otto/Stölzle (2003), Stölzle (2002a und 2002b).
[74] Vgl. Göpfert/Neher (2002), S. 36.
[75] Vgl. Stölzle (2002a), S. 11f.; vgl. Stölzle (2002b), S. 287f.

Informationsversorgungsfunktion

KAUFMANN/GERMER beschreiben das Ziel des Supply Chain Controlling darin, „die qualitativ und quantitativ notwendigen Informationen für das SCM zeitgerecht und kostengünstig bereitzustellen"[76], d. h. ihr Ansatz basiert auf einer informationsorientierten Sicht. Dabei wird unterstellt, dass häufig lediglich Informationen auf Unternehmensebene vorhanden sind, wobei diese nicht erlauben, Aussagen über den betrachteten Ausschnitt der Supply Chain zu treffen. Außerdem bestehen teilweise Probleme in der zweckgerechten Aufbereitung der vorhandenen Informationen.[77]

Das Supply Chain Controlling dient vor diesem Hintergrund dazu, die Identifikation der vom SCM benötigten Informationen gemeinsam mit allen SC-Mitgliedern durchzuführen sowie sie dem Management in entsprechender Form zur Verfügung zu stellen. Konkreter geht es beispielsweise darum, Hilfestellung bei der Abbildung unternehmensübergreifender Prozesse durch ein einheitliches Informationssystem zu leisten und die kritischen Engpässe der Supply Chain zu identifizieren. Dabei wird u. a. auf Kosten-, Leistungs- und Erlösdaten aus dem (internen) Logistik-Controlling zurückgegriffen.[78] Aufgrund des unternehmensübergreifenden Kontextes des Supply Chain Controlling ist hier jedoch eine erhöhte Komplexität und Intransparenz bei der Informationsbereitstellung zu konstatieren, da möglicherweise nicht alle notwendigen Informationen von den Unternehmenspartnern herausgegeben bzw. bereitgestellt werden.[79]

Die Informationsversorgungsfunktion deckt die Inhalte des Supply Chain Controlling allerdings nur in Teilen ab, da die – besonders im Rahmen des SCM wichtige – Koordinationsaufgabe hier vernachlässigt wird. Aufgegriffen werden sollten jedoch die Ansätze für ein unternehmensübergreifendes Informationssystem. So stellt beispielsweise REICHMANN insbesondere Kennzahlen und Kennzahlensysteme in den Vordergrund,[80] die aufgrund der starken Vernetzung der Informationssysteme in der Supply Chain zweckmäßig eingesetzt werden können.

---

[76] Kaufmann/Germer (2001), S. 181.
[77] Vgl. Bacher (2004), S. 61.
[78] Vgl. Weber/Blum (2001), S. 9ff.
[79] Vgl. hierzu die Ausführungen von Stölzle/Heusler/Karrer (2001), S. 76.
[80] Vgl. Reichmann (2006), S. 51ff.

Planungs- und Kontrollfunktion

Laut MÖLLER hat das Supply Chain Controlling einen entsprechenden Gestaltungsrahmen bereitzustellen, der die zielorientierte Planung, Steuerung und Kontrolle in der Wertschöpfungskette unterstützt.[81] Die Notwendigkeit einer gemeinsamen Planung ergibt sich aus den konkurrierenden Zielen der Unternehmen in der Supply Chain, die abgestimmt und miteinander in Einklang gebracht werden müssen.[82] Ebenso wie auf der internen Ebene gilt es, Handlungsmöglichkeiten zu durchdenken und Stellgrößen für das System herauszuarbeiten. Während der unternehmensübergreifenden Zusammenarbeit ist es dann notwendig, die Realisierung der Ziele durch eine Kontrolle zu überwachen. Hierbei sollen aus dem Vergleich von Soll- und Ist-Werten Abweichungen identifiziert, Ursachen dieser Abweichungen untersucht und Fehler behoben werden.[83] Dafür ist es allerdings zwingend notwendig, geeignete Messgrößen herauszuarbeiten, um die Erfassung der Soll- und Ist-Werte überhaupt zu ermöglichen.[84]

Aufgrund der unternehmensübergreifenden Ausrichtung ist im Supply Chain Controlling sowohl von einer längeren Realisationszeit als auch von einer erhöhten Komplexität der Kontrolle auszugehen. Dies ist auch darauf zurückzuführen, dass im Vergleich zum traditionellen Controlling zusätzlich die Entwicklung von Kriterien, die zur Planung und Messung „weicher" Faktoren, wie z. B. Vertrauen, geeignet sind, eine entscheidende Rolle spielt.[85] Dabei liegt der Gedanke zugrunde, dass für den Erfolg einer Beziehung nicht nur die Planung und Kontrolle der eigenen Ergebnisse von Bedeutung sind, sondern im Zielsystem einer Beziehung auch der Erfolg und die Gerechtigkeit aus Sicht des jeweils anderen Partners berücksichtigt werden sollten.

Auch die Sichtweise der Planungs- und Kontrollfunktion ist insofern eingeschränkt, als sich diese lediglich auf das Informationsversorgungs-, das Planungs- und das Kontrollsystem konzentriert. Daher werden Organisationsaufgaben und somit beispielsweise Interdependenzen zwischen Personalführung und Organisation nur unzureichend in die Betrachtung mit einbezogen.[86]

---

[81] Vgl. Möller (2002), S. 314.
[82] Die eigentliche Abstimmung der verschiedenen Ziele der SC-Unternehmen ist jedoch eher der koordinationsorientierten Controlling-Sichtweise zuzurechnen. Hierbei zeigt sich wieder die oben bereits angesprochene Ähnlichkeit bzw. unklare Abgrenzung dieser beiden Controlling-Konzeptionen.
[83] Vgl. Bacher (2004), S. 184; vgl. Weber/Wallenburg (2010), S. 302.
[84] Vgl. Gericke et al. (1999), S. 14.
[85] Vgl. Weber/Wallenburg (2010), S. 302ff.; vgl. hierzu auch Abschnitt 3.2.1.
[86] Vgl. Küpper (2008), S. 27; für das Supply Chain Controlling vgl. Göpfert/Neher (2002), S. 36.

Koordinationsfunktion

Die Koordinationsfunktion des Controlling spiegelt die zunehmende Komplexität der Führung wider, die sich u. a. aus einer höheren Dynamik des Unternehmensumfeldes ergibt. Durch die unternehmensübergreifende Verknüpfung in der Supply Chain wird der Anpassungsbedarf der einzelnen Systeme noch einmal verstärkt.[87] So ist laut BALKE/KÜPPER neben der Koordination der Führungsteilsysteme auf Unternehmensebene auch die Lösung von strukturellen und organisatorischen Fragestellungen in der gesamten Supply Chain durch das Controlling notwendig.[88] Die Lösung von organisatorischen Fragestellungen betrifft z. B. die Ausgestaltung von Schnittstellen. Auch die im Rahmen von Personalführungssystemen durchgeführte Etablierung von Anreizstrukturen, um bei den SC-Mitgliedern ein Verhalten zu erzeugen, wie es die nachhaltige erfolgreiche Entwicklung der Supply Chain erfordert, zählt zu den Aufgaben eines koordinationsorientierten Controlling.[89] Das Supply Chain Controlling beschränkt sich an dieser Stelle nicht nur auf die Informations-, Planungs- und Kontrollsysteme, sondern beschäftigt sich auch mit Personalführungs- und Organisationsaufgaben im unternehmensübergreifenden SC-Rahmen.[90] Das koordinationsorientierte Controlling trägt insbesondere über die Einführung von Anreizsystemen auch dazu bei, ein intaktes und auf wechselseitigem Vertrauen basierendes Verhalten der Akteure zu fördern und opportunistisches Verhalten nicht aufkommen zu lassen.[91]

Mit der Koordinationsorientierung entwickelt sich das Controlling von einer reinen Informationszuliefererinstanz zur Führungsunterstützung. Allerdings werden personelle Fragen in der Praxis vorwiegend durch das individuelle Unternehmen geregelt, so dass der Einsatz eines Personalführungssystems in der Supply Chain häufig nicht erforderlich ist.[92]

Rationalitätssicherungsfunktion

Derzeit wird die aktuelle Diskussion um das Supply Chain Controlling laut OTTO/STÖLZLE jedoch in großen Teilen durch die historisch jüngste der Controlling-Konzeptionen, den rationalitätsorientierten Ansatz, beherrscht. Gemäß diesem Ansatz hat das Supply Chain Controlling die Sicherstellung der Effektivität und Effizienz des SCM zum Ziel. Allerdings

---

[87] Vgl. Stölzle/Heusler/Karrer (2001), S. 75ff.
[88] Vgl. Balke/Küpper (2005), S. 1036.
[89] Vgl. Götze (2003), S. 12.
[90] Vgl. Weber/Blum (2001), S. 14.
[91] Vgl. Otto/Stölzle (2003), S. 6; zum eigentlichen Schwerpunkt des Beziehungs-Controlling vgl. Weber/ Wallenburg (2010), S. 300ff.; Wiedmann/Dunz (2000), S. 42ff.
[92] Vgl. Winkler (2005), S. 128.

hat die Rationalitätsorientierung bislang keinen entsprechenden Niederschlag im methodisch-instrumentellen Teil des Supply Chain Controlling gefunden.[93] Dennoch wird diesem Ansatz als konzeptionelle Grundlage eines Supply Chain Controlling in verschiedenen Beiträgen ein großes Potential bzw. eine gute Eignung bescheinigt.[94]

Nach den Überlegungen zu den verschiedenen Controlling-Konzeptionen und deren Bedeutung für ein Supply Chain Controlling soll nun eine Übersicht über dessen Ausgestaltung gegeben werden. Dieser Abschnitt ist bewusst nur überblicksartig angelegt, da sich die Arbeit schwerpunktmäßig mit einem Teilgebiet des Supply Chain Controlling, dem Einsatz von Kennzahlen im Rahmen eines Performance Measurement, auseinandersetzt, auf das im folgenden Kapitel noch ausführlich eingegangen wird.

2.2.3 Ausgestaltung des Supply Chain Controlling

Überlegungen zur Ausgestaltung eines Supply Chain Controlling sollten auf den Erkenntnissen des Logistik-Controlling aufbauen, da das SCM – wie zuvor erläutert – in dieser Arbeit als erweiterte Form der Logistik betrachtet wird. Dabei kommt es bei einer schrittweisen Ausdehnung der Einflussbereiche vom Logistik- zum Supply Chain Controlling zu einer Ausweitung der Entscheidungen, die von den SC-Mitgliedern getroffen werden müssen. Durch die unternehmensübergreifende Ausrichtung des SCM gegenüber der Logistik ist hierbei zudem eine erhöhte Komplexität dieser Entscheidungen zu konstatieren.[95] In diesem Zusammenhang soll in den nächsten Abschnitten auf Gründe und Motivation, Ziele, Inhalte und Instrumente des Supply Chain Controlling im Vergleich zum klassischen Logistik-Controlling eingegangen werden.

Gründe und Motivation

Grundsätzlich ist festzustellen, dass die Gründe und die Motivation, die sich hinter dem Einsatz sowohl eines Logistik- als auch eines Supply Chain Controlling verbergen, zunächst einmal identisch sind.[96] In beiden Fällen wird eine weitreichende Optimierung des Betrachtungsfeldes angestrebt. Der eigentliche Unterschied liegt im Betrachtungsraum, der beim Logistik-Controlling eine unternehmensinterne und beim Supply Chain Controlling eine unternehmensübergreifende Optimierung vorsieht. So hat das Logistik-Controlling zum Ziel,

---
[93] Vgl. Otto/Stölzle (2003), S. 10ff.
[94] Vgl. u. a. Göpfert/Neher (2002); Otto (2002); Otto/Stölzle (2003); Weber/Bacher/Groll (2002a).
[95] Vgl. Arnold et al. (2005), S. 46.
[96] Vgl. Otto/Stölzle (2003), S. 7.

die unterschiedlichen Bereiche des logistischen Systems[97] auf die Weise aufeinander abzustimmen, dass unter Beachtung betrieblicher Interdependenzen ein bereichsübergreifendes Optimum erzielt wird. Es soll also nicht versucht werden, separate Teilbereichsoptima zu erreichen, sondern ein gemeinsames Optimum, das aus betrieblicher Sicht die beste Lösung darstellt.[98] Das Supply Chain Controlling verfolgt einen ähnlichen Ansatz. Hier geht es allerdings darum, ein Optimum der gesamten Supply Chain zu erzielen. Nicht die Erfolge der Einzelunternehmen sind wichtig, sondern die Aggregation und Abstimmung der beteiligten Partner und die daraus resultierende Verteilung des Erfolgs.[99]

Ausschließlich vor diesem Hintergrund ist es möglich, die Unterschiedlichkeit der beiden Ansätze herauszuarbeiten. Allerdings stellt sich in diesem Kontext auch die Frage, in welchem Umfang die Grenzen eines Controlling-Bereiches für die Logistik oder die Supply Chain zu ziehen sind. Da sich das Logistik-Controlling nur auf eine Unternehmung bezieht, ist es ersichtlich, dass der Rahmen durch alle mit der Logistik in Verbindung stehenden Einheiten eines Unternehmens abgegrenzt wird. In der Supply Chain gestaltet sich die Problematik weniger trivial. Hier gilt es abzuwägen, ob alle Partner der Supply Chain mit in die Betrachtung einbezogen werden sollen oder nur ein bestimmter Part vor- und nachgelagerter Unternehmen. Es sollte demzufolge anhand spezieller Kriterien eine Entscheidung darüber getroffen werden, wie umfangreich ein Controlling des Wertschöpfungsnetzes zu ziehen ist. Beeinflusst werden kann diese Entscheidung z. B. durch die Komplexität der Supply Chain oder die Wichtigkeit einzelner SC-Mitglieder.[100]

Ziele

Haben der Logistikbereich oder das SCM das Potential des Controlling erkannt, so ist es notwendig, geeignete Ziele aufzustellen, um dieses auszuschöpfen. Beide Ansätze haben sich für ihren jeweiligen Bezugsrahmen teilweise identische Ziele gesetzt. So haben beide Bereiche zum strategischen Oberziel, über die Suche, den Aufbau und die Sicherung strategischer Erfolgspotentiale sowie die Sicherstellung der Effektivität und Effizienz des Unternehmens bzw. der Supply Chain Wettbewerbsvorteile zu erlangen und auf diese Weise eine langfristige Existenzsicherung des Unternehmens, respektive der Supply Chain, zu

---

[97] Ein logistisches System kann sich u. a. auf die Interaktionen zwischen den Teilbereichen Einkauf, Produktion, Absatz und Finanzierung beziehen.
[98] Vgl. Reichmann (2006), S. 416.
[99] Vgl. Stölzle (2002a), S. 12f.
[100] Vgl Stölzle (2002a), S. 11; vgl. Stölzle/Heusler/Karrer (2001), S. 75ff.

ermöglichen.[101] Aus diesen strategischen Oberzielen lassen sich für beide Konzepte operative Unterziele ableiten, bei denen zwischen dem Sachziel (Art der Leistung) und den Formalzielen (Erfolg, Liquidität) oder alternativ auch zwischen ökonomischen, technischen und ökologischen Zielsetzungen unterschieden werden kann. So setzen sich sowohl das Logistik-Controlling als auch das Supply Chain Controlling z. B. die Erhöhung der Lieferbereitschaft und eine optimale Kapazitätsauslastung zum Ziel.[102] Letztendlich sind diese Ziele wieder auf die drei Zieldimensionen aus Abschnitt 2.1.2.2 zurückzuführen, da sich die Ziele des Logistik- bzw. Supply Chain Controlling natürlich aus den Zielen der Logistik bzw. des SCM ableiten.

Der einzige Unterschied neben dem Geltungsbereich der Ziele ist die Notwendigkeit der Koordination von Ober- und Unterzielen in der Supply Chain. Hier ist es unverzichtbar, dass die Zielsysteme der einzelnen Partner mit dem der Supply Chain abgestimmt werden, um keine konträren Wirkungen zu erreichen, da die Summe der Einzeloptima meist ungleich zum Optimum der Supply Chain ist.[103] Auf der Ebene des einzelnen Unternehmens ist eine solche Abstimmung zwischen den einzelnen Teilbereichen zwar auch notwendig, allerdings fällt diese primär in den Aufgabenbereich des originären Controlling, wobei das Logistik-Controlling hier nur unterstützend tätig wird. Das Supply Chain Controlling hat diese Zielsetzung und Abstimmung der Ziele selbstständig zu erledigen.

Inhalte

Darüber hinaus stellt sich die Frage nach den eigentlichen Inhalten des Logistik- sowie des Supply Chain Controlling. Die inhaltliche Ausprägung des Logistik-Controlling hängt dabei sehr stark von der im Unternehmen vorhandenen Ausgestaltung der Logistik ab. So beschäftigt sich das Logistik-Controlling in der sogenannten TUL-Phase[104] lediglich mit der Betrachtung von material- und warenflussbezogenen Dienstleistungen. In diesem Kontext gilt es in erster Linie, eine entsprechende Kosten- und Leistungsrechnung für die Logistik aufzubauen. Zu den Inhalten in der koordinationsbezogenen Phase kommt dann die Abstimmung des Material- und Warenflusses innerhalb einer Unternehmung, also zwischen den Bereichen

---

[101] Für das Logistik-Controlling siehe u. a. Göpfert (2005), S. 117; Göpfert (2001), S. 348 und bezüglich der Supply Chain siehe u. a. Zäpfel/Piekarz (1996), S. 27.
[102] Zur detaillierten Zielbetrachtung vgl. für das Logistik-Controlling u. a. die Ausführungen von Bichler/ Gerster/Reuter (1994), S. 26f. und S. 29f.; Darkow (2003), S. 90f.; Wehberg (1995), S. 94 und für das Supply Chain Controlling Gericke et al. (1999), S. 13f.; Kuhn/Hellingrath/Kloth (1998), S. 8; Zäpfel/Piekarz (1996), S. 27.
[103] Vgl. Gericke et al. (1999), S. 14.
[104] Die TUL-Phase wird dadurch charakterisiert, dass sich die Logistik in erster Linie mit Transport, Umschlag und Lagerung beschäftigt. GÖPFERT versteht unter Logistik hierbei die „funktionale Spezialisierung auf die Aktivitäten der räumlichen und zeitlichen Gütertransformation". Vgl. hierzu Göpfert (2001), S. 347.

Beschaffung, Produktion und Absatz, hinzu. Die inhaltliche Anforderung bezieht sich demnach zum einen auf die konzeptionelle Gestaltung bzw. Koordination des Planungs- und Informationssystems und zum anderen auf die Weiterentwicklung und Koordination des Logistikmanagementsystems. Dabei spielt zunehmend auch die Behandlung strategischer Fragestellungen eine Rolle. Hier setzt insbesondere die Lösung struktureller Probleme, wie z. B. die Veränderung der Distributionsstruktur, an, die das Logistik-Controlling in der Phase der flussbezogenen Logistik kennzeichnet.[105]

Bezüglich des Inhalts eines Supply Chain Controlling lässt sich feststellen, dass sich dieser hauptsächlich aus unternehmensübergreifenden Aktivitäten zusammensetzt.[106] Auch ein Supply Chain Controlling beschäftigt sich mit Transport-, Lager- und Umschlagsprozessen.[107] Allerdings werden hier im Gegensatz zum traditionellen Logistik-Controlling nicht die Prozesse innerhalb des eigenen Unternehmens betrachtet, sondern unternehmensübergreifende Prozesse im gesamten Unternehmensverbund, d. h. es werden ganze Wertschöpfungsketten und deren Aktivitäten gesteuert. Hieraus ergeben sich zusätzliche Fragestellungen, die im unternehmensinternen Kontext nicht auftreten, wie etwa die Berücksichtigung von Machtkonstellationen in der Supply Chain. Dabei wird bei der unternehmensinternen Ausrichtung des Logistik-Controlling oft darauf hingewiesen, dass diese nicht mehr zeitgemäß sei und dass der Fokus auf internationale Dimensionen und entsprechende Inhalte gerichtet werden solle. Auch der zunehmenden Komplexität mit einer Vielzahl von parallel laufenden Projekten, Standorten und Produkten wird ein traditionelles, intern ausgerichtetes Controlling nicht entsprechend gerecht.[108] Aufgrund der häufig international ausgerichteten Supply Chains mit Standorten in verschiedenen Ländern und deren entsprechendem Controlling tritt dieser Vorwurf hier nicht in dem Maße auf. Insgesamt verfolgt das Supply Chain Controlling somit innovativere und umfangreichere Inhalte als das Logistik-Controlling.

Instrumente

Zur Unterstützung der Umsetzung der Ziele des Logistik- und des Supply Chain Controlling dienen entsprechende Instrumente. Dabei wurden einige Instrumente speziell für das Supply Chain Controlling entworfen. In diesem Zusammenhang zu nennen sind die Supply Chain

---

[105] Siehe hier z. B. die Ausführungen von Weber/Wallenburg (2010), S. 35f. oder auch Weber/Blum (2001), S. 11f.
[106] Vgl. beispielsweise Weber/Wallenburg (2010), S. 274.
[107] Vgl. Weber/Blum (2001), S. 14.
[108] Vgl. Fischer/Fischer (2001), S. 30.

Map, das Beanspruchungs- und Belastbarkeitsportfolio, das SCOR-Modell und das Beziehungs-Controlling. Die Supply Chain Map und das Beanspruchungs- und Belastbarkeitsportfolio nach KAUFMANN/GERMER dienen der Abbildung und anschließenden Bewertung der Netzwerkarchitektur. So hat die Supply Chain Map zum Ziel, die Supply Chain aus der Sicht des eigenen Unternehmens unter Beachtung aller vor- und nachgelagerten Wertschöpfungsstufen abzubilden. Das Beanspruchungs- und Belastbarkeitsportfolio stellt daran anschließend die Beanspruchung der Belastbarkeit der Supply Chain gegenüber. Beide Ketteneigenschaften werden mithilfe verschiedener Faktoren unter Einsatz eines Scoring-Modells bewertet.[109] Das SCOR-Modell des SUPPLY CHAIN COUNCIL zeigt einen branchenübergreifenden Standard zur Abbildung von SC-Prozessen auf. Zudem werden Kennzahlen zur Bewertung dieser Prozesse zur Verfügung gestellt. Diese umfassen einerseits die externe Leistung in den Bereichen Zuverlässigkeit (z. B. Anteil an Aufträgen mit zugesagtem Termin), Geschwindigkeit (z. B. Auftragsdurchlaufzeit) und Flexibilität (z. B. Antwortzeit der Lieferkette), andererseits die internen Kosten in den Bereichen Kosten (z. B. Garantiekosten) und gebundenes Kapital (z. B. mittlere Reichweite des Ausgangslagers).[110] Da der Erfolg einer Supply Chain sehr stark von den Beziehungen unter den Partnern abhängt, wurde auch hierfür ein Instrument generiert, das es ermöglichen soll, die Qualität der Beziehungen zu erfassen und gegebenenfalls zu steuern. Hierzu dient das Beziehungs-Controlling, was ebenfalls ausschließlich im Bereich des Supply Chain Controlling eingesetzt wird.[111] Auch für dieses Instrument gibt es im Logistik-Controlling wegen dessen unternehmensinterner Ausrichtung keinen adäquaten Einsatzbereich.

Im Logistik-Controlling wird hingegen eine Vielzahl an Instrumenten verwandt, die aus dem klassischen Unternehmens-Controlling stammt und nur den Anforderungen der Logistik angepasst wurde. Aber auch im Supply Chain Controlling kommen neben den oben genannten speziellen einige zum traditionellen Controlling weitgehend identische Instrumente zum Einsatz, die nur Änderungen aufgrund des anderen Bezugsrahmens aufweisen. So zeigt sich, dass in beiden Konzepten Instrumente vorhanden sind, die sich mit der Erfassung von Kosten- und Leistungsdaten beschäftigen. Dabei ist die Kosten- und Leistungsrechnung[112] durch moderne Instrumente des Kostenmanagements ergänzt worden. Hierzu zählen beispielsweise

---

[109] Vgl. Kaufmann/Germer (2001), S. 177ff.
[110] Zum SCOR-Modell siehe die Internetadresse http://supply-chain.org/f/Web-Scor-Overview.pdf (heruntergeladen am 28.02.2011). Vgl.hierzu auch Abschnitt 6.4.1.
[111] Siehe z. B. die Ausführungen von Weber/Wallenburg (2010), S. 300ff.; Wiedmann/Dunz (2000), S. 42ff.
[112] Vgl. zur Kosten- und Leistungsrechnung in der Logistik z. B. Weber/Wallenburg (2010), S. 176ff. und in der Supply Chain z. B. Stölzle/Hofmann/Hofer (2005), S. 60ff.

das Target Costing[113] oder die Prozesskostenrechnung[114]. Mithilfe des Target Costing können die Herstellkosten bereits in der Phase der Produktentwicklung gestaltet werden. Hierzu werden „target costs" (Zielkosten) aus dem am Markt voraussichtlich zu erzielenden Preis abzüglich der Gewinnspanne bestimmt, die der Entwicklung, Konstruktion und Fertigung als Leitlinien dienen. Dies ermöglicht gleichermaßen eine unternehmensübergreifende Identifizierung der kostentreibenden Prozesse und Teilprozesse in der Supply Chain. Die Prozesskostenrechnung bezeichnet ein Vollkostenrechnungssystem, das neue Ansätze für die Behandlung der Gemeinkosten der indirekten Bereiche vorschlägt, also die Zielsetzung einer Verbesserung der Planung und Kontrolle der Gemeinkosten verfolgt. Unternehmensübergreifend eingesetzt können Partnerunternehmen über eine Prozesskostenrechnung Ineffizienzen der gesamten Supply Chain identifizieren und die Auswirkungen ihrer Entscheidungen auf die Kostenstruktur der gesamten Supply Chain beurteilen.

Neben Kostenmanagementinstrumenten finden sowohl im Logistik- als auch im Supply Chain Controlling Kennzahlen und Kennzahlensysteme Einsatz. Beiden Konzepten dienen sie dahingehend, eine bestimmte Anzahl an Messgrößen so zu verdichten, dass sie im Ergebnis eine informierende Wirkung haben und zur Entscheidungsfindung in der Logistik bzw. im SCM beitragen. Auf den Einsatz solcher Kennzahlen und Kennzahlensysteme im Rahmen eines Performance Measurement soll im Folgenden eingegangen werden. Dabei umfasst das Performance Measurement ausschließlich Kennzahlensysteme, die darauf abzielen, Defizite von bislang in der Unternehmenspraxis eingesetzten Kennzahlen zu überwinden. Performance Measurement-Systeme sind entsprechend der ihnen zugrunde liegenden Kennzahlennutzung dem Controlling zuzuordnen, wobei sie jedoch den speziellen Fokus auf die Strategieoperationalisierung und -quantifizierung legen.[115]

Mit Bezug auf die zuvor dargelegten Controlling-Konzeptionen zeigt sich offensichtlich, dass das Performance Measurement einer empfängerorientierten Informationsversorgung[116] dient, da durch den Einsatz von Kennzahlen Informationen für die Entscheidungsunterstützung gewonnen werden.[117] Allerdings ist die Schnittstelle zwischen Performance Measurement und Controlling mit dem Bereich der Informationsversorgung noch nicht hinreichend charakterisiert. So trägt der im Performance Measurement geforderte Strategiebezug der Kennzahlen

---

[113] Vgl. zum Target Costing u. a. die Ausführungen von Darkow (2003), S. 112ff.; Seidenschwarz (1993), S. 115ff. für die Logistik und im Weiteren Kummer (2001), S. 83f.; Seuring (2001), S. 135ff. für die Supply Chain.
[114] Zur Thematik der Prozesskostenrechnung in der Logistik vgl. u. a. Darkow (2003), S. 116ff. und in der Supply Chain LaLonde/Pohlen (1996), S. 5ff.; Seuring (2001), S. 148ff.; Weber/Bacher/Groll (2002b), S. 212ff.
[115] Vgl. Gleich (1997), S. 114.
[116] Vgl. Klingebiel (1998), S. 5.
[117] Vgl. Reichmann (2006), S. 20.

dazu bei, dass ein Performance Measurement eine enge Verbindung zur Ableitung der Unternehmens- bzw. SC-Strategie aufweist. In diesem Kontext sind auch Fragen der Zielabstimmung, die der Koordinationsfunktion des Controlling zuzurechnen sind, von entscheidender Bedeutung. Dabei sind diese Probleme der Zielabstimmung nicht nur zwischen den verschiedenen Bereichen auf Unternehmensebene, sondern im Rahmen einer unternehmensübergreifenden Betrachtung darüber hinaus zwischen den einzelnen Unternehmen in der Supply Chain zu lösen.[118] Daher soll das unternehmensübergreifende Performance Measurement hier als Bestandteil eines koordinationsorientierten Supply Chain Controlling aufgefasst werden. Das folgende Kapitel unterzieht das Performance Measurement einer ausführlichen Betrachtung.

---

[118] Vgl. hierzu auch die obigen Erläuterungen zur Übertragung der Controlling-Konzeption der Koordinationsorientierung auf den SC-Kontext.

3. Performance Measurement in Supply Chains

Das nachfolgende Kapitel befasst sich ausführlich mit dem Performance Measurement, wobei dieses zunächst allgemein und dann im Kontext der vorherigen Überlegungen zur Steuerung der interorganisationalen Zusammenarbeit in der Wertschöpfungskette Betrachtung findet.

3.1 Performance Measurement als Erweiterung des klassischen Kennzahleneinsatzes

Ziel der nächsten Abschnitte ist es, einen umfassenden Überblick über die Inhalte und Instrumente des Performance Measurement als innovatives Konzept des Kennzahleneinsatzes zu geben.

3.1.1 Definitorische Abgrenzung des Performance Measurement

Für den Einsatz von Konzepten und Kennzahlen, die neue und erweiterte Ansätze zur Unternehmenssteuerung darstellen, wird seit Ende der 1980er Jahre der Begriff Performance Measurement verwendet.[119] Die Notwendigkeit des Performance Measurement beruht auf einer Vielzahl verschiedener Entwicklungen. Vor allem die zunehmende Prozessorientierung von Unternehmen ist dabei von großer Bedeutung: Um die Unternehmensprozesse verbessern zu können, ist deren geeignete Quantifizierung und Bewertung erforderlich, die durch einen entsprechenden Performance Measurement-Ansatz ermöglicht wird. Ein weiterer wesentlicher Impulsgeber für das zunehmende Interesse am Performance Measurement ist die steigende Kundenorientierung. Auch die von Unternehmen angestrebte Qualitätsverbesserung hinsichtlich mehrerer Dimensionen, wie z. B. Produktqualität, Logistikqualität oder Arbeitsqualität, führt zu einem verstärkten Bedarf an neuen Ansätzen.[120]

Wortwörtlich wird der Begriff „Performance Measurement" als „Leistungsmessung" übersetzt. Inhaltlich geht das Verständnis dieses Terminus in der relevanten Literatur jedoch weit über die reine Leistungsmessung heraus, was allein schon durch die Vieldeutigkeit des Leistungsbegriffes in der Betriebswirtschaftslehre begründet werden kann. So existiert bisher weder eine eindeutige Übersetzung des Begriffes „Performance" in der deutschsprachigen Fachliteratur noch eine einheitliche Definition.[121] Jedoch herrscht häufig übereinstimmend die Auffassung, dass Performance als bewerteter Beitrag zur Erreichung der gesamten Unterneh-

---

[119] Vgl. Gleich (2001), S. 11.
[120] Vgl. Erdmann (2007), S. 67ff.
[121] In dieser Arbeit werden die Begriffe Performance und Leistung synonym verwendet.

menszielen verstanden werden kann. Sie bezieht sich demnach nicht auf ein bestimmtes Ergebnis, sondern umfasst eine Spannbreite von vergangenheits- und zukunftsbezogenen Leistungen.[122]

Die Quantifizierung der Performance erfolgt durch Performance Measures.[123] Diese umfassen nicht nur finanzielle Kennzahlen, denn durch die Erweiterung der strategischen Ziele bedarf es zusätzlicher Messgrößen, die z. B. die Kundenzufriedenheit, den Lieferservice und die Durchlaufzeit betreffen.[124] An Performance Measures werden bestimmte Anforderungen gestellt. Hierzu gehören z. B. Eindeutigkeit, Entscheidungs- und Aufgabenorientierung, Objektivität, Verständlichkeit und Zukunftsorientierung.[125] Grundsätzlich wird jedoch deutlich, dass selbst bei einheitlichem Verständnis des Begriffes „Leistung" die in der Leistungsmessung eingesetzten Indikatoren häufig erheblich variieren.[126]

Zum Begriff Performance Measurement ist in der Fachliteratur folglich ebenfalls keine eindeutige Definition vorhanden. Viele Autoren verzichten auf eine differenzierte Begriffsdefinition, nicht zuletzt aufgrund der hohen Komplexität dieser Problematik und deren dynamischer Entwicklung.[127] Häufig wird Performance Measurement durch die Gegenüberstellung mit traditionellen Kennzahlensystemen, über die Zielsetzung oder die zu erfüllenden Aufgaben indirekt definiert. Einige Begriffsdefinitionen verschiedener Autoren sind in der folgenden Tabelle zusammengestellt.[128]

---

[122] Vgl. Hauber (2002), S. 53; vgl. Hoffmann (2002), S. 8; vgl. Otto/Stölzle (2003), S. 5.
[123] Die Begriffe Performance Measures, Messgrößen, Maßgrößen und Kennzahlen werden in dieser Arbeit ebenfalls synonym benutzt.
[124] Vgl. Hoffmann (2002), S. 17f.
[125] Vgl. für diese und weitere Anforderungskriterien Gleich (2001), S. 244f.
[126] Vgl. Lebas (1995), S. 25f.
[127] Vgl. Klingebiel (2001), S. 18.
[128] Vgl. zu den Definitionen in der Tabelle Gleich (2001), S. 11f; Grüning (2002), S. 10; Lynch/Cross (1995), S. 1; Neely/Gregory/Platts (1995), S. 80; Riedl (2000), S. 20.

Tab. 1: Definitionen des Performance Measurement

Verfasser	Jahr	Kurzbeschreibung
Lynch/Cross	1995	Beschreibung des Feedbacks bzw. der Informationen zu betrieblichen Aktivitäten hinsichtlich der Erfüllung von Kundenerwartungen und strategischen Zielen. Im Mittelpunkt steht die Frage, ob die Abteilungen und Arbeitsgruppen die richtigen Dinge effizient erledigen. Performance Measurement soll zur kontinuierlichen Verbesserung der Kundenzufriedenheit, der Flexibilität und Produktivität motivieren.
Neely/Gregory/Platts	1995	Prozess zur Bewertung der Effizienz und Effektivität der gesamten Unternehmensaktivitäten.
Riedl	2000	Messung der unternehmenszielbezogenen Aktionen und deren Ergebnissen zur Quantifizierung der Performance (Zielerreichung) einer Unternehmung, ihrer Subsysteme und Mitarbeiter.
Gleich	2001	Aufbau und Einsatz meist mehrerer Kennzahlen verschiedener Dimensionen, wie z. B. Kosten, Zeit, Qualität, Innovationsfähigkeit oder Kundenzufriedenheit, die zur Beurteilung der Effektivität und Effizienz der Leistung und Leistungspotentiale unterschiedlicher Leistungsebenen eingesetzt werden. Zu den Leistungsebenen gehören z. B. unterschiedlich große Organisationseinheiten, Mitarbeiter oder Prozesse.
Grüning	2002	System zur Messung und Lenkung der mehrdimensionalen Unternehmens-Performance, die durch wechselseitige Interdependenzen gekennzeichnet ist und sowohl strategische als auch operative Aspekte einbezieht. Es basiert auf einem kybernetischen Prozess mit Elementen organisationalen Lernens.

Der Übersicht kann entnommen werden, dass teilweise unterschiedliche Schwerpunkte bei den Definitionen existieren. So hebt GRÜNING den Prozess des organisationalen Lernens durch ein Performance Measurement hervor. Die Begriffserklärungen von NEELY/GREGORY/ PLATTS, LYNCH/CROSS und RIEDL beziehen sich hingegen allgemein auf die Kontrolle der Zielerreichung. GLEICH setzt einen expliziten Schwerpunkt auf die Entwicklung von Kennzahlen in verschiedenen Dimensionen und Ebenen. Da sich diese Arbeit dem unternehmensübergreifenden Performance Measurement, das eine erhöhte Zahl von Adressaten umfasst, widmet, folgt sie primär diesem Begriffsverständnis.

Vom Begriff des Performance Measurement ist das Performance Measurement-System abzugrenzen. Darunter ist ein integriertes System von Messgrößen verschiedener Dimensionen, wie z. B. Kosten, Qualität und Zeit, zu verstehen, das die Effizienz und Effektivität unterschiedlicher Objekte (Unternehmenskooperationen, Unternehmen, Abteilungen, Prozesse,

Mitarbeiter usw.) quantifiziert.[129] Hiervon zu unterscheiden ist der Begriff Performance Measurement-Konzept. Dieser kann einzelne Messgrößen, Performance Measurement-Systeme und die zum Aufbau und Einsatz von einzelnen Messgrößen und Performance Measurement-Systemen durchzuführenden Aktivitäten, Methoden und Instrumentarien umfassen. Ein Performance Measurement-Konzept bezieht sich also nicht nur auf ein mehrdimensionales Kennzahlensystem, sondern auch auf die Tätigkeiten zu dessen Einführung im Unternehmen bzw. in der Supply Chain.[130] Ziel dieser Arbeit ist die Entwicklung eines solchen Performance Measurement-Konzepts.

3.1.2 Kennzahlen als Basis des Performance Measurement

Wie im vorherigen Abschnitt bereits deutlich wurde, bilden Kennzahlen die Grundlage eines Performance Measurement. Der Begriff der Kennzahlen bezeichnet Zahlen, die quantitativ erfassbare Sachverhalte in konzentrierter Form wiedergeben und komplexe Zusammenhänge in Form von systematisch aufbereiteten und verdichteten Einzelinformationen in einer Maßgröße abbilden.[131] Kennzahlen lassen sich folglich definieren als „quantitative Daten, die als bewusste Verdichtung der komplexen Realität über zahlenmäßig erfassbare betriebswirtschaftliche Sachverhalte informieren sollen."[132] Kennzahlensysteme bestehen hingegen aus mehreren Kennzahlen, die zueinander in Beziehung gesetzt werden.[133] Diese Beziehung kann empirischer, mathematischer oder systematischer Art sein. Bei einem empirisch fundierten Kennzahlensystem wird von einem Modell ausgegangen, bei dem die Zusammenhänge zwischen den einzelnen Kennzahlen empirisch nachgewiesen wurden. Die systematischen Ansätze legen hingegen ein Oberziel zugrunde, was auf die verschiedenen Entscheidungsbereiche heruntergebrochen wird. Falls zwischen den Zusammenhängen quantifizierbare Relationen bestehen, wird von einem mathematisch fundierten Kennzahlensystem gesprochen.[134]

Die wichtigsten Elemente von Kennzahlen sind der Informationscharakter, welcher es erlaubt, mithilfe der Kennzahl Urteile über wichtige Sachverhalte und Zusammenhänge treffen zu können, die Quantifizierbarkeit, d. h. die quantitative Messbarkeit der betrachteten Zusammenhänge und Sachverhalte sowie die spezifische Form der Information, die über eine relativ einfache Darstellung komplizierter Strukturen und Prozesse einen schnellen und

---

[129] Vgl. Gleich (1997), S.115.
[130] Vgl. zur Abgrenzung dieser beiden Begriffe Erdmann (2007), S. 66.
[131] Vgl. Reichmann (2006), S. 19.
[132] Weber/Schäffer (2008), S. 173 in Anlehnung an Lachnit (1979), S. 15ff.
[133] Vgl. Weber/Wallenburg (2010), S. 332.
[134] Vgl. Reichmann (2006), S. 22f.

möglichst umfassenden Überblick ermöglichen soll.[135] Grundsätzlich existieren nach der formal-mathematischen Bildung zwei Arten von Kennzahlen: Zum einem die absoluten Kennzahlen, wie z. B. Umsatz, Ertrag, Anzahl der Mitarbeiter, welche für sich allein betrachtet nur eine geringe Aussagekraft aufweisen und zum anderen die aussagekräftigeren relativen oder Verhältniskennzahlen, wie z. B. Umsatz pro Mitarbeiter, Verzinsung des eingesetzten Kapitals, Umschlagsgeschwindigkeit, welche sich aus zwei absoluten Zahlen zusammensetzen und sich in die drei Ausprägungen Gliederungszahlen, Beziehungszahlen und Index- bzw. Messzahlen untergliedern lassen.[136] Hierbei setzen die Gliederungszahlen Teile ins Verhältnis zum Gesamten (z. B. Verhältnis des Umsatzes einer Produktart zum Gesamtumsatz), Beziehungszahlen verrechnen verschiedenartige Größen, welche jedoch in einer logischen Beziehung zueinander stehen (z. B. Verhältnis vom Gesamtumsatz zur Kundenzahl) und Index- bzw. Messzahlen geben das Verhältnis gleichartiger Größen mit unterschiedlichem Zeitbezug an (z. B. Verhältnis des Umsatzes unterschiedlicher Perioden).[137]

In Abhängigkeit vom Betrachtungshorizont der Kennzahlen kann eine Einteilung in zwei Kategorien erfolgen. In diesem Zusammenhang lässt sich zwischen strategischen und operativen Kennzahlen differenzieren. Strategische Kennzahlen verfügen über einen langfristigen Planungshorizont und werden über längere Zeiträume erhoben, wobei deren Erhebung und Verarbeitung hauptsächlich für die Unternehmensleitung erfolgt. Sie unterstützen die Aufdeckung langfristiger Erfolgspotentiale für die Zukunft.[138] Operative Kennzahlen weisen hingegen einen kurzfristigen Betrachtungshorizont auf und dienen der Optimierung von Prozessen durch die Prozessverantwortlichen. Dabei wird mithilfe der Identifikation von Schwachstellen die Voraussetzung für die Einleitung konkreter Gegenmaßnahmen geschaffen.[139]

Eine weitere entscheidende Differenzierung betrifft die Ergebnisbezogenheit und die Ergebnisdeterminierung von Kennzahlen bzw. die Unterscheidung zwischen Vorlauf- und Nachlaufindikatoren. FITZGERALD ET AL. fassen unter dem ersten Typ Kennzahlen, die die Wettbewerbsfähigkeit und finanzielle Leistungsstärke eines Unternehmens beschreiben, zusammen. Die Kennzahlen der Dimensionen Qualität, Flexibilität, Innovation und Ressourceneinsatz gehören hingegen dem ergebnisbestimmenden Kennzahlentyp an, üben also einen

---

[135] Vgl. Reichmann (2006), S. 19.
[136] Vgl. Mensch (2008), S.177f.
[137] Vgl. Bamberg/Baur/Krapp (2008), S. 53f.
[138] Vgl. Friedl (2003), S. 15.
[139] Vgl. Piontek (2005), S. 131.

zentralen Einfluss auf die Wettbewerbsfähigkeit und finanzielle Leistungsstärke eines Unternehmens aus.[140] Beispiele zu den beiden Kennzahlentypen sind in Tab. 2 aufgeführt.

Tab. 2: Kategorisierung von Kennzahlen nach Vorlauf- und Ergebnisindikatoren[141]

Kennzahlentyp	Dimension	Kennzahlen
Ergebnisbezogene Kennzahlen	Wettbewerbsfähigkeit	Umsatzsteigerung, Relativer Marktanteil
	Finanzielle Leistungsstärke	Rentabilität, Liquidität, Kapitalausstattung, Eigenkapitalquote
Ergebnisdeterminierende Kennzahlen	Qualität	Zuverlässigkeit, Zugänglichkeit
	Flexibilität	Liefergeschwindigkeit
	Ressourceneinsatz	Produktivität
	Innovation	Leistungsstärke des Innovationsprozesses

Darüber hinaus können Kennzahlen verschiedene Funktionen erfüllen. Dabei dient die Operationalisierungsfunktion der Messbarmachung von Zielen und deren Erreichung, die Vorgabefunktion dem Ermitteln von Zielgrößen in Form kritischer Kennzahlenwerte und die Steuerungsfunktion der Vereinfachung von Steuerungsprozessen. Im Rahmen einer laufenden Kennzahlenerfassung können zudem die Anregungsfunktion zur Aufdeckung von Auffälligkeiten und Veränderungen und die Kontrollfunktion zur Erkennung von Soll-Ist-Abweichungen unterschieden werden.[142] Kennzahlen können somit die Entscheidungssicherheit in einer Situation mit mehreren Entscheidungsträgern zumindest potentiell verbessern und zu einer Konsensfindung beitragen.

Außerdem lassen sich noch einige weitere Differenzierungen vornehmen.[143] Im Hinblick auf den Bezugsrahmen ist zwischen lokalen, nur für einen bestimmten betrieblichen Sektor gültigen und globalen, für jeden betrieblichen Bereich einzusetzenden Kennzahlen zu unterscheiden. Bezüglich der Bildungsrichtung ist zwischen einer bottom-up-Bildung von Kennzahlen als Verdichtung komplexer Details von der operativen auf die strategische Ebene und der top-down-Bildung von Kennzahlen als logisch abgeleitete Abbildung einer komplexen Realität von der strategischen auf die operative Ebene zu trennen. Desweiteren

---

[140] Vgl. Fitzgerald et al. (1994), S. 7.
[141] Tabelle in Anlehnung an Fitzgerald et al. (1994), S. 8.
[142] Vgl. Bichler/Gerster/Reuter (1994), S. 52.
[143] Vgl. zu den folgenden Differenzierungsmöglichkeiten Reichmann (2006), S. 21; Weber/Schäffer (2008), S. 174f.

betrifft eine wichtige, im Zusammenhang mit dem Performance Measurement genutzte Differenzierung die Unterscheidung zwischen finanziellen und nicht-finanziellen Kennzahlen.

3.1.3 Ansatzpunkte zur Weiterentwicklung traditioneller Kennzahlensysteme zu einem Performance Measurement

Im Rahmen der Unternehmenssteuerung wurden Kennzahlen und Kennzahlensysteme schon seit dem Anfang des letzten Jahrhunderts entwickelt und eingesetzt. Die ersten Konzepte erfüllten vorrangig die Aufgabe der Unternehmensanalyse und basierten in der Regel auf Zahlen des externen Rechnungswesens. Der Verzicht auf nicht-finanzielle Kennzahlen resultiert aus der Tatsache, dass Informationen früher vor allem für die obere Führungsebene bereitgestellt und dafür bevorzugt Informationen des Rechnungswesens genutzt wurden. Durch den Einsatz von bilanz- und rechnungswesenorientierten Kennzahlen sind traditionelle Kennzahlensysteme vergangenheitsbezogen, so dass mögliche zukünftige Erfolgspotentiale von der Betrachtung ausgeschlossen sind.[144]

Das am weitesten verbreitete traditionelle Kennzahlensystem ist das DuPont-System of Financial Control, das 1919 vom Chemiekonzern E. I. DuPont de Nemours and Company entwickelt wurde.[145] Hierbei handelt es sich um ein System, das auf Zahlen des betrieblichen Rechnungswesens basiert und als Spitzenkennzahl den Return on Investment (ROI)[146] enthält. Durch den Aufbau des Kennzahlensystems werden Informationen über das Zustandekommen des ROI, über Leistungen der wichtigsten Unternehmensteile und Abweichungen vom geplanten Soll geliefert. Zusammenhänge zwischen einzelnen Kennzahlen sind erkennbar, so dass mögliche Schwachstellen erkannt und Gegenmaßnahmen ergriffen werden können.

Umfangreicher ist das 1969 vom Zentralverband der Elektrotechnischen Industrie e.V. entwickelte ZVEI-Kennzahlensystem.[147] Es enthält ca. 200 Kennzahlen, die auf Zahlen des Jahresabschlusses und der Kosten- und Erlösrechnung basieren. Allerdings geht es, wie auch das DuPont-System, von einer einzigen Spitzenkennzahl, hier jedoch der Eigenkapitalrentabilität[148], aus. Das ZVEI-Kennzahlensystem zielt darauf ab, durch Zeit- bzw. Betriebsvergleiche und durch Festlegung von Plangrößen die Effizienz eines Unternehmens zu ermitteln und zu steuern. Allerdings dienen mehr als die Hälfte der Kennzahlen der Sicherstellung

---

[144] Vgl. Gladen (2003), S. 151; vgl. Gleich (2001), S. 7.
[145] Vgl. zu den ersten Darstellungen des DuPont-Schemas in der deutschen Literatur Staehle (1969), S. 69ff.
[146] Der ROI bezeichnet das Verhältnis aus dem Gewinn zum Gesamtkapital des Unternehmens.
[147] Vgl. hierzu die vierte und letzte Auflage der speziell zu diesem Kennzahlensystem herausgegebenen Veröffentlichung vom Zentralverband der Elektrotechnik- und Elektronikindustrie (1989).
[148] Die Eigenkapitalrentabilität gibt das Verhältnis des Gewinns zum Eigenkapital an.

mathematischer Verknüpfungen innerhalb des Kennzahlensystems, so dass dieses sehr komplex und unübersichtlich ist.[149]

Als Weiterentwicklung von solchen Analysekennzahlensystemen entstanden in den 1970er Jahren Steuerungskennzahlensysteme, die primär die Aufgabe der Steuerung des operativen Tagesgeschäfts erfüllten.[150] Das Performance Measurement fußt auf solchen Steuerungskennzahlensystemen. Diese stellen Hierarchien mit dem obersten Unternehmensziel an der Spitze dar, das in verschiedene Teilziele für die unterschiedlichen Organisationseinheiten aufgelöst wird. Solche Kennzahlensysteme spiegeln somit die in Kennzahlen ausgedrückte Unternehmensplanung wider. Sie sind daher unternehmensspezifisch und sollten an die strategische Ausrichtung des Unternehmens angepasst bzw. die Kennzahlen sollten aus den Zielen des Unternehmens abgeleitet werden. Dabei basieren Steuerungskennzahlensysteme auf Zweck-Mittel-Beziehungen zwischen den Kennzahlen auf den verschiedenen Ebenen, die es gegebenenfalls rechnerisch oder empirisch zu belegen gilt. Es bedarf folglich einer Systematisierung der Kennzahlen, die darüber hinaus durch die Verwendung nur einer begrenzten Menge an Kennzahlen unterstützt werden sollte.[151]

Die Steuerungskennzahlensysteme zielen darauf ab, die reine Vergangenheitsorientierung von Kennzahlen zu beheben. Diese stellt einen entscheidenden Kritikpunkt an den traditionellen Systemen dar.[152] Vergangenheitsorientierte Daten sind grundsätzlich nur insoweit von Interesse, wie sie zukunftsweisende Erfolgspotentiale widerspiegeln können. Die Schwierigkeit besteht hierbei darin, die Daten aus der Vergangenheit in die Zukunft zu extrapolieren.[153] Hierzu werden häufig unterschiedliche Szenarien über die Entwicklung verschiedenster Rahmenbedingungen aufgestellt. Allerdings wandeln sich die Marktbedingungen beispielsweise aufgrund der zunehmenden Globalisierung immer schneller und können nur schlecht prognostiziert werden, was auch die Aufstellung von Szenarien erschwert.

Mit der Kritik an der Vergangenheitsorientierung einher geht die Forderung, neben den monetären auch nicht-monetäre Kennzahlen zur Steuerung des Unternehmens einzusetzen. Solche nicht-monetären Kennzahlen können sowohl quantitativer (z. B. Durchlaufzeit) als auch qualitativer Natur (z. B. Mitarbeiterzufriedenheit) sein. GLADEN und GLEICH/KITZELMANN fordern folglich den Einsatz von Kennzahlen aus den Bereichen Kosten, Zeit, Qualität,

---

[149] Vgl. Gladen (2003), S. 100; vgl. Reichmann (2006), S. 30ff.
[150] Vgl. zur Differenzierung von Analyse- und Steuerungskennzahlensystemen auch Lachnit (1976), S. 224ff.
[151] Dabei gilt, dass mit einer klareren Systematisierung der Kennzahlen im Kennzahlensystem eine zunehmende Anzahl an Kennzahlen genutzt werden kann, ohne die Übersichtlichkeit zu verlieren. Vgl. Gladen (2005), S. 155f. und S. 162f.
[152] Vgl. z. B. Ghalayini/Noble (1996), S. 65; Lebas (1995), S. 26; Neely (1999), S. 206.
[153] Vgl. Lebas (1995), S. 26.

Innovationsfähigkeit und Kundenorientierung.[154] Dabei werden die nicht-monetären Kennzahlen in den Bereichen Zeit, Qualität, Innovationsfähigkeit und Kundenorientierung als Vorlaufindikatoren für die finanziellen Kennzahlen im Bereich Kosten betrachtet, die auch als Ergebnisindikatoren bezeichnet werden. Dies ist notwendig, damit auf Basis dieser Vorlaufindikatoren Entscheidungen vom Management bezüglich der im Unternehmen zu tätigenden Maßnahmen getroffen werden können. So kann beispielsweise nur aufgrund der Information, dass der Unternehmensgewinn sinkt, nicht beurteilt werden, welche Gründe für diesen Gewinneinbruch vorliegen und in welchen Bereichen eine entsprechende Steuerung des Unternehmens ansetzen müsste. Die zusätzliche Information über eine sinkende Kundenzufriedenheit als Vorlaufindikator könnte hier beispielsweise dazu beitragen, dass das Management verstärkt in Maßnahmen zur schnelleren und pünktlicheren Lieferung an den Kunden investiert. Bei einer ausschließlichen Fokussierung auf eine übergeordnete Spitzenkennzahl besteht grundsätzlich immer die Gefahr, dass zwar die kurzfristige Gewinnmaximierung verfolgt wird, jedoch wichtige Sachverhalte, die ein langfristiges Gesamtoptimum unterstützen, vernachlässigt werden.[155]

Die Berücksichtigung nicht-monetärer Kennzahlen impliziert somit nicht den zunehmenden Verzicht auf monetäre Kennzahlen, sondern stellt eine Ergänzung dieser dar. Hierfür wird als Grund neben der Rückverfolgung der Ursachen für eine Verschlechterung der monetären Kennzahlen auch auf die teilweise nicht vorhandene Einheitlichkeit bei der Aussage der verschiedenen Kennzahlen verwiesen. So zeigen die monetären Kennzahlen möglicherweise (noch) eine positive Unternehmenssituation auf, während die nicht-monetären Kennzahlen als deren Vorlaufindikatoren (schon) auf eine Verschlechterung dieser hindeuten.[156] Eine kontinuierliche Verbesserung der Unternehmenssituation steht hierbei eher im Fokus als die ausschließlich kurzfristige Reduzierung von negativen Abweichungen bei den finanziellen Kennzahlen.[157]

Die einem modernen Performance Measurement zugrunde liegenden Kennzahlen sollten – wie bereits oben erläutert wurde – aus der Strategie bzw. aus den strategischen Zielen des Unternehmens abgeleitet werden.[158] Dies ist laut HOWARD/HITCHCOCK/DUMAREST der am häufigsten genannte Grund für die Einführung eines Performance Measurement-Systems. So gaben bei einer von den Autoren durchgeführten Studie 64 % der Befragten an, dass ihre

---

[154] Vgl. Gladen (2002), S. 5; vgl. Gleich/Kitzelmann (2002), S. 89.
[155] Vgl. Gleich (2001), S. 8f.
[156] Vgl. Klingebiel (2000), S. 22.
[157] Vgl. Gleich (2001), S. 11.
[158] Vgl. u. a. Lebas (1995), S. 27; Neely/Gregory/Platts (1995), S. 82f.

aktuellen Kennzahlensysteme über zu wenig Strategiebezug verfügten und lediglich operative Finanzkennzahlen beinhalteten, die nicht die strategischen Ziele des Unternehmens widerspiegelten. Dementsprechend nutzen viele Unternehmen einfach standardmäßige Finanzkennzahlen oder die Kennzahlen, die aufgrund der subjektiven Einschätzung der Verantwortlichen als wichtig für den Unternehmenserfolg eingestuft werden.[159] Da sich aber die Rahmenbedingungen, denen die Unternehmen gegenüberstehen, stets verändern, bedürfen die Strategien und demzufolge auch die Kennzahlen zur Unternehmenssteuerung einer ständigen Anpassung. Außerdem gilt es, die strategischen Ziele auf die einzelnen Geschäftseinheiten bzw. Abteilungen herunterzubrechen. Über die Kommunikation der strategischen Zielsetzung an die untergeordneten Ebenen können so auch positive Impulse auf die Eigenmotivation der Mitarbeiter ausgehen, da diese – zumindest ansatzweise – ihren Beitrag zur Strategierealisierung aufgezeigt bekommen.[160]

Die zuvor erwähnte Beschleunigung der Veränderung der Rahmenbedingungen führt zudem zu der Forderung, dass neben internen auch externe bzw. marktbezogene Kennzahlen mit in die Leistungsmessung einbezogen werden sollten.[161] Mithilfe von extern ausgerichteten Kennzahlen soll eine Beobachtung der Marktgegebenheiten und der Wettbewerber erfolgen, um bei entsprechenden Entwicklungen auf diese reagieren zu können. In diesem Zusammenhang können Kennzahlen auch einen Frühwarncharakter einnehmen. Es soll darüber gewährleistet werden, dass sich abzeichnende Fehlentwicklungen rechtzeitig erkannt und die Strategien des Unternehmens entsprechend angepasst werden. Dabei gibt es die Möglichkeit, Kennzahlen des eigenen Unternehmens (oder eines Unternehmensbereiches) den jeweiligen Kennzahlen eines anderen Unternehmens gegenüber zu stellen.[162]

Verschiedene Autoren fordern daher die Integration eines Wettbewerbsvergleichs in das Performance Measurement. So verfolgen WISNER/FAWCETT einerseits den Ansatz, bei der Leistungsmessung die eigene Position relativ zu den Wettbewerbern zu ermitteln. Andererseits fordern sie eine Evaluation, inwieweit die Unternehmen auch absolut ihre eigenen Ziele erreichen.[163] Ähnlich sieht es BEAMON, nach der die Aufgaben der Leistungsmessung entweder in der Ermittlung der eigenen Effektivität und Effizienz oder dem Wettbewerbsvergleich liegen.[164] Nach Untersuchungen kommen auch DE TONI/TONCHIA zu dem Ergebnis, dass die Leistungsmessung drei Ziele verfolgt: a) Prozessplanung, -kontrolle

---

[159] Vgl. Howard/Hitchcock/Dumarest (2001), S. 30.
[160] Vgl. Klingebiel (2000), S. 27.
[161] Vgl. Gleich (2001), S. 11; vgl. Kaplan/Norton (1992), S. 73f.; vgl. Klingebiel (2001), S. 5ff.
[162] Vgl. Gladen (2005), S. 31f.
[163] Vgl. Wisner/Fawcett (1991), S. 8ff.
[164] Vgl. Beamon (1998), S. 291.

und -koordination, b) Personalkontrolle, -bewertung und -einsatz sowie c) Benchmarking, den Vergleich mit Wettbewerbern oder aber führenden Unternehmen anderer Branchen.[165]

Im Rahmen eines solchen Benchmarking[166] kann eine Analyse der Wettbewerber unter Einsatz von Kennzahlen intensiviert werden. Das Benchmarking ist dabei als eine Weiterentwicklung der traditionellen Konkurrenzanalyse zu verstehen. Während die traditionelle Konkurrenzanalyse sich auf strukturelle Geschäftsvorgänge und den Vergleich von Produkten unter Berücksichtigung reiner Momentaufnahmen der direkten Konkurrenten beschränkt, zielt das Benchmarking vielmehr auf eine Verbesserung der grundlegenden betrieblichen Tätigkeiten, indem es sich vorrangig auf Funktions- und Prozessbereiche bezieht. Es soll dabei neben der Identifizierung von Leistungsabweichungen zu anderen Unternehmen die Aufdeckung von Maßnahmen zur Leistungsverbesserung ermöglichen. Im Mittelpunkt steht dazu ein systematischer und methodischer Leistungsvergleich von Prozessen mit einem Best-Practice-Unternehmen[167], um an das notwendige Wissen zur Leistungsverbesserung zu gelangen.

GLEICH fasst die Ansatzpunkte zur Weiterentwicklung traditioneller Kennzahlensysteme zu einem Performance Measurement folgendermaßen zusammen:

---

[165] Vgl. De Toni/Tonchia (2001), S. 59.
[166] Vgl. zum Benchmarking Camp (1994).
[167] Der Begriff Best-Practice bezeichnet bewährte und kostengünstige Verfahren, technische Systeme und Geschäftsprozesse. Mit der Orientierung an Best-Practice wollen die schwächeren Unternehmen die eigenen Dienstleistungen, Produkte, Projekte, Methoden und Systeme verbessern. Dabei stellt sich die Frage, anhand welcher Kriterien Best-Practice-Unternehmen identifiziert werden können. Hierzu ist ein geeignetes Bewertungsverfahren, z. B. über einen Kriterienkatalog, notwendig.

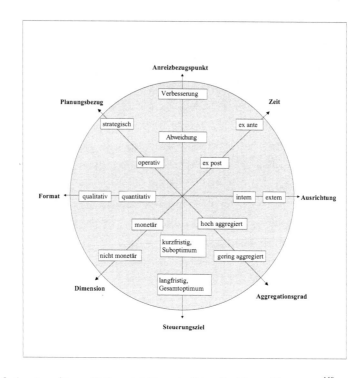

Abb. 5: Ansatzpunkte zur Weiterentwicklung traditioneller Kennzahlensysteme[168]

---

[168] Vgl. Gleich (2001), S. 11.

3.1.4 Instrumente des Performance Measurement

In den folgenden Abschnitten sollen die wichtigsten Instrumente des Performance Measurement vorgestellt werden. Dabei wird auf die Balanced Scorecard, das Tableau de Bord, den Skandia Navigator, die Performance Pyramid und das Quantum Performance Measurement eingegangen. Zudem wird das Konzept der selektiven Kennzahlen dargelegt, das zwar in der Literatur nicht als gängiges Instrument des Performance Measurement aufgefasst, aber hier aufgrund seiner speziellen Ausrichtung auf die Logistik in die Betrachtung einbezogen wird. Auf Basis dieser allgemeinen Beschreibung der Instrumente werden in Abschnitt 6.5.1 deren Einsatzmöglichkeiten im unternehmensübergreifenden Kontext bewertet bzw. entsprechende Modifikationen für die Verwendung in Supply Chains vorgeschlagen.

3.1.4.1 Balanced Scorecard

Das in Theorie und Praxis wohl bekannteste Instrument des Performance Measurement stellt die Balanced Scorecard dar. Die Entwicklung des Balanced Scorecard-Konzeptes erfolgte im Rahmen einer Studie, die Anfang der 1990er Jahre in den USA unter Leitung von KAPLAN und NORTON mit 12 amerikanischen Unternehmen durchgeführt wurde.[169] Die Balanced Scorecard weist dabei folgende Eigenschaften auf, die die zuvor erläuterten Kritikpunkte des Performance Measurement an den traditionellen Kennzahlensystemen widerspiegeln:

- Berücksichtigung monetärer und nicht-monetärer Messgrößen,
- Berücksichtigung von Größen, welche die Leistung einer Organisationseinheit aus externer (Shareholder und Kunden) und interner (Prozesse, Innovation, Lernen) Perspektive messen,
- Berücksichtigung von Größen, welche die Leistung einer Organisationseinheit aus strategischer und operativer Sicht messen und
- Berücksichtigung von nachlaufenden (Ex-post-) Ergebnissen („lag indicators") und vorlaufenden (Ex-ante-) Zielgrößen („lead indicators").

Daher erfahren die traditionellen finanziellen Kennzahlen im Rahmen des Balanced Scorecard-Konzeptes eine Ergänzung durch eine Kundenperspektive, eine interne Prozessperspektive sowie eine Lern- und Entwicklungsperspektive.[170] Diese Bereiche sollen

---

[169] Vgl. Kaplan/Norton (1992).
[170] Vgl. zu den vier Perspektiven und ihren Inhalten Kaplan/Norton (1992), S. 72ff.

zum einen als Frühindikatoren Entwicklungstendenzen aufzeigen und zum anderen den Erfolg der Vergangenheit wiedergeben. Dabei sollten die eingesetzten Kennzahlen aus der Strategie des jeweiligen Unternehmens abgeleitet werden, so dass eine Operationalisierung der Unternehmensstrategie gewährleistet wird.

Abb. 6 zeigt die vier Perspektiven der Balanced Scorecard und ihre Zusammenhänge.

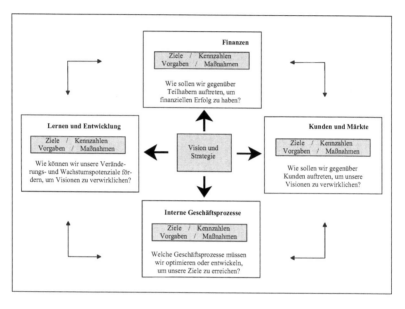

Abb. 6: Perspektiven der Balanced Scorecard[171]

Im Rahmen der Finanzperspektive wird geklärt, ob die Durchführung einer Strategie zu einer Verbesserung der finanziellen Leistung führt. Beispiele für verwendete finanzielle Kennzahlen sind Rentabilität, Umsatz, Betriebsergebnis und Return on Investment. Der finanziellen Perspektive kommt dabei eine Doppelrolle zu. Zum einen zeigen die oben genannten Kennzahlen die finanzielle Leistung, die durch die Realisierung einer Strategie erreicht werden kann, zum anderen stellen sie Endziele für die anderen Perspektiven der Balanced Scorecard dar.

In der Kundenperspektive werden strategische Ziele des Unternehmens in Bezug auf die Kunden- und Marktsegmente betrachtet, in denen es konkurrieren möchte. Damit dient diese Perspektive der Beurteilung der Kundenbeziehungen und der Marktverhältnisse, wobei die

---

[171] Abbildung in Anlehnung an Kaplan/Norton (1996b), S. 76.

Kundensicht die Quelle des finanziellen Erfolges eines Unternehmens darstellt. Die Kunden- und Marktpositionierung erfolgt dabei u. a. anhand der Merkmale Kundenakquisition, Kundenzufriedenheit, Kundentreue und Marktanteil. Darüber hinaus ist es sinnvoll, auch unternehmensspezifische Kennzahlen zu den Anforderungen der Kunden einzubeziehen.

Die Perspektive der internen Geschäftsprozesse identifiziert die Prozesse, die von besonderer Wichtigkeit sind, um die Kundenanforderungen der Zielmarktsegmente und die Erwartungen der Kapitalgeber zu erfüllen. Dabei müssen für die Realisierung der Ziele der Finanz- und der Kundenperspektive möglicherweise ganz neue Prozesse erkannt und entwickelt werden. Aufgrund dessen umfasst die interne Prozessperspektive nicht nur Ziele und Maßnahmen für den kurzfristigen Produktionszyklus, sondern auch für den langfristigen Innovationszyklus. Kennzahlen dieser Perspektive können etwa Zykluszeit, Qualität, Produktivität und Fehlerquote betreffen.

Die Kennzahlen der Lern- und Entwicklungsperspektive erfassen die Infrastruktur, die notwendig ist, um die Ziele der ersten drei Perspektiven zu erreichen. Die Messgrößen sollten in diesem Zusammenhang die Kategorien Mitarbeiterpotentiale (z. B. Mitarbeiterproduktivität, Mitarbeiterzufriedenheit, Personaltreue), Potentiale der genutzten Informationssysteme (z. B. die strategische Informationsdeckungskennziffer als das Verhältnis von verfügbaren zu angenommenen Informationen) sowie Zielausrichtung (z. B. Anzahl der umgesetzten Verbesserungsvorschläge, Anzahl der in kritischen Prozessen tatsächlich sichtbar werdenden Verbesserungen) abdecken. Dabei ist es von besonderer Wichtigkeit, dass Unternehmen Investitionen tätigen, um diese Potentiale auszubauen und somit langfristiges Wachstum zu sichern.

Über diese vier Perspektiven vereint die Balanced Scorecard viele verschiedene strategische Erfolgsfaktoren wie beispielsweise Kunden- und Mitarbeiterorientierung, Flexibilität und Qualitätsverbesserung. Zudem soll durch den Einsatz einer Balanced Scorecard vermieden werden, dass Optimierungen in einem dieser Bereiche zu Lasten eines anderen Bereiches gehen, da durch die unterschiedlichen Perspektiven eine ausgewogene Betrachtung der Erfolgsfaktoren garantiert werden soll.[172] Dadurch kann die Balanced Scorecard im Rahmen der diagnostischen Nutzung angewandt werden, bei der es nur zu gelegentlichen Soll-Ist-Kontrollen der Kennzahlen kommt.[173]

---

[172] Vgl. Kaplan/Norton (1992), S. 71.
[173] Vgl. zur diagnostischen Nutzung von Kennzahlen auch Abschnitt 6.5.2.

3.1.4.2 Tableau de Bord

Erste Tableaux de Bord wurden bereits Anfang des 20. Jahrhunderts in Frankreich von Ingenieuren entwickelt. Ihr Ziel war die Optimierung von Produktionsprozessen, die durch ein besseres Verständnis der Ursache-Wirkungs-Beziehungen zwischen Handlungen und Prozessergebnis erreicht werden sollte.[174] Ausgangspunkt für die Entwicklung war, dass die finanziellen Kennzahlen des Rechnungswesens für viele Entscheidungen entweder zu spät verfügbar oder aufgrund ihrer hoch konzentrierten Form nicht verwertbar waren. Es sollte deshalb ein Kennzahlensystem geschaffen werden, das die wichtigsten Erfolgsfaktoren eines bestimmten Bereiches abbildete. Allerdings war dieses System nur wenig strukturiert und stark auf individuelle Bedürfnisse der Anwender zugeschnitten. Ein theoretisches Fundament existiert erst seit Anfang der 1960er Jahre, als erste Publikationen zum Tableau de Bord erschienen.[175]

Ein allgemein gültiges, einheitliches Konzept für ein Tableau de Bord gibt es jedoch auch heute nicht, so dass dieses flexibel ausgestaltet und eingesetzt werden kann.[176] Das Ziel eines Tableau de Bord ist es, die Leistung der jeweiligen Unternehmensbereiche in knapper Form darzustellen. Dabei soll es möglichst regelmäßig über Maßnahmen und Ergebnisse der jüngsten Vergangenheit berichten, die aktuelle Leistung abbilden und zukünftige Potentiale aufzeigen. Die aktuelle Leistung sollte zudem mit der zuletzt ermittelten und derjenigen anderer Unternehmen verglichen werden.[177]

Da jeder Unternehmensbereich unterschiedliche Zielsetzungen verfolgt und über verschiedene Verantwortungsbereiche verfügt, reicht ein einziges Tableau de Bord für das gesamte Unternehmen nicht aus. Stattdessen benötigt jeder Unternehmensbereich ein eigenes Tableau de Bord, das spezifisch auf ihn ausgerichtet ist. Die einzelnen Tableaux de Bord sind dadurch miteinander verbunden, dass die Hauptziele eines Unternehmens so in ihre Bestandteile zerlegt werden, dass die nachgelagerten Unternehmensbereiche entsprechend ihrer Verantwortlichkeiten Ziele formulieren können, die zum Erreichen der übergeordneten Ziele dienen. Hierfür werden ausgehend von der Unternehmensvision Strategien und Ziele abgeleitet, für die von den Geschäftseinheiten kritische Erfolgsfaktoren bestimmt werden, die wiederum durch quantitative Kennzahlen ermittelt werden. Dabei handelt es sich überwiegend um nicht-

---

[174] Vgl. Epstein/Manzoni (1998), S. 191.
[175] Vgl. Hoffmann (2002), S. 39. Der Autor verweist hierbei beispielhaft auf die Veröffentlichung von LAUZEL/ CIBERT. Vgl. Lauzel/Cibert (1962).
[176] Vgl. Grüning (2002), S. 51.
[177] Vgl. Epstein/Manzoni (1997), S. 29f.

finanzielle Kennzahlen.[178] Jeder Unternehmensbereich erstellt also anhand eines bereichsbezogenen Tableau de Bord einen Überblick über seine Leistung und leitet dieses Ergebnis an die übergeordnete Unternehmensebene weiter. Dadurch ist es möglich zu beurteilen, welchen Beitrag die einzelnen Unternehmensbereiche zur Gesamtstrategie des Unternehmens leisten. Den grundsätzlichen Aufbau eines solchen Tableau de Bord zeigt die folgende Abbildung.

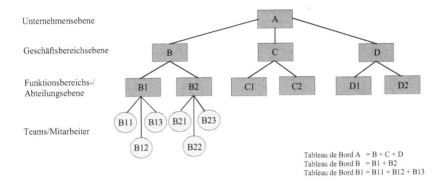

Abb. 7: Aufbau des Tableau de Bord[179]

Mit dem Einsatz des Tableau de Bord werden verschiedene Zwecke verfolgt. Zum einen muss jeder Unternehmensbereich sowohl seine Ziele und kritischen Erfolgsfaktoren bestimmen als auch Interdependenzen mit anderen Unternehmensbereichen berücksichtigen. Dadurch sind die Unternehmensbereiche gezwungen, sich mit der gesamten Unternehmensstrategie und den Verantwortungsbereichen anderer Unternehmensbereiche auseinanderzusetzen. Desweiteren wird der Leiter eines Unternehmensbereiches durch regelmäßige Berichte über die Leistung seines Bereiches informiert. Somit kann er sich auf die Informationen konzentrieren, die ihn bei Entscheidungsfindungen wesentlich unterstützen. Besonders hilfreich für die übergeordneten Unternehmensebenen ist, dass sie sich regelmäßig über die Leistung der nachgelagerten Unternehmensbereiche informieren können.[180]

---

[178] Vgl. Gleich (2001), S. 60f.
[179] Abbildung in Anlehnung an Epstein/Manzoni (1997), S. 30. Von den Autoren wird für weitergehende Informationen zum Aufbau des Tableau de Bord auf die Veröffentlichung von DE GUERNY/GUIRIEC/ LAVERGNE verwiesen. Vgl. de Guerny/Guiriec/Lavergne (1990).
[180] Vgl. Epstein/Manzoni (1998), S. 192f.

3.1.4.3 Skandia Navigator

Der Skandia Navigator ist eines der ersten Performance Measurement-Instrumente, das Vermögensbestandteile, die nicht in der Bilanz ausweisbar sind, misst.[181] Hierzu gehören insbesondere das Wissen der Mitarbeiter, das organisationale Wissen des Unternehmens, z. B. Patente und Technologien, aber auch der Markenname und der Kundenstamm. Auslöser für die Entwicklung waren Analysen von Skandia Anfang der 1990er Jahre, durch die erkannt wurde, dass das vom traditionellen Rechnungswesen ausgewiesene finanzielle Vermögen die Unternehmensleistung nur unzureichend abbildet. In diesem Zusammenhang wurde festgestellt, dass der Marktwert eines Unternehmens den Buchwert erheblich übersteigen kann. Dabei ist der Unterschied zwischen Markt- und Buchwert vor allem bei Dienstleistungsunternehmen, die wissensintensive Produkte und Problemlösungen anbieten, besonders hoch. Ursächlich hierfür ist, dass die Messung und Bewertung des intellektuellen Vermögens, auch als Intellectual Capital bezeichnet, in vielen Unternehmen vernachlässigt wird, obwohl dessen Bedeutung für den Unternehmenserfolg bekannt ist. Ziel des Skandia Navigator ist es deshalb, eine ausgewogene Darstellung von finanziellem und intellektuellem Vermögen zu ermöglichen. Hierfür werden neben finanziellen Kennzahlen weitere Kennzahlen zur Beschreibung und Steuerung des intellektuellen Vermögens verwendet.[182]

Der Skandia Navigator besteht aus fünf Perspektiven. Der Aufbau wird anhand folgender Abbildung verdeutlicht.

---

[181] Bei dem Unternehmen Skandia handelt es sich um eine schwedische Versicherungsgruppe. Der hier für die Entwicklung des Konzepts zuständige Ressortleiter veröffentlichte dieses später unter dem Titel „Intellectual Capital". Vgl. Edvinsson/Malone (1997).
[182] Vgl. Edvinsson (1997), S. 367f.

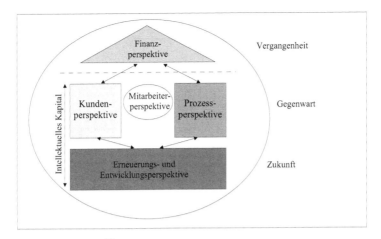

Abb. 8: Skandia Navigator[183]

Die Finanzperspektive betrachtet die Vergangenheit des Unternehmens anhand vergangenheitsorientierter, finanzieller Kennzahlen und bildet somit das finanzielle Vermögen ab. Die vier anderen Perspektiven spiegeln das intellektuelle Vermögen des Unternehmens wider. Hierzu gehören die Mitarbeiter-, die Kunden- und Prozessperspektive sowie die Erneuerungs- und Entwicklungsperspektive. Dabei bilden die Kunden- und die Prozessperspektive die gegenwärtige Situation des intellektuellen Unternehmensvermögens ab. Das Fundament für den zukünftigen Unternehmenserfolg hingegen liegt in der Erneuerungs- und Entwicklungsperspektive. Den Mittelpunkt des Skandia Navigators bildet die Mitarbeiterperspektive, die mit allen anderen Perspektiven direkt verbunden ist. In jeder einzelnen Perspektive steht ein Fundus von Kennzahlen zur Abbildung des intellektuellen Vermögens zur Verfügung. Hiervon wählt jedes Unternehmen, das den Skandia Navigator verwendet, die für sich relevanten Kennzahlen aus.

Innerhalb der Finanzperspektive sollen verschiedene Typen finanzieller Kennzahlen verwendet werden. Ein ausgewogenes Verhältnis wird durch den Einsatz von

- absoluten Kennzahlen, z. B. Gesamtvermögen,
- relativen Kennzahlen zum Vergleich der Unternehmensleistung mit anderen Unternehmen, z. B. Umsatzrückgang im Vergleich zum Marktdurchschnitt,
- Verhältniskennzahlen aus zwei unternehmensbezogenen Größen, z. B. Umsatz pro Mitarbeiter und

---

[183] Vgl. Edvinsson/Malone (1997), S. 68.

- Verhältniskennzahlen mit mindestens drei unternehmensbezogenen Größen, z. B. Eigenkapitalertrag aus neuen Geschäftsbereichen, erreicht.[184]

Die Kundenperspektive stellt die vom Kunden nachgefragten Produkt- und Serviceleistungen differenziert dar, enthält Informationen über die Kundenstruktur und die Form der Leistungsbeziehungen zwischen Kunden und Unternehmen. Beispiele für Kennzahlen sind die durchschnittliche Dauer einer Kundenbeziehung oder der Umsatz pro Kunde. Innerhalb der Prozessperspektive wird der Wert von Informationstechnologien, die den Unternehmenserfolg maßgeblich beeinflussen, erfasst. Weiterhin wird der Beitrag der Prozessorganisation zur Unternehmensproduktivität quantifiziert und der Erreichungsgrad bestimmter Prozessleistungsziele überwacht. Beispielhaft seien hier Kennzahlen für Veränderungen des IT-Inventars genannt. Die Erneuerungs- und Entwicklungsperspektive zeigt die Maßnahmen des Unternehmens auf, mit denen es sich auf zukünftige Anforderungen einstellt, z. B. durch Mitarbeiterschulungen oder Produktinnovationen. Außerdem gibt sie einen Ausblick auf das zukünftig erwartete Unternehmensumfeld. Kennzahlen hierfür sind z. B. Investitionen in Kundenbeziehungen pro Kunde oder Investitionen zur Entwicklung neuer Märkte. Die Mitarbeiterperspektive umfasst schließlich die Kompetenzen und Fähigkeiten, die die Mitarbeiter in das Unternehmen einbringen sowie die Bereitschaft des Unternehmens zur Weiterentwicklung. Zu den Kennzahlen gehört z. B. die Mitarbeiterfluktuation.

3.1.4.4 Performance Pyramid

Die Performance Pyramid wurde in den 1990er Jahren von LYNCH und CROSS vorgestellt.[185] Hierbei handelt es sich um ein Performance Measurement-Instrument, das strategische Ziele aus der Unternehmensvision ableitet und in drei verschiedene Leistungsebenen des Unternehmens herunterbricht. Die Leistungsebenen sind hierarchisch gegliedert und werden in Geschäftseinheiten, Kerngeschäftsprozesse und Abteilungen/Arbeitsgruppen unterteilt. Dabei werden jeder Leistungsebene Kennzahlen spezifischer Kategorien zugeordnet. Durch die Aufgliederung in vier Ebenen wird gewährleistet, dass die Ziele top-down aus den jeweils übergeordneten Ebenen abgeleitet werden und die Verdichtung der Kennzahlen bottom-up erfolgt.[186]

---

[184] Vgl. Edvinsson/Malone (1997), S. 82f.
[185] Ursprünglich wurde die Performance Pyramid unter dem Namen Strategic Measurement and Analysis Reporting Technique (SMART) in den Wang Laboratories, einem Computerunternehmen, entwickelt. Vgl. Schreyer (2007), S. 46.
[186] Vgl. Lynch/Cross (1995), S. 65f.

Die Performance Pyramid ist so aufgebaut, dass ausgehend von der Unternehmensvision für die einzelnen Geschäftseinheiten Ziele und Kennzahlen in Bezug auf die Marktziele und die Finanzziele definiert werden. Diese Ebene wird durch die nachgelagerten Ziele und Kennzahlen der Kerngeschäftsprozesse unterstützt. Hierzu gehören Kundenzufriedenheit, Flexibilität und Produktivität. Basis der Performance Pyramid bildet die Abteilungs- und Arbeitsgruppenebene, deren Ziele und Kennzahlen auf Qualität, Lieferverfügbarkeit, Durchlaufzeit und Aktivitäten ohne Wertschöpfungsbeitrag ausgerichtet sind.[187] Die gesamte Performance Pyramid bildet somit die Interessen zweier Stakeholder, der Kunden und der Anteilseigner, ab. Es kann deshalb eine Einteilung in externe Effektivität und in interne Effizienz erfolgen. Dabei stehen die Ziele und Kennzahlen des Marktes, der Kundenzufriedenheit, der Qualität und der Lieferverfügbarkeit für die Interessen der Kunden, die Ziele und Kennzahlen der Finanzen, der Produktivität, der Durchlaufzeit und der Aktivitäten ohne Wertschöpfungsbeitrag für die Interessen der Anteilseigner. Die Unternehmensvision und die Flexibilität berühren die Interessen beider Stakeholder.[188]

Die nachfolgende Abbildung verdeutlicht die beschriebenen Zusammenhänge.

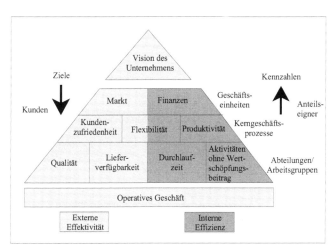

Abb. 9: Performance Pyramid[189]

Aus der Abbildung ist ersichtlich, dass Qualität und Lieferverfügbarkeit einen unmittelbaren Einfluss auf die Kundenzufriedenheit ausüben. Das Ziel auf der Abteilungs-/

---
[187] Vgl. Lynch/Cross (1995), S. 64ff.
[188] Vgl. Schomann (2001), S. 146f.; vgl. Schreyer (2007), S. 47f.
[189] Vgl. Lynch/Cross (1995), S. 65.

Arbeitsgruppenebene ist, die vom Kunden erwartete Produktqualität zu erreichen und die richtige Menge zur richtigen Zeit zu liefern. Wenn die Kundenerwartungen erfüllt werden, wirkt sich dies positiv auf das Ziel der Kundenzufriedenheit und der Flexibilität aus, die wiederum die Marktziele der einzelnen Geschäftseinheiten beeinflusst. Die Durchlaufzeit und die Aktivitäten ohne Wertschöpfungsbeitrag haben unmittelbare Auswirkungen auf die Produktivität und die Flexibilität. Das Ziel auf der Abteilungs-/Arbeitsgruppenebene ist hier also, eine optimale Durchlaufzeit zu erreichen, wobei der Anteil der nicht-wertschöpfenden Aktivitäten möglichst gering sein sollte. Dadurch können die Produktionskosten gesenkt werden, so dass sich ein positiver Einfluss auf die Finanzziele ergibt.[190] Mögliche Ursache-Wirkungs-Beziehungen zwischen Zielen und Kennzahlen und den Leistungsebenen werden in Abb. 10 aufgezeigt. Hierdurch wird die Verbindung von operativen Maßnahmen und strategischen Zielen verdeutlicht. So erhöht beispielsweise eine gestiegene prozentuale Erfüllung der Spezifikationen auf der Abteilungsebene den Kundenzufriedenheitsindex auf der Ebene des Geschäftsbereichs. Dieser wirkt sich wiederum positiv auf den Marktanteil der Geschäftseinheit aus.

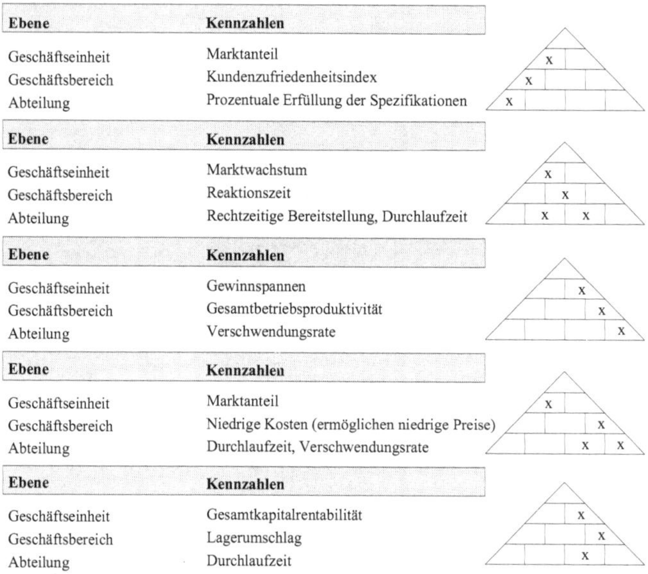

Ebene	Kennzahlen
Geschäftseinheit	Marktanteil
Geschäftsbereich	Kundenzufriedenheitsindex
Abteilung	Prozentuale Erfüllung der Spezifikationen

Ebene	Kennzahlen
Geschäftseinheit	Marktwachstum
Geschäftsbereich	Reaktionszeit
Abteilung	Rechtzeitige Bereitstellung, Durchlaufzeit

Ebene	Kennzahlen
Geschäftseinheit	Gewinnspannen
Geschäftsbereich	Gesamtbetriebsproduktivität
Abteilung	Verschwendungsrate

Ebene	Kennzahlen
Geschäftseinheit	Marktanteil
Geschäftsbereich	Niedrige Kosten (ermöglichen niedrige Preise)
Abteilung	Durchlaufzeit, Verschwendungsrate

Ebene	Kennzahlen
Geschäftseinheit	Gesamtkapitalrentabilität
Geschäftsbereich	Lagerumschlag
Abteilung	Durchlaufzeit

Abb. 10: Ursache-Wirkungs-Beziehungen zwischen Kennzahlen der Performance Pyramid[191]

---

[190] Vgl. Lynch/Cross (1995), S. 81ff.
[191] Vgl. Lynch/Cross (1995), S. 88.

Die kontinuierliche Anpassung der Performance Pyramid an veränderte Umweltbedingungen erfolgt durch vier Regelkreise (Performance Loops), die alle vier Hierarchiestufen einbeziehen.[192] Der erste Loop wird in der Basis der Pyramide ausschließlich von nichtfinanziellen Kennzahlen der Qualität, Lieferverfügbarkeit, Durchlaufzeit und Aktivitäten ohne Wertschöpfungsbeitrag gebildet. Da die Kennzahlen auf der Abteilungs-/Arbeitsgruppenebene in unmittelbarem Zusammenhang mit operativen Tätigkeiten stehen, kann die Auswirkung einer Aktivität sofort überprüft werden. Der zweite Loop stellt eine Verbindung zwischen der Basis und der Ebene der Kerngeschäftsprozesse her, indem nicht-finanzielle und finanzielle Kennzahlen verknüpft werden. Der Kreislauf schließt sich durch die Formulierung neuer Ziele für die Basisebene. Die beiden unteren Ebenen werden durch den dritten Loop mit der Ebene der Geschäftseinheiten verknüpft. Hier erfolgt die Bewertung, wie die Unternehmensstrategie operativ umgesetzt wurde. Durch Vorgabe von Zielen für die hierarchisch folgenden Ebenen werden die Ergebnisse der Bewertung weitergeleitet. Für den Abgleich der Unternehmensvision mit der Unternehmensstrategie sorgt schließlich der vierte Loop. Dieser ist als einziger nicht mit der Basis der Pyramide verbunden.

3.1.4.5 Quantum Performance Measurement

Das Quantum Performance Measurement-Konzept ist von der Unternehmensberatung Arthur Andersen Business Consulting Ende der 1980er Jahre zur Optimierung der Unternehmensleistung entwickelt worden. Als Quantum Performance wird der Zielerreichungsgrad, bei dem die Leistung und der Service eines Unternehmens für den Nutzer optimiert werden, bezeichnet.[193] Im Konzept werden Kennzahlen, so genannte Vital Signs, eingesetzt. Diese geben Auskunft über die Zielerreichung bestimmter Arbeitsschritte innerhalb eines Prozesses und den Grad der Zielerreichung des Output eines Prozesses. Eine besondere Funktion erfüllen die Vital Signs, indem sie den Mitarbeitern ihren Beitrag im Unternehmen verdeutlichen und ihnen zeigen, wie dieser Beitrag zu bewerten ist.[194] Die Auswahl der Kennzahlen richtet sich dabei nach der Unternehmensstrategie und verschiedenen Interessengruppen.[195]

Vital Signs werden in den Leistungsdimensionen Qualität, Zeit und Kosten ermittelt, die eng zueinander in Beziehung stehen. Dabei stellt das Verhältnis von Qualität und Kosten für den

---
[192] Vgl. zu den vier Regelkreisen sowie deren Zusammenhängen Lynch/Cross (1995), S. 160ff.
[193] Vgl. Hronec (1993), S. 20.
[194] Vgl. Hronec (1993), S. 1.
[195] Interessengruppen umfassen in diesem Konzept z. B. Kunden, Mitarbeiter, Aktionäre, den Gesetzgeber und die Lieferanten. Vgl. Hronec (1993), S. 21.

Kunden eine Wertrelation sowie das Verhältnis von Qualität und Zeit eine Servicerelation dar. Die gleichzeitige Optimierung der Leistungsdimensionen führt schließlich zur Quantum Performance. Um die simultane Optimierung der Leistungsdimensionen leichter operationalisieren und steuern zu können, erfolgt eine Aufspaltung auf Organisations-, Prozess- und Mitarbeiterleistungsebenen. Dadurch ergibt sich eine 3x3-Matrix, die so genannte Quantum Performance-Matrix. Die Matrix soll sicherstellen, dass die Wert- und Servicerelationen hinsichtlich der Unternehmensstrategien und -ziele ausgewogen beeinflusst werden.[196] Die folgende Tabelle zeigt mögliche Bereiche für Vital Signs.

Tab. 3: *Quantum Performance-Matrix*[197]

		Quantum Performance		
		Wert		Service
		Kosten	Qualität	Zeit
Organisation		Finanziell Operational Strategisch	Einfühlungsvermögen Produktivität Zuverlässigkeit Glaubwürdigkeit Kompetenz	Geschwindigkeit Flexibilität Reaktionsfähigkeit Beweglichkeit
Prozess		Input Aktivitäten	Übereinstimmung Produktivität	Geschwindigkeit Flexibilität
Mitarbeiter		Vergütung Entwicklung Motivation	Zuverlässigkeit Glaubwürdigkeit Kompetenz	Reaktionsfähigkeit Beweglichkeit

Zur Bestimmung der Kennzahlen in den neun Feldern dient das Quantum Performance-Bewertungsmodell.[198] Dieses Modell bietet eine Grundstruktur für das Performance Measurement und repräsentiert den Stand der Mitarbeiter hinsichtlich Entwicklung, Implementierung und Anwendung von Kennzahlen.

---

[196] Vgl. Hronec (1993), S. 20ff.
[197] Vgl. Hronec (1993), S. 31.
[198] Vgl. zum Bewertungsmodell Hronec (1993), S. 23ff. sowie Schomann (2001), S. 141ff.

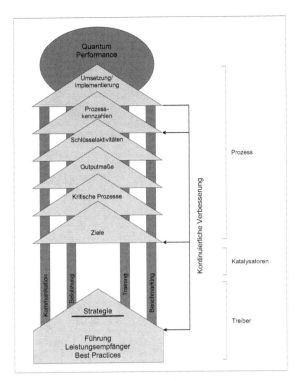

Abb. 11: Quantum Performance-Bewertungsmodell[199]

Insgesamt besteht das Quantum Performance-Bewertungsmodell aus vier Elementen. Diese umfassen die (Leistungs-)Treiber, die Katalysatoren, den Prozess selbst und die kontinuierliche Verbesserung. Zu den (Leistungs-)Treibern gehören die Unternehmensführung, verschiedene Leistungsempfänger und „Best Practices" im Unternehmensumfeld. Deren Anforderungen werden durch die Strategie in das Unternehmen weitergeleitet. Mithilfe der Katalysatoren, zu denen Kommunikation, Belohnung, Training und Benchmarking zählen, sollen die Voraussetzungen zur Entwicklung neuer Kennzahlen geschaffen werden. Anschließend werden aus der Unternehmensstrategie Ziele abgeleitet, kritische Prozesse identifiziert, die gesamten Output-Maße des Unternehmens festgelegt und Schlüsselaktivitäten bestimmt. Hierdurch können die Prozesskennzahlen zur Kontrolle und Unternehmenssteuerung abgeleitet und schließlich implementiert werden. Das vierte Element, die kontinuierliche Verbesserung, setzt vor allem an der Strategie, den Zielen sowie den Prozesskennzahlen an und kann ein Unternehmen somit zur Quantum Performance führen.

---

[199] Vgl. Hronec (1993), S. 25.

3.1.4.6 Konzept der selektiven Kennzahlen

Das Konzept der selektiven Kennzahlen ist ein einfaches und fokussiertes Kennzahlensystem, das von WEBER ET AL. speziell für den Einsatz in der Logistik entwickelt wurde.[200] Aufgrund dieses Schwerpunktes auf die Logistik soll das Konzept hier vorgestellt werden, obwohl es in der Regel nicht den üblichen Performance Measurement-Instrumenten zugerechnet wird.[201] Dennoch erfüllt es die zuvor dargelegten, wesentlichen Eigenschaften eines solchen Performance Measurement-Instruments, so dass es in dieses Kapitel integriert werden kann.

Durch dieses Kennzahlensystem soll insbesondere das Defizit klassischer Kennzahlensysteme, über die Abbildung einer großen Anzahl von Kennzahlen eine zu hohe Komplexität aufzuweisen, behoben werden. Das Konzept zeichnet sich daher durch eine starke Verdichtung der Kennzahlen aus. Dabei wird der Fokus auf jeweils drei bis vier Kennzahlen aus dem operativen und dem strategischen Bereich gelegt, um so im Sinne der interaktiven Nutzung die Engpassfaktoren, die für das Unternehmen oder den Betrachter von höchster Bedeutung sind, zu selektieren.[202] Abb. 12 stellt den Ansatz modellhaft dar.

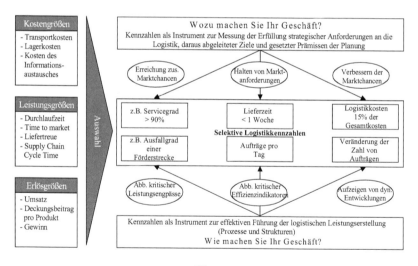

Abb. 12: Konzept der selektiven Kennzahlen[203]

---

[200] Vgl. Weber et al. (1995) sowie Weber et al. (1997).
[201] Dies liegt jedoch sicherlich auch an dessen eingeschränkten Einsatzmöglichkeiten aufgrund des Logistikbezugs.
[202] Vgl. Weber et al. (1997), S. 441f.; vgl. zur interaktiven Nutzung von Kennzahlen auch Abschnitt 6.5.2.
[203] Vgl. Bacher (2004), S. 236.

In der Abbildung wird die Unterscheidung zwischen den top-down abgeleiteten, strategischen Kennzahlen und den bottom-up aggregierten, operativen Kennzahlen deutlich:

- Kennzahlen, die in der top-down-Richtung entwickelt werden, messen die Erreichung von strategischen Leistungsanforderungen an die Wertströme sowie daraus abgeleitete Ziele und Planungsprämissen. Gemäß dem Planungshorizont logistischer Strategien sind strategische Kennzahlen, wie z. B. Marktanteile, Lieferzeiten oder Servicegrade, als potentielle Messgrößen für die Wettbewerbsfähigkeit eines Unternehmens längerfristig gültig.

- Bei der bottom-up-Perspektive werden in entgegengesetzter Richtung operative Kennzahlen eingeführt, die engpassbezogen sind und damit häufigen Veränderungen unterliegen. Die Aufmerksamkeit des Managements wird hierbei auf kritische Engpässe, Indikatoren der Prozesseffizienz und dynamische Entwicklungen gerichtet. In diesem Zusammenhang werden Kennzahlen, wie z. B. Ausfallgrade von Lager- und Transporteinrichtungen, Aufträge pro Tag oder die Veränderung der Zahl der Aufträge, betrachtet.

Über die Einbeziehung unterschiedlicher Hierarchiestufen bzw. die Kombination der top-down- und der bottom-up-Perspektive werden die Informationsbedürfnisse verschiedener Ebenen erfüllt. Zudem können Widersprüche zwischen der operativen und der strategischen Perspektive identifiziert sowie daraus abzuleitende Handlungsbedarfe ermittelt werden.[204]

---

[204] Vgl. Weber et al. (1997), S. 451.

3.2 Unternehmensübergreifendes Performance Measurement

Durch die unternehmensübergreifende Ausrichtung von Supply Chains bedarf es entsprechender Veränderungen im Performance Measurement. In diesem Zusammenhang soll in den folgenden Abschnitten dargelegt werden, welche Aspekte bei der Übertragung des Performance Measurement auf Supply Chains Berücksichtigung finden sollten und welche Ansätze es hierzu gibt.

3.2.1 Anpassung des Performance Measurement an den unternehmensübergreifenden Kontext

Für ein Controlling von Supply Chains ist ein Performance Measurement insoweit unerlässlich, da hierdurch im Rahmen der durchgängigen Etablierung eines Informationssystems mit unternehmensübergreifenden Kennzahlen eine Entscheidungsbasis geschaffen wird. Die zuvor beschriebenen Schwierigkeiten von traditionellen Kennzahlensystemen als Entscheidungsunterstützung des Managements im Einzelunternehmen treten dabei gleichermaßen im unternehmensübergreifenden Zusammenhang auf.[205] Die unternehmensübergreifende Ausrichtung erfordert jedoch zusätzlich die Beachtung weiterer Aspekte bei der Einführung eines Performance Measurement. Dabei gilt es, neben der Berücksichtigung unternehmensinterner Zielkonflikte auch die Tatsache in die Betrachtung einzubeziehen, dass die SC-Unternehmen eigene autonome Einheiten darstellen, die ihre individuellen Ziele verfolgen, die häufig in Konflikt mit den Zielsetzungen der gesamten Supply Chain stehen und Ineffizienzen in dieser hervorrufen können.[206]

Vor diesem Hintergrund ist eine gemeinschaftliche SC-Strategie zu implementieren, die von den einzelnen SC-Unternehmen getragen wird.[207] Auf deren Basis gilt es dann, Kennzahlen für die gesamte Supply Chain abzuleiten. Allerdings ist eine Gesamtstrategie in der Supply Chain häufig nicht vorhanden.[208] In diesem Fall muss vor der Einführung eines Performance Measurement erst die Ableitung einer entsprechenden Gesamtstrategie vorgenommen werden, wobei diese je nach Machtkonstellation in der Supply Chain unterschiedlich ausfallen wird. In

---

[205] Vgl. Holmberg (2000), S. 852.
[206] Vgl. Lee/Billington (1992), S. 66.
[207] Vgl. zur Ableitung einer SC-Strategie auch Unterkap. 6.2.
[208] Vgl. Bacher (2004), S. 144 und dessen Verweis auf empirische Studien sowie dessen eigene empirische Studie, auf die in Unterkap. 4.1 noch Bezug genommen wird. Dies ist neben der oft schwierigen Vereinbarkeit der Interessen der einzelnen SC-Mitglieder auch darauf zurückzuführen, dass die einzelnen Unternehmen häufig mehreren Supply Chains angehören, woraus weitere Interessenkonflikte entstehen können.

einer hierarchisch geprägten Supply Chain, in der ein fokales Unternehmen[209] existiert, wird dieses die Strategie maßgeblich bestimmen bzw. die Strategie wird sich direkt aus den Interessen des entsprechenden Unternehmens ergeben. Im Falle einer heterarchischen Supply Chain mit ausgeglichenen Machtverhältnissen zwischen den Akteuren wird ein Abstimmungsprozess zwischen den einzelnen SC-Mitgliedern stattfinden, in dem Interessenkonflikte zwischen diesen aufgedeckt und miteinander koordiniert werden müssen.[210] Auf solche Fragen zur Strategieableitung wird in Unterkap. 6.2 noch näher eingegangen.

Zur Umsetzung der SC-Strategie sind Performance Measurement-Systeme von der interorganisationalen Ebene auf die einzelnen Akteure herunterzubrechen. Die im Rahmen von unternehmensinternen Steuerungskennzahlensystemen geforderte Mehrebenenbetrachtung sollte also in der Form auf die Supply Chain ausgeweitet werden, dass – wenn möglich – neben der Aufspaltung der unternehmensweiten Kennzahlen auf die einzelnen Organisationseinheiten auch eine Aufteilung der SC-Kennzahlen auf die individuellen Unternehmen erfolgt. So sind etwa zur Messung der Gesamtdurchlaufzeit eines Produktes in der Supply Chain die Durchlaufzeiten in den einzelnen Unternehmen notwendig. Diese Verbindung der Zielsysteme bzw. letztendlich auch der Kennzahlen zwischen der Supply Chain und den individuellen Unternehmen sowie zwischen den individuellen Unternehmen und den einzelnen Abteilungen bzw. Mitarbeitern wird von RICHERT als Kaskadierung[211] bezeichnet.[212] Diese wird insbesondere im Zusammenhang mit der Entwicklung einer unternehmensübergreifenden Balanced Scorecard thematisiert.[213] So stellt beispielsweise ERDMANN eine SC-Scorecard zur Messung der Gesamtleistung der Supply Chain auf, die sich aus verschiedenen Segment-Scorecards der SC-Segmente ergibt.[214] Diesen einzelnen Segmenten gehören wiederum Segmentunternehmen an, deren Leistung mit jeweils einer Unternehmens-Scorecard gemessen wird. Da es letztendlich die einzelnen Mitarbeiter sind, die die Leistung dieser Unternehmen bestimmen, werden auf den letzten Stufen noch Funktions- sowie darunter liegende Arbeitsplatz-Scorecards implementiert. Eine solche Mehrebenenbetrachtung von Performance Measurement-Systemen trägt folglich auch zum Aufzeigen unternehmensübergreifender Ursache-Wirkungs-Zusammenhänge sowie der

---

[209] Unter einem fokalen Unternehmen wird ein häufig marktnah angesiedeltes Unternehmen verstanden, das in einem Netzwerk eine zentrale Rolle ausübt, da es die Koordination in diesem maßgeblich übernimmt.
[210] Vgl. Zimmermann (2003), S. 142f.
[211] Der Begriff „Kaskadierung" bezeichnet in seinem ursprünglichen Sinne in der Elektrotechnik die Hintereinanderschaltung bzw. Verkettung mehrerer Baugruppen bzw. Module.
[212] Vgl. Richert (2006), S. 96ff.
[213] Vgl. zu Ansätzen, die die SC-Balanced Scorecard auf die verschiedenen Ebenen herunterbrechen Erdmann (2007); Zimmermann (2003).
[214] Vgl. Erdmann (2007). Er unterscheidet dabei in Anlehnung an JEHLE zwischen dem Wertschöpfungs-, dem Distributions-, dem Service- und dem Reparatursegment. Vgl. Jehle (2000).

Offenlegung der individuellen Leistung einzelner Mitarbeiter bei. Entsprechend der individuellen Leistungen der einzelnen Unternehmen sollten dann auch die aus dem SCM resultierenden Gewinne verteilt werden.[215]

Die im unternehmensinternen Zusammenhang erwähnte Ausgewogenheit der Kennzahlen wird in Supply Chains durch die Forderung untermauert, sowohl unternehmensinterne als auch unternehmensübergreifende Kennzahlen in die Betrachtung einzubeziehen. Letztere unterstützen das SCM dabei, die lokale Optimierung an einer Stelle in der Supply Chain zu Ungunsten einer anderen Stelle bzw. gegebenenfalls auch der Gesamtleistung der Supply Chain zu vermeiden. Unternehmensinterne Kennzahlen zeigen hingegen auf, welche SC-Mitglieder ein Leistungsdefizit aufweisen und damit für eine eventuelle Verschlechterung der Leistung in der gesamten Supply Chain verantwortlich sind.[216]

KARRER unterscheidet hier konkret drei verschiedene Arten von Kennzahlen:[217]

- Rein unternehmensbezogene Kennzahlen (z. B. Servicegrade, Fehlerquoten, Kundenzufriedenheit), die sich ausschließlich auf einzelne Akteure beziehen und aus methodischen oder inhaltlichen Gründen nicht auf andere SC-Unternehmen oder die gesamte Supply Chain übertragbar sind,

- Unternehmensübergreifende Kennzahlen (z. B. zur SC-Struktur und zur Kooperationsintensität), die als originäre SC-Messgrößen bezeichnet werden können, die Leistung der gesamten Supply Chain widerspiegeln und sich nicht für die Desaggregation auf Einzelunternehmen eignen und

- Unternehmensbezogen und -übergreifend einsetzbare Kennzahlen (z. B. Durchlaufzeiten und Prozesskosten), die grundsätzlich unabhängig von den einzelnen SC-Akteuren erhoben werden können, mit denen aber zugleich auch die Leistung einzelner Unternehmen erfasst werden kann.

Darüber hinaus sollte aber auch im unternehmensübergreifenden Zusammenhang die Balance zwischen monetären und nicht-monetären sowie unternehmensinternen und -externen Kennzahlen gewährleistet sein.[218] Aufgrund der ausgeprägten Kundenorientierung im SCM spielen externe Kennzahlen aus den Bereichen Markt und Kundenorientierung sogar eine besonders große Rolle im unternehmensübergreifenden Performance Measurement und

---

[215] Vgl. Richert (2006), S. 56f.
[216] Vgl. Bechtel/Jayaram (1997), S. 24f.; vgl. Gunasekaran/Patel/Tirtiroglu (2001), S. 73.
[217] Vgl. Karrer (2006), S. 144.
[218] Vgl. Beamon (1999), S. 278f.; vgl. Lambert/Pohlen (2001), S. 1ff.

werden hier gegenüber der unternehmensinternen Leistungsmessung verstärkt eingesetzt.[219] Hinzu kommt, dass – je nach strategischer Ausrichtung – von Supply Chains spezielle Dynamik sowie eine schnelle Anpassungsfähigkeit an veränderte Umweltbedingungen gefordert werden.[220] Eine solche Reaktionsfähigkeit ist aber nur dann zu realisieren, wenn entsprechende Marktentwicklungen mithilfe eines Performance Measurement überwacht werden.[221]

Grundsätzlich führt die Übertragung des Performance Measurement auf die Supply Chain zu einer Erhöhung der Anzahl der Adressaten der Messergebnisse und einer zunehmenden Komplexität der zu erfassenden Sachverhalte. Daher ist es von entscheidender Bedeutung, die relevanten SC-Prozesse zu identifizieren und abzubilden, um so ein gemeinsames Prozessverständnis zwischen den Unternehmen zu etablieren.[222] Um eine unternehmensübergreifende Prozesstransparenz zu schaffen, müssen zunächst die wesentlichen Beziehungen innerhalb der Wertschöpfungskette analysiert und beschrieben werden. Das Ziel ist es, die Ist-Prozesse möglichst detailliert abzubilden und so eine Kommunikationsbasis für deren Optimierung zu schaffen.[223] Dabei ist bei diesem Vorgang immer über den Detaillierungsgrad zu entscheiden.[224] In diesem Zusammenhang ist abzuwägen zwischen einer zu groben Unterteilung, die zu Ungenauigkeiten bei einer späteren Bewertung führt, und einem zu feinen Detaillierungsgrad, der den Aufwand für das Modell zu sehr anwachsen lassen könnte. Für die Untersuchung und Dokumentation von Prozessen in der Supply Chain existieren verschiedene Methoden, mit deren Hilfe die kritischen Prozesse vorausschauend identifiziert werden können. Unter diese Methoden fällt beispielsweise das bereits angesprochene SCOR-Modell, welches in Abschnitt 6.4.1 noch näher erläutert wird.

Die unternehmensübergreifende Ausrichtung von Supply Chains trägt darüber hinaus dazu bei, dass zwischen diesen Unternehmen ein gewisses Maß an Vertrauen herrschen muss, damit ein Performance Measurement durchgeführt werden kann. Vertrauen bezeichnet dabei „die freiwillige Erbringung einer riskanten Vorleistung unter Verzicht auf explizite vertragliche Sicherungs- und Kontrollmaßnahmen gegen opportunistisches Verhalten, in der Hoffnung, dass sich der andere trotz Fehlens solcher Schutzmaßnahmen nicht opportunistisch

---

[219] Vgl. hierzu Morgan (2004), S. 529f. sowie die Auswertung der empirischen Untersuchungen in Unterkap. 4.3.
[220] Vgl. das Konzept der agilen Supply Chain in Abschnitt 5.3.3.
[221] Vgl. Bititci/Turner/Begemann (2000), S. 694ff.
[222] Vgl. Karrer (2006), S. 143.
[223] Vgl. Bacher (2004), S. 176.
[224] Vgl. Schuh (2006), S. 62.

verhalten wird".²²⁵ So werden im Rahmen eines Performance Measurement in der Supply Chain vertrauliche Informationen zwischen den Unternehmen ausgetauscht, die der jeweils andere SC-Partner zu seinem Vorteil ausnutzen könnte. Stellt etwa ein Zulieferer Informationen über seine Kosten bereit, muss er damit rechnen, dass der Abnehmer versuchen wird, im Rahmen der Verhandlungen den Preis für die bereitgestellte Leistung zu drücken, da er nun Rückschlüsse auf seine Preisuntergrenze ziehen kann.²²⁶ Zur Vermeidung solch eines opportunistischen Verhaltens können alternativ Anreizsysteme eingesetzt werden. In diesem Zusammenhang stellen FANDEL/LORTH dar, wie ein Zulieferer, der sich verpflichtet, bestimmte Kapazitäten für die Herstellung eines Produktes bereitzustellen, über feste Abnahmeverpflichtungen seitens des Abnehmers vertraglich abgesichert werden kann.²²⁷ In jedem Fall spielt jedoch die Messung des Vertrauens bzw. der Zufriedenheit mit der Kooperation in interorganisationalen Beziehungen eine zentrale Rolle und sollte durch ein Performance Measurement abgebildet werden.

3.2.2 Anforderungen an das Performance Measurement in Supply Chains

Im Folgenden sollen aus den vorherigen Erläuterungen zur Anpassung eines Performance Measurement an den unternehmensübergreifenden Kontext konkrete Anforderungen an dieses abgeleitet werden. Anhand dieser Anforderungen wird in Abschnitt 6.5.1 im Rahmen der Entwicklung des Performance Measurement-Konzepts entschieden, ob die bereits dargestellten Instrumente des Performance Measurement sich für einen Einsatz in der Supply Chain eignen bzw. inwieweit diese so modifiziert werden können, dass eine Anwendung auf der interorganisationalen Ebene möglich wird.

Da die Anforderungen an den Defiziten traditioneller Kennzahlensysteme ansetzen, kann auf die Aspekte, die zuvor im Zusammenhang mit den Ansatzpunkten zur Weiterentwicklung traditioneller Kennzahlensysteme zu einem Performance Measurement dargelegt wurden, zurückgegriffen werden. Es werden daher in Anlehnung an ERDMANN die Kriterien Zeit, Ausrichtung, Steuerungsziel, Dimension, Format, Planungsbezug und Anreizbezug,²²⁸ die von GLEICH als wesentliche Ansatzpunkte zur Weiterentwicklung traditioneller Kennzahlensysteme zu einem Performance Measurement genannt wurden,²²⁹ als Anforderungen an das Performance Measurement aufgegriffen. Diese werden als gleichermaßen relevant für Supply

---

[225] Ripperger (1998), S. 45.
[226] Vgl. Hoffjan/Lührs (2010), S. 246.
[227] Vgl. Fandel/Lorth (2001), S. 312ff.
[228] Vgl. Erdmann (2007), S. 163f.
[229] Vgl. Gleich (2001), S. 7ff.; vgl. Abschnitt 3.1.3.

Chains angesehen. Lediglich soll das Kriterium des Aggregationsgrades, das die Berücksichtigung sowohl aggregierter Leistungsmaße auf der Unternehmens- und Geschäftsbereichsebene als auch individueller Kennzahlen auf der Prozess- und Mitarbeiterebene umfasst, hier im Gegensatz zu den Überlegungen von ERDMANN nicht übernommen werden. Dieses Kriterium findet in erweiterter Form bei den speziellen Anforderungen an das Performance Measurement in Supply Chains Berücksichtigung.

Bei diesen wird zunächst auf die Anforderungen der Anwendungsflexibilität und der Prozessorientierung nach ERDMANN Bezug genommen, da diese als besonders relevant für den unternehmensübergreifenden Kontext betrachtet und auch von anderen Autoren in diesem Zusammenhang genannt werden.[230] Das Kriterium der Anwendungsflexibilität besagt, dass verschiedene Ebenen, wie die SC-Ebene, die Unternehmensebene und die Abteilungsebene durch ein Supply Chain Performance Measurement abgebildet werden können sollten. Damit einher geht auch, dass die Leistung jedes SC-Partners durch die entsprechenden Instrumente wiedergegeben wird.[231] Zusätzlich zu diesen von ERDMANN genannten Aspekten wird hier gefordert, dass die Verknüpfung über die Ebenen idealerweise unternehmens- und bereichsübergreifende Ursache-Wirkungs-Zusammenhänge aufzeigt.[232] Dieses Kriterium wird daher statt mit Anwendungsflexibilität mit (kausalem) Mehrebenenbezug bezeichnet. Das Kriterium der Prozessorientierung, das unverändert aufgegriffen wird, stellt sicher, dass funktions-, bereichs- und unternehmensübergreifende Kennzahlen in das Instrument integriert werden, wobei bei den unternehmensübergreifenden Kennzahlen auch Messgrößen zur Abbildung der Zufriedenheit mit der Zusammenarbeit in der Supply Chain Betrachtung finden sollten. Hiermit einher geht auch die Forderung nach einer Schnittstellenreduzierung.[233]

Das von ERDMANN aufgestellte Kriterium der Anwendungskomplexität[234] wird hingegen derart erweitert, dass als alternatives Kriterium die Möglichkeit zur Anpassung bei organisatorischen Veränderungen in der Supply Chain einbezogen wird.[235] So ergeben sich regelmäßig Modifikationen in der Konfiguration des Netzwerks, da Supply Chains einer gewissen Dynamik unterliegen und ständig neue SC-Partner ein- bzw. alte austreten. Entsprechende Konzepte des Performance Measurement sollten solche Vorgänge berücksichtigen bzw. bei derartigen Umgestaltungen des Netzwerks eine gewisse Anpas-

---

[230] Vgl. Erdmann (2007), S. 165f.; vgl. Hieber (2002), S. 81f.; vgl. Richert (2006), S. 57.
[231] Vgl. Erdmann (2007), S. 165.
[232] Vgl. Richert (2006), S. 57.
[233] Vgl. Richert (2006), S. 57.
[234] Vgl. Erdmann (2007), S. 165f. Der Autor bezieht sich hierbei lediglich auf die Notwendigkeit der leichten Verständlichkeit und guten Handhabung aufgrund der Schwierigkeiten mit Widerständen auf den unteren Unternehmensebenen bei hoher Komplexität der Verfahren.
[235] Vgl. Richert (2006), S. 55; vgl. Zimmermann (2003), S. 101f.

sungsfähigkeit besitzen. Diese hängt letztendlich natürlich wiederum von der guten Handhabbarkeit der Instrumente – also der Reduzierung des Aufwands bei deren Einführung und Betrieb – ab, die ERDMANN hervorhebt. Sein Kriterium der Anwendungskomplexität erfährt hier dementsprechend lediglich eine Erweiterung und wird stattdessen als Flexibilitätskriterium bezeichnet.

Die von manchen Autoren geforderte Unterstützung bei der Strategieabstimmung[236] wird dagegen nicht als Anforderung aufgegriffen, weil im Rahmen dieser Arbeit davon ausgegangen wird, dass die grundsätzliche Formulierung der Strategie der Entwicklung eines Performance Measurement-Konzepts vorausgehen sollte. Dennoch ergeben sich aber Rückkoppelungen in der Art und Weise, dass bei starken Veränderungen bestimmter Kennzahlenwerte eine Strategieanpassung stattfinden wird (vgl. Unterkap. 6.1).

Aus den vorherigen Überlegungen resultieren folgende Anforderungen an ein Performance Measurement in Supply Chains:

- Neben vergangenheits- sollen auch zukunftsorientierte Daten und Informationen zur Verfügung stehen. (Kriterium Zeit)
- Sowohl interne Anspruchsgruppen, z. B. Mitarbeiter, als auch externe Anspruchsgruppen, z. B. Lieferanten, sowie deren Ansprüche sollen abgebildet werden. (Kriterium Ausrichtung)
- Kurz- und langfristige Optimierungsüberlegungen sollen auf allen Leistungsebenen möglich sein. (Kriterium Steuerungsziel)
- Neben finanziellen Kennzahlen sind auch nicht-finanzielle Kennzahlen zu berücksichtigen, die den langfristigen Unternehmenserfolg entscheidend mit beeinflussen. (Kriterium Dimension)
- Um auch schwache Signale mit Frühwarncharakter zu berücksichtigen, müssen neben quantitativen auch qualitative Kennzahlen berücksichtigt werden. (Kriterium Format)
- Ein direkter inhaltlicher Bezug zur Unternehmensstrategie muss durch strategische und operative Kennzahlen gewährleistet sein. (Kriterium Planungsbezug)
- Kontinuierliche Verbesserungsaktivitäten und Abweichungsreduzierungen sollen unterstützt werden. (Kriterium Anreizbezug)
- Die gesamte Leistung einer Supply Chain, aber auch der Beitrag jedes einzelnen SC-Partners zur gesamten Leistung sollten erfassbar sein. Das Performance Measurement-Konzept sollte daher auf verschiedenen Ebenen, z. B. SC-Ebene, SC-Segmentebene,

---

[236] Vgl. Richert (2006), S. 55 und S. 58; vgl. Zimmermann (2003), S.100.

Unternehmensebene, Funktionsebene und Arbeitsplatzebene, eingesetzt werden können. Um die SC-Ziele ebenenübergreifend ausrichten zu können, muss das Performance Measurement-Konzept eine Verknüpfung der verschiedenen Leistungsebenen ermöglichen und bildet Ursache-Wirkungs-Beziehungen zwischen diesen ab. (Kriterium (kausaler) Mehrebenenbezug)

- Die Bewertung der Leistung der SC-Prozesse basiert auf funktions-, bereichs- und unternehmensübergreifenden Kennzahlen. Im Rahmen der unternehmensübergreifenden Kennzahlen sollten auch solche Messgrößen Einsatz finden, die die Zufriedenheit mit der Kooperation widerspiegeln. Das Performance Measurement-Konzept sollte demnach Schnittstellen zwischen den verschiedenen SC-Unternehmen sowie den Unternehmensbereichen reduzieren und eine hohe Prozessorientierung aufweisen. (Kriterium Prozessorientierung)

- Das Performance Measurement-Konzept sollte mit moderatem Aufwand etabliert und betrieben werden können, wodurch auch bei Modifikationen der Netzwerkstruktur, z. B. durch den Ein- oder Austritt von Unternehmen, eine entsprechende Anpassung des Konzepts ermöglicht wird. (Kriterium Flexibilität)

3.2.3 Ansätze zum Performance Measurement in Supply Chains

Nachdem sowohl die notwendigen Anpassungen eines Performance Measurement an den unternehmensübergreifenden Kontext als auch die Anforderungen an den Kennzahleneinsatz in Supply Chains grundsätzlich diskutiert wurden, soll nun ein Überblick über aktuelle Forschungsansätze zu dieser Thematik gegeben werden.

Der Großteil der Autoren beschäftigt sich im Rahmen seiner Forschung zum Performance Measurement in Supply Chains mit der Auswahl geeigneter SC-Kennzahlen sowie deren Systematisierung. Je nach dem der Systematisierung zugrunde liegendem Kriterium werden dabei unterschiedliche Aspekte der Kennzahlenverwendung in den Vordergrund gestellt. Hierbei wird teilweise auch der Bezug zu den zuvor genannten Anforderungen deutlich. Die Einteilung nach unterschiedlichen Kriterien erleichtert in der Praxis die ausgewogene Auswahl von Kennzahlen. Nachfolgend werden häufig herangezogene Einteilungskriterien zusammengestellt und kurz erläutert:

- Einteilung nach Zeitbezug bzw. Entscheidungsebene (z. B. DREYER, GUNASEKARAN/ PATEL/TIRTIROGLU),[237]
- Zuordnung zu Teilprozessen der Supply Chain (z. B. CHAN/QI, GUNASEKARAN/PATEL/TIRTIROGLU, SCOR-Modell),[238]
- Unterscheidung in funktionale und prozessuale Kennzahlen (z. B. BECHTEL/JAYARAM, LAPIDE),[239]
- Differenzierung in quantitative und qualitative Kennzahlen (z. B. BEAMON, CHAN),[240]
- Unterscheidung in finanzielle und nicht-finanzielle Kennzahlen (z. B. GUNASEKARAN/ PATEL/TIRTIROGLU)[241] und
- Inhaltliche Unterscheidung (z. B. BEAMON, CHAN).[242]

Zeitbezug/Entscheidungsebene

GUNASEKARAN/PATEL/TIRTIROGLU nehmen eine Klassifizierung nach operativen, taktischen und strategischen Kennzahlen vor. Diese Einteilung soll es ermöglichen, jeder Managementebene Kennzahlen zuzuordnen, die auch in deren Einflussbereich liegen.[243] DREYER unterscheidet ebenfalls zwischen operativen, taktischen und strategischen Kennzahlen und unterstreicht die aus unterschiedlichen Zielsetzungen resultierende Notwendigkeit des Kennzahleneinsatzes auf jeder Ebene. So können Verbesserungen und Innovationen demnach nur erreicht werden, wenn die Bereiche die ihnen zugeordneten Messgrößen direkt beeinflussen können. Gut aufeinander abgestimmte operative, taktische sowie strategische Kennzahlen ermöglichen zudem Plausibilitätsprüfungen. Hierdurch kann beispielsweise überprüft werden, ob sich die Durchlaufzeiten von Teilprozessen zur gesamten Durchlaufzeit addieren oder ob es an den Schnittstellen zu Verzögerungen kommt, die sich in isolierten operativen Kennzahlen nicht widerspiegeln. Desweiteren können mithilfe taktischer und operativer Kennzahlen die Ursachen für Abweichungen auf strategischer Ebene identifiziert werden.[244]

---

[237] Vgl. Dreyer (2000); vgl. Gunasekaran/Patel/Tirtiroglu (2001).
[238] Vgl. Chan/Qi (2003); vgl. Gunasekaran/Patel/Tirtiroglu (2001); vgl. die Internetadresse http://supply-chain.org/f/Web-Scor-Overview.pdf (heruntergeladen am 28.02.2011).
[239] Vgl. Bechtel/Jayaram (1997); vgl. Lapide (2000).
[240] Vgl. Beamon (1998); vgl. Chan (2003).
[241] Vgl. Gunasekaran/Patel/Tirtiroglu (2001).
[242] Vgl. Beamon (1999); vgl. Chan (2003).
[243] Vgl. Gunasekaran/Patel/Tirtiroglu (2001), S. 72f.; vgl. hierzu auch Unterkap. 4.3, wo die von GUNASEKARAN/PATEL/TIRTIROGLU ausgewählten Kennzahlen tabellarisch dargestellt und einer empirischen Fundierung unterzogen werden.
[244] Vgl. Dreyer (2000), S. 66f.

Prozessuale Gliederung

CHAN und QI benennen Beschaffung, Wareneingangslogistik, Produktion, Warenausgangslogistik, Marketing und Vertrieb als Schlüsselprozesse des SCM. Jedem dieser Prozesse werden Input-, Output- sowie kombinierte Kennzahlen zugeordnet, die eine abteilungs- und unternehmensübergreifende Leistungsmessung ermöglichen sollen.[245] Auch das vom SUPPLY CHAIN COUNCIL entwickelte SCOR-Referenzmodell ordnet Kennzahlen nach den unternehmensinternen und unternehmensübergreifenden Geschäftsprozessen, in diesem Fall unterteilt in Planung, Beschaffung, Herstellung, Lieferung und Rückgabe.[246] GUNASEKARAN/PATEL/ TIRTIROGLU nennen in Anlehnung an das SCOR-Modell – neben ihrer oben bereits erwähnten Untergliederung nach strategischen, taktischen und operativen Kennzahlen – ebenfalls Beispiele für Kennzahlen entlang einer integrierten Lieferkette für die vier Hauptprozesse Planung, Beschaffung, Produktion und Auslieferung.[247]

Funktional versus integriert

Generell kann eine Unterscheidung in funktionsübergreifende und funktionale Kennzahlen erfolgen. Funktionale Kennzahlen werden in einzelnen Einheiten erhoben. Im Gegensatz dazu ist das Ziel funktionsübergreifender Kennzahlen, die Leistung über Schnittstellen hinweg zu messen. LAPIDE nennt als funktionsübergreifende Kennzahl beispielsweise den Anteil fehlerlos ausgeführter Kundenaufträge. Der mit dieser Kennzahl erfasste Bestellprozess wird von den Funktionen bzw. Teilprozessen Einkauf, Produktion, Logistik und Vertrieb beeinflusst. Fehler innerhalb einer Funktion bzw. eines Teilprozesses wirken sich auf die übergreifende Kennzahl aus. Funktionsübergreifende Spitzenkennzahlen werden überwiegend auf strategischer Ebene eingesetzt, während Kennzahlen einzelner Funktionsbereiche einen stärker operativen Charakter aufweisen.[248] Für das Supply Chain Controlling bedeutet die konsequente Fortführung des funktionsübergreifenden Kennzahleneinsatzes die Implementierung von Kennzahlen über Unternehmensgrenzen hinweg. BECHTEL/JAYARAM stellen heraus, dass solche integrierten Kennzahlen eine lokale Optimierung auf Kosten anderer SC-Mitglieder verhindern können, weil über diese eine verstärkte Kontrolle über alle SC-Unternehmen realisiert wird. Da die Einflussgrößen außerhalb einzelner Unternehmen liegen, müssen

---

[245] Vgl. Chan (2003), S. 211ff.
[246] Vgl. die Internetadresse http://supply-chain.org/f/Web-Scor-Overview.pdf (heruntergeladen am 28.02.2011).
[247] Vgl. Gunasekaran/Patel/Tirtiroglu (2001), S. 84f.
[248] Vgl. Lapide (2000), S. 26.

jedoch Fragen nach der Verantwortlichkeit für die Steuerung der Supply Chain geklärt werden.[249]

Quantitativ versus qualitativ

Qualitative Kennzahlen können nicht direkt numerisch bestimmt werden, auch wenn einzelne Teilaspekte quantifizierbar sind. Somit ist deren Erhebung schwierig, und es herrscht ein Mangel an standardisierten Methoden zu deren Bewertung. Diese Kennzahlen kommen laut BEAMON insbesondere zur Bewertung der Kundenzufriedenheit sowie der Flexibilität einer Lieferkette in Frage,[250] dienen aber gemäß CHAN auch der Bewertung der Qualität, des Zugangs zu Informationen sowie des Vertrauens zwischen den SC-Akteuren.[251] Quantitative Kennzahlen können direkt numerisch beschrieben werden und finden bei der Bewertung von Kosten- und Erlöskennzahlen sowie bei Kennzahlen, die Auskunft über Kundennähe bzw. Kundenorientierung geben, Anwendung.[252] Ein weiteres wichtiges Einsatzgebiet für quantitative Kennzahlen ist die Messung von Input-Größen in Form der Ressourcenauslastung.[253]

Finanzielle versus nicht-finanzielle Kennzahlen

Das Supply Chain Controlling verlangt die Bewertung unterschiedlicher Sachverhalte wie der Qualität, der Kundenzufriedenheit oder der SC-Partnerschaften. Diese können jedoch meist nicht mit finanziellen Kennzahlen abgebildet werden. Klassische Kostenkennzahlen, die wichtig für die externe Berichterstattung sowie für die strategische Planung sind, müssen folglich um nicht-monetäre Kennzahlen ergänzt werden. Auch diese Unterscheidung wird in das Konzept von GUNASEKARAN/PATEL/TIRTIROGLU integriert.[254]

---

[249] Vgl. Bechtel/Jayaram (1997), 24f.; vgl. zur Verantwortlichkeit für ein Supply Chain Controlling auch Unterkap. 6.3.
[250] Vgl. Beamon (1998), S. 287.
[251] Vgl. Chan (2003), S. 538ff.
[252] Vgl. Beamon (1998), S. 287.
[253] Vgl. Chan (2003), S. 538.
[254] Vgl. Gunasekaran/Patel/Tirtiroglu (2001), S. 82ff.

Inhaltliche Unterscheidung

CHAN teilt die quantitativen Kennzahlen inhaltlich in die Bereiche Kosten und Ressourcennutzung ein. Qualitative Kennzahlen werden in die Bereiche Qualität, Flexibilität, Vertrauen und Innovationsfähigkeit unterschieden.[255] BEAMON stellt ein System für die Auswahl von Kennzahlen vor, welches inhaltlich in die Bereiche Ressourcen, Output und Flexibilität differenziert. Ressourcenkennzahlen werden u. a. zur Bewertung von Beständen, Personalbedarf, Anlagenauslastung, Energieverbrauch oder der Erfassung von Kosten verwendet. Kennzahlen aus dem Bereich Output bewerten Kundenservice, Qualität sowie Umsatz und Gewinn. Zur Beurteilung der Leistungsfähigkeit einer Lieferkette soll jeder Bereich mindestens durch eine Kennzahl abgebildet werden.[256] Weiterhin werden aufgrund des steigenden Umweltbewusstseins der Konsumenten zunehmend Kennzahlen aus dem Bereich Entsorgung bei der Steuerung von Supply Chains berücksichtigt.[257]

In der Theorie wird somit eine große Anzahl von Kennzahlen für die Verwendung im Supply Chain Controlling vorgeschlagen. SHEPHERD und GÜNTER geben dazu einen umfassenden Überblick, der auf der Auswertung von 16 theoretischen Publikationen zum Performance Measurement in der Supply Chain basiert. Mit einem Anteil von 42 % dominieren hierbei klar die finanziellen Kennzahlen. Auch in der Gruppe der nicht-finanziellen Kennzahlen setzt sich die ungleiche Verteilung fort. 28 % der Kennzahlen entfallen auf den Bereich Qualität, 19 % auf Zeitkennzahlen. Kennzahlen zur Flexibilität und Innovationskraft sind nur mit 10 % bzw. 1 % vertreten. Die Zuordnung zu den SCOR-Prozessen stellt sich wie folgt dar: Mit 30 % bilden die Kennzahlen zur Planung die größte Gruppe, gefolgt von 26 % Produktions- sowie 16 % Beschaffungskennzahlen. 20 % entfallen auf den Auslieferungsprozess. Kennzahlen zur Rücklieferung bzw. Kundenzufriedenheit liegen an letzter Stelle.[258]

Die vorherigen Ausführungen zeigen, dass die bisherige Forschung primär auf die Ableitung von SC-Kennzahlen sowie die Darstellung von Ansätzen zu deren Systematisierung bzw. die Anpassung von Performance Measurement-Instrumenten an den unternehmensübergreifenden Kontext ausgerichtet ist.[259] Weitergehende Fragen zur Entwicklung und Implementierung eines Performance Measurement in der Supply Chain fanden hingegen bislang nur am Rande

---

[255] Vgl. Chan (2003), S. 538ff.
[256] Vgl. Beamon (1999), S. 280ff.
[257] Vgl. Hervani/Helms/Sarkis (2005), S. 341ff.
[258] Vgl. Shepherd/Günter (2006), S. 247.
[259] Bei den aus dem unternehmensinternen Bereich bekannten Instrumenten wird bislang allerdings hauptsächlich auf die Übertragung der Balanced Scorecard auf den SC-Kontext eingegangen. Vgl. zur Anpassung von diesem und weiteren Instrumenten an die unternehmensübergreifende Ausrichtung auch Abschnitt 6.5.1.

Betrachtung. Lediglich KEEBLER ET AL. legen einen ganzheitlichen Ansatz zur Einführung eines unternehmensübergreifenden Performance Measurement dar.[260] Dabei wird – wie in vielen der obigen Ansätze auch – die Notwendigkeit des Strategiebezugs der in der Supply Chain eingesetzten Kennzahlen betont. Allerdings werden die Ideen eines differenzierten, auf die individuelle Strategie der Supply Chain ausgerichteten Performance Measurement nicht vertieft.[261] Die aktuelle Forschung spiegelt dementsprechend sowohl ganzheitliche als auch differenzierte Ansätze zur Einführung eines unternehmensübergreifenden Performance Measurement kaum wider. Auf die Integration dieser beiden Forschungsbereiche zielt diese Arbeit ab. Dabei soll einerseits darauf eingegangen werden, wie unterschiedliche strategische Ausrichtungen der Supply Chain in Form verschiedener SC-Typen abgegrenzt werden können, anderseits wird gezeigt, wie ein ganzheitlicher Prozess zur Einführung eines differenzierten Performance Measurement realisiert werden kann.

---

[260] Vgl. Keebler et al. (1999).
[261] MORGAN unterstreicht die Notwendigkeit der vertiefenden Betrachtung und Anpassung des Supply Chain Performance Measurement an verschiedene SC-Typen insbesondere vor dem Hintergrund der Erfordernis einer Flexibilitätssteigerung in der Produktion. Vgl. Morgan (2004), S. 529f.

4. Empirische Befunde zum Performance Measurement in Supply Chains

Das Performance Measurement im SC-Kontext wurde im vergangenen Kapitel ausführlich thematisiert. Dabei erfolgte jedoch fast ausschließlich eine theoretische Fundierung dieser Thematik, ein Bezug zum unternehmensübergreifenden Kennzahleneinsatz in der Praxis wurde hingegen nur sehr punktuell hergestellt. Hier setzt das nun folgende Kapitel an, das zum Ziel hat, anhand der Auswertung zahlreicher empirischer Studien zu zeigen, ob die theoretischen Ausführungen sich in der Anwendung des Performance Measurement in der Praxis widerspiegeln. Zudem wird über die Diskussion empirischer Befunde zum Performance Measurement in verschiedenen SC-Typen, die große Potentiale in diesem Bereich erkennen lässt, eine praktische Fundierung für die Untersuchungen in den Kap. 5 und 6 geschaffen.

4.1 Potentiale und Voraussetzungen eines unternehmensübergreifenden Kennzahleneinsatzes

Wie bereits in den vorherigen Kapiteln deutlich wurde, werden dem unternehmensübergreifenden Einsatz von Kennzahlen in der Literatur große Potentiale zugesprochen. So werden Kennzahlen zur Messung des Erfolgs der in der Supply Chain durchgeführten Aktivitäten, aber insbesondere auch als Vergleichsgrößen für die Bewertung von Handlungsalternativen eingesetzt. In Verbindung mit einem entsprechenden Informationssystem kann die Offenlegung der Kosten-, Leistungs- und Erlöskennzahlen idealerweise zu einer Prozesstransparenz über die gesamte Supply Chain führen.[262] Aber auch in der Praxis stellen unternehmensübergreifende Kennzahlen laut der empirischen Untersuchung von GÖPFERT/NEHER das am häufigsten eingesetzte Instrument des Supply Chain Controlling dar. Der Einsatz von Supply Chain Performance Measurement-Systemen ist zwar weit weniger verbreitet, wird aber immerhin von rund einem Drittel der befragten Unternehmen geplant.[263]

BACHER untersucht in seiner empirischen Studie die Potentiale eines solchen Einsatzes von Kennzahlen in der Supply Chain. Neben der Verbesserung der Vergleichbarkeit der einzelnen SC-Unternehmen durch standardisierte Kennzahlen wird auch hier die Schaffung von Transparenz über die Leistungen der Partner genannt. Zudem wird die Möglichkeit eines

---

[262] Vgl. Fandel/Giese/Raubenheimer (2009), S. 266.
[263] Vgl. Göpfert/Neher (2002), S. 42. Eine Definition des in dieser Untersuchung zugrunde gelegten Verständnisses des Supply Chain Performance Measurement bzw. eine Abgrenzung zum Begriff der unternehmensübergreifenden Kennzahlen wird allerdings nicht gegeben.

unternehmensübergreifenden Benchmarking aufgezeigt, die durch die Erhebung entsprechender Kennzahlen entsteht.[264] Außerdem sieht ein Teil der Unternehmen unternehmensübergreifende Kennzahlen als Grundlage für die Vereinbarung von Zielen.[265] Hierzu wird in der Literatur gefordert, dass die SC-Kennzahlen aus der SC-Strategie, die die Ziele der Supply Chain bestimmt, abzuleiten sind. Allerdings beeinflussen Kennzahlen natürlich auch insoweit die Ziele, als diese entsprechend der Entwicklung bestimmter Kennzahlen im Rahmen eines Rückkoppelungsprozesses angepasst werden.

Über die von BACHER erhobenen Potentiale hinaus werden in der empirischen Untersuchung von SCHÖNSLEBEN ET AL. als weitere bedeutende Anwendungsmöglichkeiten noch die Bewertung und Auswahl von Lieferanten sowie die leistungsbezogene Entlohnung von Mitarbeitern, also die Verbindung des Kennzahleneinsatzes mit entsprechenden Anreizen, genannt.[266] Die von den Autoren im Einzelnen erhobenen Anwendungspotentiale eines unternehmensübergreifenden Kennzahleneinsatzes zeigt die folgende Abbildung.

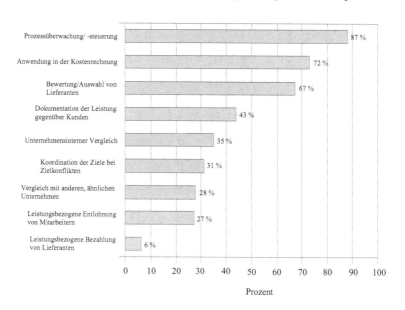

Abb. 13: Anwendungspotentiale von Kennzahlen in der Supply Chain[267]

---

[264] Zur Integration eines Benchmarking in ein unternehmensübergreifendes Performance Measurement vgl. auch Abschnitt 3.1.3.
[265] Vgl. Bacher (2004), S. 258ff.
[266] Vgl. Schönsleben et al. (2003), S. 24.
[267] Vgl. Schönsleben et al. (2003), S. 25.

Neben den Potentialen unternehmensübergreifender Kennzahlen beschäftigt sich BACHER auch mit den Voraussetzungen einer Kennzahlenmessung in der Supply Chain.[268] In der einschlägigen Literatur wird vor allem der Aufbau von Vertrauen zwischen den SC-Partnern als wichtigste Voraussetzung genannt. Im Falle eines nicht vorhandenen Vertrauens wird die Bereitschaft zum Informationsaustausch nicht gegeben sein, da dann damit gerechnet werden muss, dass die betroffenen Unternehmen die Informationen zu ihrem Vorteil ausnutzen.[269] Solch eine Vertrauensbasis und ein auf lange Sicht angelegtes partnerschaftliches Verhältnis stellen auch laut der empirischen Untersuchungen von BACHER sowie von KEEBLER/PLANK die wichtigsten Voraussetzungen für einen unternehmensübergreifenden Kennzahleneinsatz dar.[270] Dies belegt gleichermaßen die empirische Untersuchung von BAUMGARTEN/WOLFF, bei der ein unzureichender Informationsfluss und der Mangel an Vertrauen als die größten Hindernisse bei der Einführung eines SCM betrachtet werden.[271] Darüber hinaus werden in der Untersuchung von BACHER vor allem eine gemeinschaftlich durchgeführte Definition und Abgrenzung sowie eine automatische Generierung der Kennzahlen von den befragten Unternehmen als entscheidend angesehen.[272] KEEBLER/PLANK sprechen von einer generellen Verfügbarkeit von Informationen als Voraussetzung eines unternehmensübergreifenden Performance Measurement.[273] Dies wird in der Literatur über die Forderungen nach einer Standardisierung der Kennzahlen und der Etablierung entsprechender Informationssysteme aufgegriffen.[274]

Die in Abschnitt 3.1.4.1 genannten Potentiale der Balanced Scorecard als Instrument des Performance Measurement werden durch die empirische Untersuchung von BACHER ebenfalls bestätigt. So nennen die befragten Unternehmen die ausgewogene Abbildung verschiedener Faktoren, die gemeinschaftliche Zielvereinbarung und Maßnahmendefinition sowie die Operationalisierung der SC-Strategie über das Herunterbrechen der SC-Ziele als wesentliche Potentiale der Balanced Scorecard. Die eigentliche gemeinschaftliche Strategiefindung wird hingegen nur von der Minderheit der Unternehmen als notwendige Anforderung für die Einführung einer unternehmensübergreifenden Balanced Scorecard angesehen, so dass diese in der Praxis offensichtlich noch nicht so häufig durchgeführt wird.[275]

---

[268] Vgl. Bacher (2004), S. 258f.
[269] Vgl. Otto/Stölzle (2003), S. 6; vgl. Weber/Wallenburg (2010), S. 302f. Vgl. zum Aspekt des Vertrauens auch Abschnitt 3.2.1.
[270] Vgl. Bacher (2004), S. 258; vgl. Keebler/Plank (2009), S. 792.
[271] Vgl. Baumgarten/Wolff (1999), S. 61.
[272] Vgl. Bacher (2004), S. 258f.
[273] Vgl. Keebler/Plank (2009), S. 792.
[274] Vgl. Weber/Bacher/Groll (2004), S. 161.
[275] Vgl. Bacher (2004), S. 260.

4.2 Status Quo des unternehmensübergreifenden Performance Measurement

Die Literatur schlägt – wie bereits im vorherigen Kapitel deutlich wurde – eine Fülle von SC-Kennzahlen vor. Allerdings erfolgt die Herleitung dieser Kennzahlen meist ohne empirische Fundierung. Daher stellt sich die Frage, welche der SC-Kennzahlen in der Praxis tatsächlich eingesetzt werden. SCHÖNSLEBEN ET AL. befassen sich in ihrer SCM-Marktstudie u. a. auch mit dieser Thematik. Dabei zeigt sich, dass mehr als 90 % der befragten SC-Unternehmen im Rahmen eines unternehmensübergreifenden Kennzahleneinsatzes ihre eigene Lieferleistung sowie die der Lieferanten messen. Hierzu werden insbesondere die Kennzahlen Lieferqualitätstreue (im Sinne der Einhaltung der festgelegten Qualitätsstandards) und Liefertermintreue eingesetzt. Die Liefertermintreue stellt zugleich auch eines der wichtigsten Kriterien bei der Lieferantenauswahl dar. An zweiter Stelle der Häufigkeit der Messung steht nach den Kennzahlen zur Erfassung der Lieferleistung eine rein intern ausgerichtete Kennzahl, die Kapazitätsauslastung. Auch die Messung der Durchlaufzeit wird in fast der Hälfte der befragten SC-Unternehmen regelmäßig durchgeführt, wobei allerdings nicht explizit dargelegt wird, ob es sich hierbei lediglich um die Durchlaufzeit durch das einzelne Unternehmen oder durch die gesamte Supply Chain handelt. Allerdings zeigt sich, dass die Erhebung von Kennzahlen zu Rüst- und Wartezeiten sowie zur Rückmeldung von einzelnen Arbeitsgängen eher selten erfolgt.[276]

Zusammenfassend folgern die Autoren, dass von den befragten Unternehmen eher globale Kennzahlen, wie Durchlaufzeit, Liefertermintreue, Lieferqualitätstreue und Kapazitätsauslastung, eingesetzt werden. Detailliertere Kennzahlen, wie z. B. die Durchlaufzeit im Wareneingang, werden hingegen nur sporadisch erhoben. Laut SCHÖNSLEBEN ET AL. kann dies an einem zu geringen Zugewinn an entscheidungsrelevanten Informationen, aber auch an Problemen bei der Erfassung derartiger Kennzahlen liegen.[277] Es wird also deutlich, dass die in der Literatur geforderte Mehrebenenbetrachtung im Performance Measurement in der Praxis offensichtlich nicht bzw. bislang erst in Ansätzen realisiert wird.

Auch die Studie von KEEBLER/PLANK geht der Frage nach, inwieweit ein Einsatz unternehmensübergreifender Kennzahlen in der Praxis stattfindet bzw. inwieweit dieser bereits die in Unterkap. 3.1.3 dargelegten Erweiterungen im Sinne eines modernen Performance Measurement aufweist. Dazu erfolgt eine Befragung amerikanischer, in Supply Chains eingebundener Unternehmen. Dabei wird zunächst festgestellt, dass die in der Praxis eingesetzten

---

[276] Vgl. Schönsleben et al. (2003), S. 24f.
[277] Vgl. Schönsleben et al. (2003), S. 24.

Kennzahlen häufig den vom SUPPLY CHAIN COUNCIL im Rahmen des SCOR-Modells vorgeschlagenen Kennzahlen[278] entsprechen. Allerdings ist der Einsatz der Kennzahlen aus den Bereichen Kosten und Effektivität weiter verbreitet als der Kennzahleneinsatz aus den Bereichen Produktivität und Auslastung.[279] Es wird also immer noch ein starker Fokus auf die nach innen gerichteten Kostengrößen gelegt, während die eher extern ausgerichteten Messgrößen vernachlässigt werden. Bei der Beurteilung der Qualität ihrer Kennzahlenmessung in der Logistik geben die Unternehmen entsprechend an, dass insbesondere große Defizite bei der externen Ausrichtung der Kennzahlensysteme und der Ausgewogenheit der eingesetzten Kennzahlen bestünden. So erreichen die hiermit verbundenen Kriterien auf einer Skala von 1 bis 5, wobei eine niedrige Zahl eine bessere Qualität impliziert, allesamt eine Bewertung von über 3.[280] Es zeigt sich folglich, dass trotz des Bewusstseins für die Notwendigkeit eines extern ausgerichteten Kennzahleneinsatzes sowie einer stärkeren Ausgewogenheit der Kennzahlen in der Praxis nach wie vor eher die eindimensionale Kostenbetrachtung vorherrscht.

Dieses Ergebnis findet auch in der empirischen Untersuchung von COOK/HAGEY Bestätigung. So geben in der Umfrage von Bain und Co., auf die sich COOK/HAGEY beziehen, 85 % der Senior Executives an, dass eine ihrer Top-Prioritäten darin bestünde, die SC-Leistung zu verbessern. Allerdings schätzen nur 15 % die vorhandenen Informationen über die SC-Leistung als gut ein, und rund zwei Drittel geben sogar an, dass ein Kennzahleneinsatz bislang ausschließlich unternehmensintern stattfinde. Die Bedeutung der Messung der SC-Leistung wird durch die Aussage unterstützt, dass bei sogenannten „SC-Leadern"[281], bei denen die Implementierung eines SCM und dessen Leistungsmessung weit vorangeschritten sind, die SC-Kosten[282] rund 4 % der Umsätze entsprechen, während es beim Durchschnitt ca. 10 % sind.[283]

Zu ähnlichen Ergebnissen kommen auch CHIA/GOH/HUM, die in SC-Unternehmen in Singapur eine Befragung mit verwandten, allerdings etwas erweiterten Forschungsfragen als in den zuvor zitierten Studien und der Balanced Scorecard als Ausgangspunkt durchführen. Dabei werden die Unternehmen nach dem Einsatz von 15 Kennzahlen befragt, die den vier Perspektiven der Balanced Scorecard[284] zugeordnet werden können. Auch hier zeigt sich, dass

---

[278] Vgl. zu einigen beispielhaften Kennzahlen aus dem SCOR-Modell Abschnitt 2.2.3.
[279] Vgl. Keebler/Plank (2009), S. 790f.
[280] Vgl. Keebler/Plank (2009), S. 794.
[281] Die Bezeichnung als „SC-Leader" wird auf Basis der Selbsteinschätzung der Unternehmen vorgenommen.
[282] Welche Kosten genau unter die SC-Kosten fallen, wird in der Studie jedoch nicht näher erläutert.
[283] Vgl. Cook/Hagey (2003), S. 35ff.
[284] Vgl. zu den vier Perspektiven der Balanced Scorecard Abschnitt 3.1.4.1.

die drei am häufigsten genutzten Kennzahlen „Bruttoeinkommen", „Gewinn vor Steuern" und „Kostenreduzierung" der finanziellen Perspektive zuzuordnen sind, während die drei am seltensten gemessenen Kennzahlen „Anzahl an Verbesserungsvorschlägen pro Mitarbeiter", „Marktanteil" und „Einsatz neuer Serviceleistungen" den drei anderen Perspektiven zuzurechnen sind.[285] Diesen Sachverhalt verdeutlicht Abb. 14:

Abb. 14: Verbreitung der Kennzahlen aus den Balanced Scorecard-Perspektiven[286]

---

[285] Vgl. Chia/Goh/Hum (2009), S. 608.
[286] Vgl. Chia/Goh/Hum (2009), S. 609.

Folglich kann hier – wie in der Studie von KEEBLER/PLANK – die Dominanz von Finanzkennzahlen konstatiert werden. Von den Kennzahlen aus den anderen Perspektiven sind der „Anteil pünktlicher Lieferungen", die „Kundenzufriedenheit", die „Servicequalität" und der „Jährliche Umsatz pro Mitarbeiter" am verbreitetsten. Allerdings werden auch diese von je rund einem Viertel der SC-Unternehmen nicht gemessen, so dass sie ebenfalls in der Häufigkeit der Messung hinter den finanziellen Kennzahlen zurückliegen.

Diesen Ergebnissen zur Häufigkeit der Messung bestimmter Kennzahlen stellen die Autoren die Einschätzung bezüglich deren Wichtigkeit zur Steuerung der Supply Chain entgegen. Hierbei wird deutlich, dass die als am wichtigsten eingestuften Kennzahlen nicht bzw. nur in Teilen mit den am häufigsten gemessenen Kennzahlen übereinstimmen. So stehen bei der Wichtigkeit mit dem „Anteil pünktlicher Lieferungen" und der „Kundenzufriedenheit" zwei nicht-finanzielle Kennzahlen an der Spitze. Lediglich die „Kostenreduzierung" wird als drittwichtigste Kennzahl eingestuft und gehört gleichzeitig auch zu den am häufigsten gemessenen.[287] Es lässt sich also feststellen, dass die Bedeutung nicht-finanzieller Kennzahlen von den Unternehmen zwar erkannt, aber derzeit erst ansatzweise bei der Messung berücksichtigt wird.

In einem dritten Schritt zielen die Autoren darauf ab, diese subjektive Einschätzung der hohen Bedeutsamkeit nicht-finanzieller Indikatoren zu überprüfen. In diesem Zusammenhang wurde gemessen, wie sich sowohl die finanziellen als auch die nicht-finanziellen Kennzahlen bei den SC-Unternehmen prozentual im Vergleich zum Vorjahr verändert haben. Dabei zeigte sich, dass die Unternehmen, die eine Verbesserung bei den nicht-finanziellen Kennzahlen zu verzeichnen hatten, ebenfalls eine – wenn auch nicht in gleichem Maße – positive Entwicklung bei den finanziellen Messgrößen aufwiesen.[288] Somit können die subjektive Wahrnehmung und die in der Literatur vorherrschende Meinung der Bedeutung nicht-finanzieller Kennzahlen als Vorläufer der finanziellen Messgrößen auch empirisch nachgewiesen werden.

---

[287] Vgl. Chia/Goh/Hum (2009), S. 614.
[288] Vgl. Chia/Goh/Hum (2009), S. 616.

4.3 Besonderheiten des unternehmensübergreifenden im Vergleich zum unternehmensinternen Einsatz von Kennzahlen

Der unternehmensübergreifende Einsatz von Kennzahlen ist an besondere Bedingungen geknüpft. Diese zusätzlichen Anforderungen, die an den Kennzahleneinsatz in der Supply Chain im Gegensatz zum unternehmensinternen Einsatz gestellt werden, wurden in den Unterkap. 3.2.1 und 3.2.2 ausführlich dargelegt. KIEFER/NOVACK fokussieren in ihrer empirischen Befragung diesen Unterschied zwischen dem Performance Measurement in SC-Unternehmen und solchen Unternehmen, bei denen noch keine Optimierung der Wertschöpfungskette durchgeführt wird. Sie beziehen sich dabei speziell auf das Performance Measurement des Bereiches „Lagerhaus". Um als SC-Unternehmen zu gelten, müssen die Unternehmen dabei vier Voraussetzungen erfüllen, deren Vorhandensein vorab von den Unternehmen selbst zu beurteilen ist:[289]

- SC-Strategie,
- Integrierte Prozesse,
- Informationsaustausch über ein entsprechendes System und
- SC-Kultur.

Grundsätzlich gehen die Autoren von der Annahme aus, dass zwischen dem Performance Measurement der SC-Unternehmen und der anderen Unternehmen keine wesentlichen Unterschiede bestehen. Diese Annahme wird anhand verschiedener Hypothesen überprüft und letztendlich verworfen.[290] Kern der Untersuchung ist dabei die Befragung der Unternehmen nach der Nutzung diverser Kennzahlen aus den Bereichen Wareneingang, Lagerung, Auftragserfüllung, Kundenzufriedenheit und Kosten. In Bezug auf die ersten drei Bereiche ergab sich dabei das Ergebnis, dass die SC-Unternehmen eher Kennzahlen verwenden, die den ganzen Prozess erfassen als lediglich Teile des Prozesses. Zudem werden Kennzahlen zur Kundenzufriedenheit grundsätzlich vermehrt in den SC-Unternehmen genutzt. Im Bereich Kosten beschränken die SC-Unternehmen sich im Gegensatz zu den anderen Unternehmen nicht so sehr auf reine Kostenkennzahlen, sondern setzen verstärkt auch auf Kennzahlen zur Bestimmung der Wirtschaftlichkeit. Insgesamt weisen laut der empirischen Untersuchung von KIEFER/NOVACK die in den SC-Unternehmen eingesetzten Kennzahlen also eine stärkere

---

[289] Vgl. Kiefer/Novack (1999), S. 19. Diese Kriterien werden von 80 % der befragten Unternehmen erfüllt, so dass diese als SC-Unternehmen eingestuft werden.
[290] Vgl. Kiefer/Novack (1999), S. 19ff.

Prozess-, Kunden- und Wirtschaftlichkeitsorientierung auf als in den restlichen Unternehmen.[291]

GUNASEKARAN/PATEL/MCGAUGHEY führen eine ähnliche empirische Untersuchung zur Bedeutung unterschiedlicher Kennzahlen in der Supply Chain durch. Sie leiten dazu zunächst aus diversen Literaturquellen unternehmensübergreifende Kennzahlen ab.[292] Daran anschliessend befragen sie verschiedene, in Supply Chains eingebundene Unternehmen bezüglich der Wichtigkeit dieser Kennzahlen. Die von den Unternehmen mit der höchsten Bedeutung eingestuften Kennzahlen ordnen sie in eine Matrix ein. Diese ist in die Bereiche Planung, Beschaffung, Produktion und Lieferung und innerhalb dieser Bereiche nochmals in die Ebenen strategisch, taktisch und operativ unterteilt. Tab. 4 stellt eine Auswahl der laut der empirischen Studie bedeutendsten Kennzahlen in einer entsprechenden Matrix dar:

Tab. 4: SC-Kennzahlen-Matrix in Anlehnung an GUNASEKARAN/PATEL/MCGAUGHEY[293]

SC-Aktivität	Strategisch	Taktisch	Operativ
Planen	Produktwert aus Sicht des Kunden, Verhältnis aus Nettogewinn und Produktivität, Auftragsdurchlaufzeit, Informationsverarbeitungskosten, Gesamtdurchlaufzeit, Produktentwicklungszeit	Bearbeitungszeit bei Reklamationen, Prognosegenauigkeit, Durchlaufzeiten der Planungsprozesse	Auftragserfassungszeit, Mitarbeiterproduktivität
Beschaffen		Lieferzeiten im Verhältnis zur Industrienorm, Effektivität des Bestellprozesses	Durchlaufzeit des Beschaffungsprozesses, Verhältnis von Lieferantenpreisen zu Marktpreisen
Produzieren	Umfang der Produkt- und Servicepalette	Kapazitätsauslastung, Wirtschaftlichkeit der Bestellmengen	Ausschussquote, Kosten pro Produktionsstunde, Mitarbeiterproduktivitätsindex
Liefern	Flexibilität des Servicesystems, Effektivität der Distributionsplanung	Effektivität der Rechnungsstellung, Lieferzuverlässigkeit	Lieferqualität, Lieferpünktlichkeit, Prozentsatz an Eillieferungen

Bei der Betrachtung der Kennzahlen fällt auf, dass die Ergebnisse der Studie von KIEFER/NOVACK Bestätigung finden. So ist hier gleichfalls die Tendenz festzustellen, über die genannten Kennzahlen den ganzen Prozess zu erfassen statt nur Teile dessen. Diese Prozessorientierung spiegelt sich beispielsweise in den Kennzahlen Produktentwicklungszeit,

---

[291] Vgl. Kiefer/Novack (1999), S. 25.
[292] Vgl. Gunasekaran/Patel/McGaughey (2004), S. 335ff. Die Autoren beziehen sich dabei primär auf die Kennzahlen, die auch von GUNASEKARAN/PATEL/TIRTIROGLU für einen Einsatz in der Supply Chain vorgeschlagen wurden. Vgl. hierzu auch Abschnitt 3.2.3. Die Befragung bezieht sich dabei im Gegensatz zur obigen Untersuchung jedoch ausschließlich auf die Einschätzung der Unternehmen bezüglich der Wichtigkeit der Kennzahlen und nicht auf deren tatsächlichen Einsatz.
[293] Tabelle in Anlehnung an Gunasekaran/Patel/McGaughey (2004), S. 345. Die in der Tabelle aufgeführten Kennzahlen werden dort auch näher erläutert. Vgl. Gunasekaran/Patel/McGaughey (2004), S. 336ff.

Gesamtdurchlaufzeit und Auftragsdurchlaufzeit wider. Auch die von KIEFER/NOVACK nachgewiesene ausgeprägtere Kundenorientierung der Kennzahlen in Supply Chains zeigt sich in den Ergebnissen der Studie von GUNASEKARAN/PATEL/MCGAUGHEY. So werden einige kundenorientierte Kennzahlen, wie die Bearbeitungszeit bei Reklamationen und die Flexibilität des Servicesystems zur Befriedigung der Kundenbedürfnisse, von den befragten SC-Unternehmen als bedeutende Kennzahlen aufgeführt. Zudem werden neben reinen Kostenkennzahlen, wie den Kosten pro Produktionsstunde, auch finanzielle Kennzahlen, die in Verbindung zu nicht-finanziellen Kennzahlen gebracht werden, wie das Verhältnis aus Gewinn nach Steuern zur Produktivität, als wichtig eingestuft.

Insgesamt kann somit empirisch nachgewiesen werden, dass in unternehmensübergreifenden Beziehungen im Vergleich zum unternehmensinternen Kontext bereits eine verstärkte Tendenz von den traditionellen Kennzahlensystemen zu deren Erweiterung im Sinne des Performance Measurement festzustellen ist. Obwohl im vorherigen Unterkapitel gezeigt wurde, dass hier ebenfalls noch Defizite zu beklagen sind, ist ein ausgeprägteres Bewusstsein, aber auch ein gewisser Fortschritt bezüglich der Umsetzung eines Performance Measurement eingetreten.

4.4 Performance Measurement in verschiedenen Arten von Supply Chains

Neben dem unternehmensinternen und -übergreifenden Einsatz von Kennzahlen stellt die Unterscheidung zwischen dem Performance Measurement in verschiedenen Arten von Supply Chains ein weiteres Betrachtungsfeld dar. Da es Ziel dieser Arbeit sein soll, Gestaltungsempfehlungen für ein Performance Measurement-Konzept in unterschiedlichen SC-Typen zu geben, wird im folgenden Abschnitt zunächst anhand bestehender empirischer Studien gezeigt, dass die Differenzierung von Supply Chains einen Erfolgsfaktor darstellt. Zudem wird untersucht, ob sich empirisch bestimmte Unterschiede zwischen dem Performance Measurement in verschiedenen SC-Typen nachweisen lassen.

4.4.1 Differenzierung von Supply Chains

Die Entwicklung speziell an die Strategie angepasster Supply Chains statt einer „one-size-fits-all"-Lösung unter Einsatz einer standardisierten Supply Chain wird in der Literatur als Erfolgsfaktor angesehen.[294] Die Studie der Bundesvereinigung Logistik bestätigt, dass erfolgreiche Unternehmen aufgrund der erhöhten Komplexität der Bedingungen sowie des

---

[294] Vgl. beispielsweise Christopher/Peck/Towill (2006), S. 277; Hilletofth (2009), S. 17.

verschärften Wettbewerbs heute zunehmend auf die Kooperation in Supply Chains setzen, deren Strukturen, Prozesse und Methoden speziell an bestimmte Faktoren angepasst sind. Dabei wird zunächst untersucht, welche Kriterien für eine Differenzierung von Supply Chains eingesetzt werden. Zudem wird in diesem Zusammenhang ein Vergleich zwischen den Branchen der Automobilindustrie, der Konsumgüterindustrie, des Maschinenbaus und der Prozessindustrie angestellt. Als Kriterien für eine Differenzierung werden unterschiedliche Kundenanforderungen, geographische Faktoren bzw. Marktstrukturen, Unternehmensstrukturen und interne Lieferanforderungen identifiziert. Bei den Ergebnissen der Befragung wird deutlich, dass die Supply Chains in der Automobilindustrie hauptsächlich nach externen Kriterien, wie den Kundenanforderungen und Marktstrukturen, differenziert werden, während die Supply Chains in der Konsumgüter- und Prozessindustrie eher an interne Faktoren, wie die Unternehmensstrukturen und interne Lieferanforderungen, angepasst werden.[295] Im Maschinenbau sind die Unterschiede zwischen den Ausprägungen der verschiedenen Differenzierungskriterien hingegen marginal. Zudem zeigt Abb. 15, dass die SC-Differenzierung generell recht weit fortgeschritten ist und in der Automobilindustrie sogar von allen befragten Unternehmen durchgeführt wird.

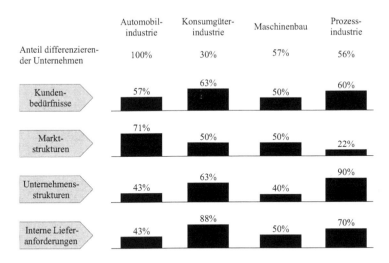

Abb. 15: SC-Differenzierungskriterien nach Branche[296]

---

[295] Vgl. Bundesvereinigung Logistik (2004), S. 30.
[296] Vgl. Bundesvereinigung Logistik (2004), S. 30.

Darüber hinaus umfasst die Studie der Bundesvereinigung Logistik einen Kosten- und Leistungsvergleich zwischen den differenzierten und den standardisierten Supply Chains. In diesem Zusammenhang werden zentrale Größen aus den Bereichen Kosten, Zeit und Qualität untersucht. Dabei zeigt sich, dass differenzierte Supply Chains niedrigere Logistikkosten in Prozent der Verkäufe, geringere Lieferzeiten und einen höheren Anteil pünktlicher sowie vollständiger Lieferungen aufweisen. Insgesamt verursachen die untersuchten differenzierten Supply Chains also geringere Kosten und haben eine höhere Leistungsfähigkeit in den betroffenen Bereichen als die befragten standardisierten Supply Chains.[297] Die folgende Abb. 16 verdeutlicht diesen Zusammenhang.

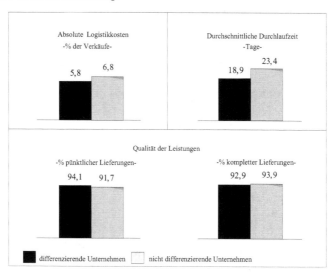

Abb. 16: Kosten- und Leistungsvergleich differenzierter und standardisierter Supply Chains[298]

Auch QI/BOYER/ZHAO führen eine empirische Untersuchung zur Differenzierung von Supply Chains sowie deren Leistungsunterschieden zu nicht-differenzierten Wertschöpfungsketten durch. Sie beziehen sich dabei im Gegensatz zu der Studie von der Bundesvereinigung Logistik konkret auf die Typologisierung nach schlanken („lean"), agilen („agile") und hybriden („hybrid") Supply Chains.[299] In diesem Zusammenhang testen sie zunächst, ob eine

---
[297] Vgl. Bundesvereinigung Logistik (2004), S. 33.
[298] Vgl. Bundesvereinigung Logistik (2004), S. 33.
[299] Vgl. zu einer detaillierten Beschreibung und Diskussion der Konzepte der schlanken und der agilen Supply Chain Abschnitt 5.3.3. Schlanke Supply Chains zielen primär auf eine Kostenminimierung ab, während agile Supply Chains die Anpassungfähigkeit bei Veränderung der Marktgegebenheiten fokussieren.

Einordnung der untersuchten Supply Chains in diese drei Typen möglich ist. Hierzu wird den SC-Unternehmen eine Liste mit den für diese SC-Typen spezifischen Charakteristika vorgelegt, deren Erfüllung sie anhand einer Skala beurteilen müssen.[300] Hierbei wird deutlich, dass sich rund drei Viertel der befragten SC-Unternehmen entweder dem schlanken, dem agilen und dem hybriden SC-Typ zuordnen lassen. Bei rund einem Viertel der Unternehmen ist hingegen kein Fokus auf eine strategische Ausrichtung feststellbar; diese Unternehmen werden im Folgenden als „traditionelle Gruppe" betitelt.[301] Darüber hinaus wird der in der Literatur unterstellte Zusammenhang zwischen SC-Typ und Produkttyp bzw. Produktionsstrategien[302] getestet, wobei den Unternehmen auch hierzu bestimmte Charakteristika zur Bewertung anhand einer Skala vorgelegt werden. Es zeigt sich dabei sowohl eine Beziehung zwischen schlanken Supply Chains und den im folgenden Abschnitt näher beschriebenen funktionalen Produkten als auch zwischen agilen sowie hybriden Supply Chains und den dort ebenfalls detaillierter erläuterten innovativen Produkten.[303]

Zudem konnte die in der Studie von der Bundesvereinigung Logistik nachgewiesene höhere Leistungsfähigkeit der differenzierten im Vergleich zu den nicht-differenzierten Supply Chains bestätigt werden. Dazu wird anhand verschiedener finanzieller Kennzahlen, wie u. a. dem ROI, zunächst die finanzielle Leistung der Supply Chains gemessen. Hier schnitten die schlanken, agilen und hybriden Supply Chains deutlich besser als die traditionelle Gruppe ab. Darüber hinaus wird auch die sogenannte operative Leistung, deren Messung anhand von Größen wie Lager- und Produktionskosten, aber auch Liefergeschwindigkeit und Mengenflexibilität erfolgt, in die Betrachtung einbezogen. In diesen Bereichen konnten ebenfalls deutlich bessere Leistungen bei den differenzierten Supply Chains als bei der traditionellen Gruppe festgestellt werden, wobei besonders im Bereich der Kostenminimierung gute Ergebnisse bei den schlanken und den hybriden Supply Chains vorlagen.[304]

4.4.2 Unterschiede beim Performance Measurement in verschiedenen SC-Typen

Die Anpassung der Kennzahlen an die SC-Strategie stellt – wie in Unterkap. 3.2.1 schon dargelegt wurde – eine der wesentlichen Forderungen eines Performance Measurement dar. RAMDAS/ SPEKMAN untersuchen in ihrer empirischen Studie vor diesem Hintergrund

---

[300] Vgl. zu einer ähnlichen Vorgehensweise die Anwendung einer Checkliste zur Identifikation des SC-Typs in Abschnitt 6.2.2.
[301] Vgl. Qi/Boyer/Zhao (2009), S. 681f.
[302] Vgl. u. a. Fisher (1997); Naylor/Naim/Berry (1999) sowie die Erläuterungen zu dieser Thematik in Abschnitt 5.3.3.
[303] Vgl. Qi/Boyer/Zhao (2009), S. 684f.
[304] Vgl. Qi/Boyer/Zhao (2009), S. 685f.

Unterschiede des Performance Measurement in verschiedenen SC-Typen. Sie differenzieren die betrachteten Supply Chains dabei nach den von ihnen hergestellten Produkten, wobei sie zwischen funktionalen und innovativen Produkten unterscheiden. Innovative Produkte sind laut der Definition von RAMDAS/SPEKMAN durch eine beschränkte Verfügbarkeit von substitutionalen Produkten, eine dynamische Marktveränderung, eine schnelle Weiterentwicklung der Technologien, eine geringe Marktreife und einen kurzen Produktlebenszyklus gekennzeichnet. Die Ausprägung dieser Merkmale wird auf einer Skala von 1 bis 7 bewertet. Über die Summierung der Bewertungen der fünf Merkmale erfolgt schließlich die Kalkulation eines Marktstabilitätsindex. Die verschiedenen Marktstabilitätsindizes werden nach ihrer Größe sortiert, wobei die SC-Unternehmen mit dem oberen Drittel der Werte als innovativ und diejenigen mit dem unteren Drittel der Werte als funktional in Bezug auf die von ihnen hergestellten Produkte eingeordnet werden. Das mittlere Drittel wird von der weiteren Befragung ausgeschlossen.[305]

Ziel der Untersuchung ist es, diese beiden Gruppen hinsichtlich folgender Punkte zu vergleichen:[306]

- Leistung in den fünf Bereichen Lagerbestand, Reaktionszeit, Auftragserfüllung, Qualität, Kundenorientierung und Kundenzufriedenheit,
- Partnerauswahl,
- Gründe für die Einführung eines SCM und
- Informationsaustausch sowie Arten von genutzten Kennzahlen.

Bei den Leistungen in den fünf oben genannten Bereichen konnten keine signifikanten Unterschiede zwischen den beiden Gruppen festgestellt werden. Auch bei der Partnerauswahl und den Gründen für die Einführung eines SCM sind die Unterschiede marginal. Der hier besonders fokussierte Einsatz von Kennzahlen differiert hingegen zwischen den beiden Gruppen einerseits in der Intensität der unternehmensübergreifenden Leistungsmessung, aber andererseits in der Art der verwendeten Kennzahlen. So sind Hersteller innovativer Produkte stärker über eine gemeinsame Produktionsplanung, -steuerung und -kontrolle sowie ein gemeinschaftliches Qualitätsmanagement verbunden als Hersteller funktionaler Produkte, wobei ein umfassenderer Datenaustausch zwischen den entsprechenden SC-Unternehmen stattfindet. Die Art der genutzten Kennzahlen unterscheidet sich dahingehend, dass die

---

[305] Vgl. Ramdas/Spekman (2000), S. 7.
[306] Vgl. Ramdas/Spekman (2000), S. 6f.

Hersteller innovativer Produkte zu einem verstärkten Einsatz kunden- und prozessorientierter Kennzahlen tendieren.[307]

Wenn eine weitere Unterteilung in „high" und „low performers" innerhalb dieser beiden Gruppen vorgenommen wird,[308] lässt sich feststellen, dass bei den SC-Unternehmen mit hoher Leistung eine stärkere Differenzierung zwischen den Herstellern funktionaler und innovativer Produkte vorliegt. So ist bei den „high performers" die Leistung im Bereich der Kundenzufriedenheit bei den SC-Unternehmen mit innovativen Produkten höher als bei denjenigen mit funktionalen Produkten. Dies ist bei den „low performers" nicht der Fall. Im Rahmen der Partnerauswahl zeigt sich, dass SC-Unternehmen aus der Gruppe der „high performers" mit innovativen Produkten im Gegensatz zu den Produzenten von funktionalen Produkten aus der entsprechenden Gruppe eher dazu tendieren, solche Unternehmen als Partner auszuwählen, die nicht ausschließlich zur Kostensenkung beitragen, sondern auch zur Flexibilitätssteigerung. Bei den Gründen für die Einführung eines SCM ist das Motiv der Marktorientierung bei den SC-Unternehmen mit innovativen Produkten ausgeprägter vorhanden als bei den Herstellern funktionaler Produkte. Dementsprechend ist hier auch in Bezug auf die genutzten Kennzahlen ein stärkerer Unterschied zwischen den beiden Gruppen zu verzeichnen als bei den „low performers". Dabei werden einerseits aufgrund der intensiven Marktorientierung nochmals häufiger Kennzahlen eingesetzt, die die Zufriedenheit der Endkunden widerspiegeln. Zudem sind diese SC-Unternehmen wegen des kurzen Lebenszyklus der von ihnen hergestellten Produkte auf die schnelle Marktdurchdringung angewiesen. Daher spielt die Optimierung von Größen wie der Produktentwicklungs- und Gesamtdurchlaufzeit sowie anderer prozessorientierter Kennzahlen eine besonders große Rolle.[309]

Auch KARRER beschäftigt sich in seiner Untersuchung mit den Unterschieden des SC-Performance Measurement in verschiedenen SC-Typen. Dazu stellt er zunächst das Performance Measurement in zwei ausgewählten Supply Chains der Automobil- und Konsumgüterbranche gegenüber.[310] Zur Verbreiterung der Analyse wird als Erweiterung der Fallstudie eine Querschnittsuntersuchung im Rahmen einer Feldstudie durchgeführt, wobei insgesamt 14 SC-Unternehmen aus den beiden Branchen in die Betrachtung einbezogen werden. Aufgrund der

---

[307] Vgl. Ramdas/Spekman (2000), S. 7ff.
[308] Die Einordnung als „high" oder „low performer" erfolgt dabei über eine gegenseitige Bewertung der SC-Partner in den oben genannten Bereichen Lagerbestand, Reaktionszeit, Auftragserfüllung, Qualität, Kundenorientierung und Kundenzufriedenheit. Dabei wird erneut das mittlere Drittel aus der Analyse ausgeschlossen, das obere Drittel gilt als „high performers" und das untere Drittel als „low performers".
[309] Vgl. Ramdas/Spekman (2000), S. 9ff.
[310] Der Autor wählt dazu als Fallbeispiele die Automobil-SC zwischen dem Reifenhersteller Continental AG, dem Spediteur Schüchen International GmbH & Co. KG und der damaligen DaimlerChrysler AG (heute Daimler AG) und die Konsumgüter-SC zwischen der Adidas-Salomon AG, dem Spediteur Maersk Logistics International A/S und der damaligen KarstadtQuelle AG (heute Arcandor AG). Vgl. Karrer (2006), S. 278.

höheren Repräsentativität soll hier ausschließlich auf die Ergebnisse der Feldstudie eingegangen werden.

Im Rahmen dieser Feldstudie wurde zunächst nach den Zielen des SCM gefragt, da diese – wie bereits mehrfach erläutert wurde – die Basis für die Entwicklung entsprechender Kennzahlen darstellen. In diesem Zusammenhang geht es einerseits um die derzeitigen Ziele der SC-Unternehmen, aber auch um die zukünftige Einschätzung der Ziele in drei Jahren.[311] Bei diesen Zielen lassen sich einige branchenspezifische Unterschiede erkennen. So werden in der Automobil-SC als aktuelle Ziele vor allem die Verbesserung der Qualität, aber auch die Senkung von Kosten und die Realisierung von Zeitvorteilen genannt. Für die Zukunft wird dem Ziel der Lieferflexibilität eine erhöhte Bedeutung zugesprochen. Dies ist vor allem damit zu begründen, dass die Automobilhersteller ihren Kunden zunehmend ermöglichen, bis kurz vor Produktionsbeginn noch Änderungswünsche bezüglich der Konfiguration ihres Fahrzeugs anzugeben, wobei die entsprechenden Teile häufig Just in Time oder Just in Sequence bereitgestellt werden. Das Ziel der Kostenreduktion soll hingegen an Bedeutung verlieren, da in der Automobilbranche über Prozessoptimierungen im Logistikbereich bereits entsprechende Kostensenkungspotentiale ausgeschöpft wurden. Es ist somit ein Trend von der schlanken zur agilen Supply Chain festzustellen. Die Tatsache, dass die Steigerung des Endkundennutzens hier so selten genannt wird, ist auf den relevanten Abschnitt in der Supply Chain zurückzuführen, bei dem in erster Linie das beschaffungsseitige Lieferanten-Logistikdienstleister-Endproduktherseller-Verhältnis in den Mittelpunkt der Betrachtung gestellt wird.[312] Abb. 17 verdeutlicht die Zielsetzungen des SCM in den Unternehmen der Automobil-SC.

---

[311] Stand der Untersuchung ist das Jahr 2006. Neuere Studien zur Entwicklung der Ziele des SCM in verschiedenen SC-Typen lagen zum Erscheinungszeitpunkt nicht vor.
[312] Vgl. Karrer (2006), S. 299ff.

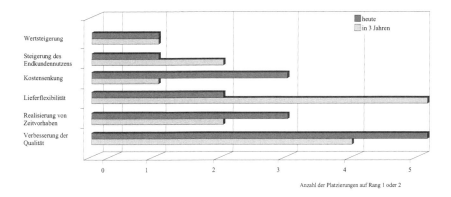

Abb. 17: Priorisierte Ziele des SCM in der Automobil-SC[313]

In der Konsumgüter-SC wird vielen der genannten Ziele eine ähnlich hohe Priorität eingeräumt. Grundsätzlich haben die Ziele der Wertsteigerung und Kostensenkung dabei aber eine größere Bedeutung als in der Automobil-SC, wobei davon ausgegangen wird, dass diese Ziele auch in Zukunft noch eine genauso entscheidende Rolle spielen werden. Dies lässt sich laut KARRER damit begründen, dass die Prozessoptimierung in der Konsumgüterbranche noch nicht so weit fortgeschritten ist wie in der Automobilbranche. Auch dem Ziel der zeitlichen Optimierung wird in diesem Zusammenhang eine große Relevanz bescheinigt. Allerdings wird hierbei prognostiziert, dass diese bald weitgehend abgeschlossen sein wird und stattdessen die Flexibilität der Lieferungen eine Bedeutungszunahme erfährt. Demzufolge findet in dieser Branche noch eher das Konzept der schlanken Supply Chain Anwendung, dem Konzept der agilen Supply Chain wird aber für die Zukunft ein erhöhter Stellenwert zugesprochen.[314] Abb. 18 zeigt die zuvor erläuterten Zielsetzungen des SCM in der Konsumgüter-SC.

---

[313] Vgl. Karrer (2006), S. 300.
[314] Vgl. Karrer (2006), S. 301.

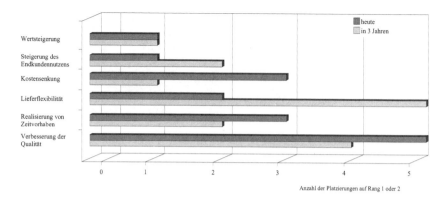

Abb. 18: Priorisierte Ziele des SCM in der Konsumgüter-SC[315]

Die Befragung über die Inhalte der Leistungsmessung verdeutlicht hingegen, dass die Kennzahlen offensichtlich noch nicht an diese Zieldimensionen angepasst wurden. So kann bei den Kennzahlen in beiden Branchen eine deutliche Konzentration in den klassischen logistischen Zielbereichen Kosten und Qualität festgestellt werden. Die ebenfalls als wichtig angesehenen Zielgrößen Flexibilität und Zeit werden hingegen nur über wenige Kennzahlen abgebildet. Zudem haben die meisten Kennzahlen den Charakter von nachlaufenden Ergebnisgrößen, Frühindikatoren werden eher weniger eingesetzt. Auch die Endkundenorientierung wird lediglich indirekt über die Messung des Kundenservices für den direkten Kunden abgebildet. Damit einher geht der Kritikpunkt, dass hauptsächlich intern ausgerichtete Kennzahlen Einsatz finden, während externe Messgrößen vernachlässigt werden.[316]

Dementsprechend zeigt die Beurteilung der Kennzahlen auch, dass die SC-Unternehmen starke Defizite bei diesen bemängeln. So wird branchenübergreifend das Fehlen von Kennzahlen mit Frühindikatorfunktion, der Möglichkeit zur Verdichtung der Kennzahlen, einer einheitlichen Datenbasis sowie der Automatisierung von Soll-Ist-Vergleichen kritisiert. In der Konsumgüterbranche werden darüber hinaus noch besonders große Defizite bei der Unterstützung von Zukunftsprognosen durch entsprechende Kennzahlen, bei der Abbildung von Ursache-Wirkungs-Beziehungen und bei der Reflektion wertorientierter Ziele gesehen. Der letzte Punkt verdeutlicht abermals, dass die Prozessoptimierung in der Konsumgüterbranche weiterer Anstrengungen bedarf und es daher noch Spielraum für Kostensenkungen gibt.[317]

---

[315] Vgl. Karrer (2006), S. 301.
[316] Vgl. Karrer (2006), S. 310f.
[317] Vgl. Karrer (2006), S. 313ff.

4.5 Zusammenfassende Erkenntnisse aus den empirischen Studien zum unternehmensübergreifenden Performance Measurement

Die ausführlich erläuterten Ergebnisse der empirischen Untersuchungen werden nun anhand der zuvor zugrunde gelegten Kategorisierung der Studien noch einmal zusammenfassend dargestellt.

Potentiale und Voraussetzungen

Die in den Befragungen von den Unternehmen genannten Potentiale und Voraussetzungen eines unternehmensübergreifenden Performance Measurement entsprechen in weiten Teilen den Aspekten, die auch in der Literatur zu dieser Thematik aufgeführt werden. So werden einem Kennzahleneinsatz in der Supply Chain vor allem die Verbesserung der Vergleichbarkeit der SC-Unternehmen und damit der Transparenz in der Supply Chain zugesprochen. Zudem ergibt sich die Möglichkeit der Bewertung von Mitarbeitern, aber auch Lieferanten sowie der Etablierung von entsprechenden Anreizsystemen. Die Verwendung einer Balanced Scorecard streben die SC-Unternehmen aufgrund der Abbildung verschiedener Faktoren, der gemeinschaftlichen Ziel- und Maßnahmendefinition und der Operationalisierung der SC-Strategie an. Bezüglich der Voraussetzungen werden das auch in der Literatur immer wieder hervorgehobene Vertrauen zwischen den Unternehmen sowie eine gemeinschaftliche Abgrenzung und automatische Generierung der Kennzahlen angeführt.

Status Quo bei der Umsetzung

Bei der Betrachtung des tatsächlichen Umsetzungsstands des unternehmensübergreifenden Performance Measurement werden bedeutende Unterschiede zwischen den in der Literatur geforderten und den in der Praxis realisierten Entwicklungen deutlich. Die ausgewogene Abbildung von finanziellen und nicht-finanziellen Kennzahlen ist zwar laut der Literatur die wichtigste Notwendigkeit bei der Umsetzung eines Performance Measurement, wird jedoch in der Praxis bislang erst in Teilen aufgegriffen. Damit einhergehend ist auch die externe Ausrichtung der Kennzahlensysteme noch nicht so weit fortgeschritten wie gefordert, so dass häufig lediglich unternehmensinterne Kostengrößen betrachtet werden. Zudem wird die in der Literatur geforderte Mehrebenenbetrachtung insoweit vernachlässigt, als dass globale Kennzahlen, die nicht auf die verschiedenen SC-Mitglieder bzw. die einzelnen Unternehmensbereiche heruntergebrochen werden, weit verbreitet sind.

Obwohl die Kennzahlenmessung in vielen Unternehmen offensichtlich noch recht traditionell über finanzielle Messgrößen erfolgt, wird die Notwendigkeit der mehrdimensionalen Betrachtung und der Ausweitung über die Unternehmensgrenzen hinweg erkannt. So sieht die Mehrzahl der Unternehmen die Verbesserung der SC-Leistung als eine ihrer wichtigsten Zielsetzungen an, wobei sie zugleich feststellt, mit der Qualität der Kennzahlenmessung unzufrieden zu sein bzw. die Bedeutung der teilweise nur unzureichend berücksichtigten nicht-finanziellen Kennzahlen als recht hoch einstuft. Diese subjektive Einschätzung wird bestätigt, da die Befunde beweisen, dass die Entwicklung der nicht-finanziellen und finanziellen Messgrößen positiv korreliert. Zudem gelingt es Unternehmen mit einem entsprechenden Performance Measurement, ihre globalen SC-Kosten zu senken.

Supply Chain Performance Measurement vs. unternehmensinternes Performance Measurement

Die vorherigen Erläuterungen haben gezeigt, dass der Kennzahleneinsatz in Supply Chains bislang häufig noch eher der traditionellen Leistungsmessung als einem modernen Performance Measurement, wie es in der einschlägigen Literatur gefordert wird, gleicht. Beim Vergleich des SC- mit dem unternehmensinternen Performance Measurement wird jedoch deutlich, dass die Kennzahlenmessung in Supply Chains schon eine stärkere Abkehr von den traditionellen Methoden aufweist als die unternehmensintern durchgeführte. So wird laut den empirischen Untersuchungen in unternehmensübergreifenden Beziehungen neben finanziellen Kennzahlen bereits zunehmend auf nicht-monetäre Kennzahlen zurückgegriffen. Es wird folglich nicht ausschließlich auf die Optimierung kurzfristiger Kostengrößen, sondern – wenn auch noch in zu geringem Maße – zusätzlich auf die Einbeziehung von entsprechenden Vorlaufgrößen abgestellt. In diesem Zusammenhang zeigen die Untersuchungen, dass SC-Unternehmen im Gegensatz zu anderen Unternehmen verstärkt Kennzahlen verwenden, die eine Prozess-, Kunden- und Wirtschaftlichkeitsorientierung aufweisen. Die Nutzung von externen, marktbezogenen Kennzahlen kann dabei natürlich auch auf die explizit hervorgehobene Kundenorientierung des SCM zurückgeführt werden. Die ausgeprägtere Prozessorientierung der Kennzahlen spiegelt die in der Literatur herausgestellte Notwendigkeit der Erfassung des gesamten unternehmensübergreifenden Wertschöpfungsprozesses durch das SCM und dessen entsprechendes Controlling wider. Die in der Theorie betonte Prozess- und Kundenorientierung von Supply Chains werden im Rahmen der Kennzahlenmessung also bereits ansatzweise aufgegriffen, aber bei Weitem noch nicht in ausreichender Weise berücksichtigt.

Performance Measurement in verschiedenen SC-Typen

Der Vergleich des Performance Measurement im unternehmensinternen und -übergreifenden Kontext im vorausgehenden Abschnitt wirft die Frage auf, inwieweit auch zwischen dem Performance Measurement in unterschiedlich ausgerichteten Supply Chains Differenzen bestehen bzw. ob diese einem bestimmten Muster folgen. Dieser Fragestellung liegt die Forderung in der Literatur zugrunde, statt auf standardisierte in Abhängigkeit von bestimmten Faktoren auf verschiedene SC-Typen zurückzugreifen. Die Studien zeigen, dass eine solche Differenzierung von Supply Chains in der Praxis bereits aufgegriffen wurde und recht weit fortgeschritten ist. Darüber hinaus kann die Überlegenheit dieser differenzierten Supply Chains sowohl bei der finanziellen Leistung im Sinne der Entwicklung traditioneller Kennzahlen des Rechnungswesens, wie z. B. dem ROI, als auch in anderen Bereichen, wie beispielsweise bei den Logistikkosten, den Lieferzeiten und der Lieferzuverlässigkeit, nachgewiesen werden.

Mit Bezug auf den Kennzahleneinsatz ist festzustellen, dass Supply Chains, die innovative Produkte herstellen, tendenziell ein umfassenderes unternehmensübergreifendes Performance Measurement betreiben als solche mit funktionalen Produkten. Zudem werden in Supply Chains mit innovativen Produkten nochmals verstärkt prozess- und kundenorientiertere Kennzahlen zur Messung herangezogen. Auch bei der Betrachtung von Supply Chains in verschiedenen Branchen lassen sich Unterschiede konstatieren. Während in der Automobilbranche Kostensenkungspotentiale weitgehend ausgeschöpft sind und eine Entwicklung von der schlanken zur agilen Supply Chain beobachtet werden kann, ist in der Konsumgüterbranche noch eher die schlanke Supply Chain vorherrschend. In der oben zitierten Studie spiegeln sich die entsprechenden strategischen Ausrichtungen allerdings im Rahmen des Performance Measurement noch nicht entsprechend wider, da in beiden SC-Typen erneut eine traditionelle, eher finanzorientierte Kennzahlenmessung dominierte. Allerdings konnte auch hier nachgewiesen werden, dass eine Differenzierung der Supply Chain mit einem entsprechend an die Strategie angepassten Performance Measurement zu Leistungssteigerungen führt. So weisen die Supply Chains mit den insgesamt besten Leistungen stärkere Unterscheidungen beim Kennzahleneinsatz zwischen den verschieden ausgerichteten Wertschöpfungsketten auf als die restlichen Supply Chains.

Letztlich wird der in Kap. 3 herausgearbeitete Forschungsbedarf im Bereich des unternehmensübergreifenden, differenzierten Performance Measurement durch die empirischen Befunde gestützt. So offenbaren sich einerseits auch in der Praxis Defizite beim Performance

Measurement in Supply Chains, andererseits haben die Studien gezeigt, dass die Differenzierung von Supply Chains zu einer Leistungssteigerung beitragen kann.

5. SC-Typologien zur Differenzierung von Supply Chains

Vor dem Hintergrund der vorherigen Erläuterungen soll in diesem Kapitel dargelegt werden, wie eine SC-Differenzierung über entsprechende Typologien realisiert werden kann. Dazu werden verschiedene SC-Typologien vorgestellt, diskutiert und vergleichend gegenübergestellt. Ziel ist es letztendlich, eine eigene Typologie als Basis für das weitere Vorgehen – respektive die Ableitung von Gestaltungsempfehlungen für ein auf den SC-Typ zugeschnittenes Performance Measurement-Konzept – zu entwickeln.

5.1 Einbindung von Supply Chains in Typologien

Bei dem Versuch, Supply Chains verschiedenen Typen zuzuordnen, fällt zunächst auf, dass die einzelnen Wertschöpfungsketten durch eine Vielzahl von Merkmalen gekennzeichnet sind. Diese Merkmale können wiederum innerhalb jeder Supply Chain unterschiedlich ausgeprägt sein. Die Menge an Merkmalen einschließlich der Merkmalsausprägungen lässt eine scheinbar unendlich große Anzahl an differenzierenden Supply Chains entstehen. Ein Instrument zur Klassifikation von Supply Chains stellen Typologisierungen dar. Unter einer Typologisierung wird hier die Zusammenfassung von Objekten zu verschiedenen Klassen verstanden, wobei zwischen den Objekten desselben Typs größtmögliche Ähnlichkeiten und bei Objekten unterschiedlichen Typs eine größtmögliche Differenzierung erreicht werden soll.[318] Dabei kann die Supply Chain als Objekt betrachten werden, welches anhand einer Auswahl an Merkmalen beschrieben werden soll. Diese Merkmale dienen nun zur Charakterisierung jeder Supply Chain, die betrachtet und klassifiziert werden soll.[319] Supply Chains, die sich in ihren Merkmalsausprägungen ähneln, werden somit als ein bestimmter Typ identifiziert. Auf diese Weise lassen sich basierend auf den ihnen zugrunde liegenden Merkmalen unterschiedliche Ansätze zur Systematisierung von Supply Chains identifizieren.[320]

Solche Systematisierungen in unterschiedliche Wertschöpfungsketten haben nicht den Anspruch, exakt gleiche Supply Chains zu beschreiben, die in jeder einzelnen Merkmalsausprägung übereinstimmen, sondern sie beruhen auf der Gleichartigkeit bzw. Unterscheidbarkeit einiger Merkmalsausprägungen. Um eine Supply Chain nach Merkmalen und Merkmalsausprägungen zu systematisieren, bedarf es folglich nicht eines kompletten Merkmalsabgleichs, sondern auch einzelne Merkmale genügen.[321] Entscheidend bei der Systematisierung der Supply Chains ist es daher, relevante Merkmale ausfindig zu machen, die eine Differen-

---

[318] Vgl. Diller (1994), S. 143.
[319] Vgl. Holzkämper (2006), S. 77.
[320] Auf diese Ansätze wird in Unterkap. 5.3 noch ausführlich eingegangen.
[321] Vgl. Sennheiser/Schnetzler (2008), S. 234.

zierung der Wertschöpfungsketten ermöglichen. Das Ziel muss es dabei sein, eine Systematisierung zu finden, die nicht nur für einzelne Supply Chains gilt, sondern für eine Gruppe von Supply Chains, die sich in diesen Merkmalen und deren Ausprägungen gleichen.

Die Merkmalsauswahl sowie die Festlegung von deren möglichen Ausprägungen bilden folglich die Basis für die Einteilung in verschiedene SC-Typen. Da hierbei natürlich nicht alle Merkmale erfasst werden können, ist die Entscheidung über die einzubeziehenden Merkmale von zentraler Bedeutung. Hierbei gilt es, eine möglichst umfassende, überschneidungsfreie Auswahl zu treffen, die jedoch zugleich mit einer überschaubaren Zahl an Indikatoren einhergehen sollte. So ist bei fehlender Berücksichtigung wichtiger Merkmale der Aussagewert der Typologisierung gering, während die Einbeziehung zu vieler Merkmale die Übersichtlichkeit der Typologie beeinträchtigt. Bei der Festlegung der Ausprägungen sind bei mehr als zwei Optionen, die des „Vorhandenseins" oder „Nicht-Vorhandenseins", gegebenenfalls Abstufungsmöglichkeiten in die Betrachtung einzubeziehen.[322]

Nach der Zusammenfassung aller identifizierten Merkmale einschließlich ihrer Ausprägungen besteht nun die Möglichkeit, dass die verschiedensten Supply Chains nach diesen Merkmalen eingeordnet und systematisiert werden können. Dazu kann anhand der Merkmale eine Übersichtsdarstellung in Form einer sogenannten Checkliste erstellt werden. Durch Beobachtung und Analyse der Supply Chains werden die entsprechenden zugehörigen Merkmalsausprägungen markiert und bilden nach erfolgter Kategorisierung eine Supply Chain, die nun unterschiedlichen SC-Typen zugeordnet werden kann. Dabei ist über alle Merkmalsausprägungen der Mittelwert zu bilden, wobei im Vorhinein geklärt werden sollte, bei welchen Werten eine Einordnung in welchen SC-Typ erfolgt.[323]

Insgesamt lassen sich durch diese Klassifikation die verschiedenen Wertschöpfungsketten besser in einzelne SC-Typen differenzieren und entsprechend ausgestalten.[324] Allerdings bleibt festzuhalten, dass das grundsätzliche Problem der Systematisierung von Supply Chains und ihrer Erscheinungsformen im vielschichtigen und komplexen Wesen der Wertschöpfungsketten begründet liegt. Da aufgrund der Menge an potentiellen Merkmalen sehr viele SC-Varianten denkbar sind, ist eine umfassende Auflistung aller denkbaren SC-Typen unmöglich.[325] Nichtsdestotrotz stellt eine solche Typenbildung eine logische Schlussfolgerung

---
[322] Vgl. Konrad (2005), S. 194ff.
[323] Vgl. Holzkämper (2006), S. 97f.; vgl. zur Anwendung einer Checkliste zur Identifizierung von SC-Typen auch Abschnitt 6.2.2.
[324] Vgl. Busch/Dangelmaier (2004), S. 10.
[325] Vgl. Tietze-Stöckinger (2005), S. 13. Die Autorin bezieht diese Aussage auf Kooperationen. Da Supply Chains in Abschnitt 2.1.1 als kooperative Netzwerke definiert wurden, gilt die Aussage jedoch hier entsprechend.

des Bestrebens nach einer Einschränkung der Vielfalt von Supply Chains sowie dem Wunsch nach einer Differenzierung der Wertschöpfungsketten dar. Auf der Grundlage der Typenbildung werden die Aufgaben der Gestaltung und Planung von Supply Chains analysiert und Anforderungen an die Wertschöpfungskette deutlich gemacht.[326]

Die Merkmalsausprägungen der Supply Chain müssen systematisiert werden, da bestimmte Logistikkonzepte eingesetzt werden oder auch Beziehungsmerkmale innerhalb der Wertschöpfungskette erfüllt sein müssen, um deren Ziele zu erreichen. Eine Systematisierung der Supply Chain erleichtert bzw. ermöglicht erst eine Einteilung einer beobachteten Supply Chain in ein Muster und lässt passende Schlussfolgerungen zur Planung und Steuerung der Wertschöpfungskette zu. Allerdings ist eine scharfe Abgrenzung der SC-Systematisierungen aufgrund der Vielzahl an möglichen Ausprägungsformen nicht möglich und der Übergang zu anderen SC-Typen gestaltet sich in Teilen fließend.[327] Trotzdem besteht gewöhnlich die Möglichkeit, gemeinsame Funktionen und Eigenschaften in Produktion und Prozessen der Supply Chains aufzudecken, welche die gleiche Unterstützung beanspruchen und dadurch identisch gestaltet werden können.

5.2 Bedeutung und Einsatzmöglichkeiten der Systematisierung von Supply Chains

Die Systematisierung von Supply Chains generiert ein einheitliches Verständnis über die Betrachtungsthematik und bildet die Basis jeder weiterführenden und vertiefenden Untersuchung der Wertschöpfungskette.[328] Sie ist dabei sowohl von wissenschaftlicher als auch von praktischer Bedeutung. Auf wissenschaftlicher Basis schaffen Typen von Supply Chains eine Grundlage für die Entwicklung von Theorien, die beschreiben, unter welchen Rahmenbedingungen und mit welchem Ziel Unternehmen in bestimmten Supply Chains agieren. Daraus können dann Handlungsempfehlungen und Gestaltungsprinzipien für Supply Chains abgeleitet werden. Die Steuerung von Aktivitäten in einer Supply Chain ist komplex und erfordert ganzheitliche Methoden, Instrumente und Konzepte.[329] Die Systematisierung von Supply Chains bietet hier einen Ausgangspunkt, um Modelle und Methoden zur konkreten Problemlösung zu entwickeln. Ein Unternehmen kann letztlich anhand einer SC-Systematisierung Anhaltspunkte bekommen, welcher SC-Typ am sinnvollsten für die hergestellten Produkte eingesetzt werden kann[330] bzw. welches Logistikkonzept[331] oder

---

[326] Vgl. Holzkämper (2006), S. 77.
[327] Vgl. Zeller (2003), S. 4. Auch diese Aussage bezieht der Autor allgemein auf Unternehmensnetzwerke.
[328] Vgl. Konrad (2005), S. 191.
[329] Vgl. Corsten/Gabriel (2004), S. 47.
[330] Vgl. Fisher (1997), S. 106.
[331] Vgl. Hieber (2002), S. 62.

welche Anwendungssysteme sich am besten zur Steuerung der Supply Chain eignen. Auf diese Weise wird es den Unternehmen möglich, die eigene Supply Chain zu optimieren, um damit Wettbewerbsvorteile zu erlangen und auf den Märkten zu bestehen.

Ein gutes Beispiel für eine Anpassung bestimmter Methoden an eine konkrete Problemlösung in der Praxis stellen Systeme zur Produktionsplanung und -steuerung dar. So wurden in den Anfängen der Produktionsplanung und -steuerung lediglich Material Requirement Planning (MRP)-Systeme als entsprechendes Softwaresystem in der Industrie eingesetzt. Allerdings waren diese unabhängig von der Vielzahl unterschiedlicher Anforderungen in den Lieferketten verschiedener Bereiche und Branchen. Im Rahmen einer Befragung von MEYR/ STADTLER gab jedoch die Mehrzahl der Produktionsverantwortlichen an, dass ihr Produktionssystem einzigartig sei und deswegen spezielle entscheidungsunterstützende Systeme benötige.[332] Die heute in Supply Chains eingesetzten Advanced Planning Systems (APS) sind vor diesem Hintergrund wandlungsfähiger als die klassischen MRP-Systeme und bieten mehrere Lösungsmodule an.[333] Die diversen APS-Module erfahren jeweils einen unterschiedlich ausgeprägten Einsatz in verschiedenen Supply Chains. Eine entsprechende SC-Typologie erlaubt es, eine gegebene Supply Chain mit einem Set aus Merkmalen zu beschreiben, welche einen bei der Entscheidung unterstützt, die passenden Module für die Wertschöpfungskette auszuwählen.

Auch beim Aufbau oder bei der Rekonfiguration einer SC-Struktur spielt die Typologisierung von Supply Chains eine Rolle, da die Merkmale innerhalb der potentiellen SC-Partner diskutiert und in Übereinstimmung gebracht werden, um ein gemeinsames Verständnis der Wertschöpfungskette zu generieren. Das so gewonnene fundierte Wissen über die Vernetzung aller beteiligten Partner hilft bei der Strategieformulierung[334] oder der Suche neuer Netzwerkpartner im Falle des Ausscheidens einzelner Unternehmen aus der Supply Chain. So werden einhergehend mit der Typologisierung bereits recht klar die Ziele der Supply Chain umrissen, wodurch die Strategieableitung unterstützt wird. Anhand der Möglichkeit zur Verfolgung dieser Ziele lassen sich dann auch die geeigneten Netzwerkpartner auswählen.[335]

Eine besondere Einsatzmöglichkeit der Systematisierung von Supply Chains besteht auch in der Auswahl von Partnern beim Benchmarking.[336] Die grundlegende Idee der Vereinfachung der Auswahl von Benchmarking-Partnern beruht dabei auf der Überprüfung signifikant

---

[332] Vgl. Meyr/Stadtler (2008), S. 66.
[333] Vgl. zu den Modulen von APS beispielsweise Steven/Krüger (2004), S. 178ff.
[334] Vgl. zur Ableitung der SC-Strategie auch Unterkap. 6.2.
[335] Vgl. Schönsleben/Hieber (2004), S. 52ff.
[336] Zum Begriff des Benchmarking vgl. auch Abschnitt 3.1.3.

häufiger auftretender Kombinationen bei den Merkmalen und deren Ausprägungen. Ziel dieser Prüfung ist es, Unternehmenstypen zu finden, die mehrere von den Merkmalsausprägungen auf sich vereinen und sich gleichzeitig von anderen Unternehmenstypen differenzieren lassen.[337] Die Systematisierungsansätze bieten so die Möglichkeit, die Ähnlichkeit und Vergleichbarkeit von Supply Chains unabhängig von der Branche zu beurteilen, so dass zwischen den entsprechenden Supply Chains ein Benchmarking-Prozess angestoßen werden kann. Damit lassen sich in einzelnen Unternehmen unter Umständen auch mehrere Supply Chains identifizieren, die aufgrund ihrer differenzierten Eigenschaften separat betrachtet werden müssen.[338]

Die Differenzierung von Supply Chains über eine entsprechende Typologie wird in dieser Arbeit als relevant für die Entwicklung eines strategieorientierten Performance Measurement-Konzepts im Rahmen eines Supply Chain Controlling angesehen. So umfasst die Einführung eines solchen Performance Measurement-Konzepts diverse Entscheidungen, die einerseits vor dem Hintergrund der unternehmensübergreifenden Ausrichtung von Supply Chains, aber andererseits im Speziellen unter der Voraussetzung der Merkmale der verschiedenen SC-Typen zu treffen sind.

5.3   Aktueller Forschungsstand im Bereich der SC-Typologien

Zahlreiche Autoren haben sich bereits mit der Entwicklung von SC-Typologien beschäftigt. Dabei kann zwischen kooperationsorientierten, branchenorientierten, produktorientierten und produktionsorientierten Ansätzen unterschieden werden.

5.3.1   Kooperationsorientierte Typologisierung

Die kooperationsorientierte Typologisierung systematisiert Supply Chains nach der Art der Beziehungen zwischen den SC-Mitgliedern. Der Ansatz von LEJEUNE/YAKOVA unterscheidet dazu Wertschöpfungsketten nach den vier Typen „Communicative Supply Chain", „Coordinated Supply Chain", „Collaborative Supply Chain" und „Co-opetitive Supply Chain".[339] LEJEUNE/YAKOVA greifen dabei wesentlich auf die Arbeit von FISKE zurück, der sich auf die Evaluierung unterschiedlicher elementarer Beziehungsformen konzentriert hat[340], die sich entsprechend in den vier SC-Typen widerspiegeln.

---

[337] Vgl. Sennheiser/Schnetzler (2008), S. 252.
[338] Vgl. Sennheiser/Schnetzler (2008), S. 247.
[339] Vgl. Lejeune/Yakova (2005), S. 90ff.
[340] Vgl. Fiske (1990), S. 180ff.

Die Grundlage dieses Systematisierungsansatzes betrifft die Spezifikation der Beziehung und der damit verbundenen Interdependenzen. Zur Erklärung der vier Wertschöpfungskettentypen wird nicht auf alle in der folgenden Tabelle ersichtlichen Merkmalsausprägungen ausführlich eingegangen, sondern es werden zu jedem SC-Typ einige Hauptcharakteristika ausgewählt, die diesen Typ am besten klassifizieren.

Tab. 5: SC-Typen nach der kooperationsorientierten Typologisierung

	Communicative Supply Chain	Coordinated Supply Chain	Collaborative Supply Chain	Co-opetitive Supply Chain
Entscheidungsfindungsprozess	myopisch, paritätisch	myopisch, asymmetrisch	dyadisch, paritätisch	dyadisch, paritätisch
Vertrauen	Verlässlichkeit	Verlässlichkeit, aufbauend auf Abschreckung	Verlässlichkeit, Fähigkeit und guter Wille	Verlässlichkeit, Fähigkeit und guter Wille
Informationsaustausch	„Nächster Nachbar", sporadisch	SC-weit, diverse Daten für fokales Unternehmen	SC-weit für fokales Unternehmen, sonst: „Nächster Nachbar"	SC-weit für komplementäre Unternehmen und Wettbewerber
Strategie- und Zielkonvergenz	keine	mittel	schwach bis mittel	vollständig

Die „Communicative Supply Chain" greift die Beziehungsform des „market pricing" auf, welche sich an Kennzahlen wie Preisen oder Gehältern oder an der Durchführung einer Kosten-Nutzen-Analyse orientiert. Der Entscheidungsfindungsprozess der „Communicative Supply Chain" kann als paritätisch (gleichberechtigt) und myopisch (kurzsichtig) definiert werden, da die Sicht auf die Ziele der jeweiligen Akteure beschränkt bleibt. Das Vertrauen innerhalb der Supply Chain baut auf Verlässlichkeit, welche vertragsgemäß gesichert in konsistenter und vorhersagbarer Weise über einen längeren Zeitraum existiert. Bezüglich der Tiefe der Interdependenz und im Speziellen beim Informationsaustausch lässt sich feststellen, dass die Partner miteinander kommunizieren, allerdings ist die gemeinsame Nutzung der Informationen beschränkt auf den nächsten Nachbarn sowie sporadische Vereinbarungen.[341]

Nach MENTZER/MIN/ZACHARIA wird die „Communicative Supply Chain" als eine bei Bedarf genutzte, kurzfristige Beziehung mit dem Ziel der Erlangung der Gleichwertigkeit mit den Wettbewerbern beschrieben.[342]

Die „Coordinated Supply Chain" wiederum korrespondiert mit der Beziehungsform des "authority ranking", die sich durch hierarchische Beziehungen zwischen den SC-Partnern

---

[341] Vgl. Lejeune/Yakova (2005), S. 91f.
[342] Vgl. Mentzer/Min/Zacharia (2000), S. 550.

auszeichnet. Dieser Art von Supply Chain liegt ein myopischer und asymmetrischer Entscheidungsfindungsprozess zugrunde, da hier ein fokales Unternehmen die Richtung bestimmt. Das Vertrauen ist auf Verlässlichkeit sowie auf Abschreckung aufgebaut, da das fokale Unternehmen eine größere Verhandlungsmacht als die restlichen SC-Partner hat. Der Informationsaustausch findet SC-weit statt und beinhaltet Transaktions-, Prozedur- und F&E-Daten für die Ziele des dominanten Unternehmens. Zudem herrscht eine mittlere Strategie- und Zielkonvergenz vor. Die „Coordinated Supply Chain" kann als Unternehmenshierarchie in der Supply Chain gesehen werden, welche von einem fokalen Partner dominiert wird.[343]

Die „Collaborative Supply Chain" wird durch die Beziehung „equality matching" charakterisiert, welche auf einer egalitären Verteilungsgerechtigkeit beruht. In der „Collaborative Supply Chain" wird ein paritätischer und dyadischer (zweiseitiger) Entscheidungsfindungsprozess durchgeführt. Das Vertrauen beruht auf Verlässlichkeit, Fähigkeiten und gutem Willen, d. h. eine Überwachung ist nicht notwendig und der Austausch von kritischen Informationen und Themen gewährleistet. Außerdem findet der Informationsaustausch für das fokale Unternehmen SC-weit statt, ansonsten gilt der „Nächster Nachbar"-Ansatz, und es herrscht eine schwache bis mittlere Zielkonvergenz innerhalb der Supply Chain vor.[344]

Die „Co-opetitive Supply Chain" spiegelt die Beziehungsform des „communal sharing" wider, die durch Zielkongruenz, Solidarität und gemeinschaftliche Identität gekennzeichnet ist. Der Entscheidungsfindungsprozess dieses letzten Wertschöpfungskettentyps wird, wie beim vorherigen Typ, als dyadisch und paritätisch definiert. Ebenso basiert das Vertrauen auf Verlässlichkeit, Fähigkeiten und gutem Willen mit der Erweiterung, dass hier auch gegenseitiges Wohlwollen unterstellt wird. Der Informationsaustausch findet SC-weit für komplementäre Unternehmen und Wettbewerber bzw. in einem Beziehungsnetz statt, und eine Zielkonvergenz ist vorhanden.[345]

Das Ziel oder vielmehr die Einsatzmöglichkeit dieser Typologisierung sehen LEJEUNE/ YAKOVA in der Tatsache, dass die Verantwortlichen anhand der vier Typen die Supply Chains, in die ihr Unternehmen eingebunden ist, einordnen können und eine bewusste Entscheidung darüber treffen können, mit welchen Partnern sie welche Art von Beziehungen eingehen möchten.[346]

---

[343] Vgl. Lejeune/Yakova (2005), S. 92f.
[344] Vgl. Lejeune/Yakova (2005), S. 93f.
[345] Vgl. Lejeune/Yakova (2005), S. 94f.
[346] Vgl. Lejeune/Yakova (2005), S. 96.

5.3.2 Produktorientierte Typologisierung

Bei der produktorientierten Typologisierung wird unterschieden zwischen dem beschaffungsorientierten Ansatz nach FINE[347] und dem distributionsorientierten Ansatz nach FISHER[348].

Beschaffungsorientierter Ansatz

FINE geht in seinem Ansatz davon aus, dass es eine starke Beziehung zwischen dem Produktportfolio eines Unternehmens und der jeweiligen Supply Chain gibt. Er liefert damit einen eher spezifischen Ansatz, indem er nur den Produkttyp als Merkmal zur Systematisierung heranzieht. Da er die Produktdifferenzierung dabei aus beschaffungsorientierter Sicht vornimmt, wird dieser Ansatz in der Literatur auch als beschaffungsorientierter Ansatz bezeichnet.[349]

FINE unterscheidet in diesem Zusammenhang zwei Produkttypen:[350]

- Integrale Produkte und
- Modulare Produkte.

Integrale Produkte zeichnen sich dadurch aus, dass die Komponenten eng gekoppelt und synchronisiert sind. Die Komponenten erfüllen oft mehrere Funktionen und stehen in enger räumlicher Beziehung zueinander.[351] Charakteristisch für modulare Produkte ist dagegen, dass diese aus lose gekoppelten Komponenten bestehen, die auswechselbar sind. Die Schnittstellen der Komponenten sind standardisiert; und die Komponenten selbst sind einzeln optimierbar.[352]

Ausgehend von diesen Produkttypen differenziert FINE zwischen integralen und modularen Supply Chains, die er jeweils für die Herstellung der entsprechenden Produkttypen als prädestiniert ansieht. So sollte die Supply Chain entsprechend modular gestaltet werden, wenn die Produktarchitektur modular ist, und integral, wenn die Produktarchitektur integral ist.[353]

---

[347] Vgl. Fine (1998); Fine (2000).
[348] Vgl. Fisher (1997).
[349] Vgl. Corsten/Gabriel (2004), S. 233.
[350] Zur Definition der Produkttypen vgl. Fine (1998), S. 134ff.
[351] Beispiel eines integralen Produktes ist ein Hammer. Der Kopf eines Hammers ist eine Komponente, die zwei Funktionen hat: Zum einen Nägel in die Wand zu bringen, zum anderen, diese wieder herauszuziehen. Vgl. Fine (1998), S. 135.
[352] Ein modulares Produkt ist beispielsweise eine Stereoanlage, bei der aus verschiedenen Komponenten eine individuelle Anlage zusammengestellt werden kann. Vgl. Fine (1998), S. 136.
[353] Vgl. Fine (1998), S. 140.

Entsprechend ähneln die Merkmale der SC-Typen (vgl. Tab. 6) den Merkmalen zur Differenzierung der Produkttypen.

Tab. 6: Merkmale integraler und modularer Supply Chains[354]

	Integrale Supply Chain	Modulare Supply Chain
Kopplung	eng gekoppelte Elemente	lose gekoppelte Elemente
Austauschbarkeit	Elemente nicht austauschbar	Elemente austauschbar
Geographische Nähe	starke geographische Nähe	geringe geographische Nähe
Verantwortung	gemeinsame Verantwortung	autonome Verantwortung
Synchronisation	eng synchronisierte Prozesse	kaum synchronisierte Prozesse
Kulturunterschiede	ähnliche Kulturen	unterschiedliche Kulturen
Informationssystemabstimmung	abgestimmte Informationssysteme	unabgestimmte Informationssysteme

Eine integrale Supply Chain fordert ausgeprägte Nähe zwischen den Teilnehmern. Bei modularen Supply Chains tritt diese Nähe zwischen den Unternehmen hingegen in der Form nicht auf. FINE geht dabei insbesondere auf die geographische, organisatorische, kulturelle und elektronische Nähe ein.[355] Geographische Nähe zeichnet sich durch kurze physische Distanzen zwischen den Teilnehmern der Supply Chain aus. Auch im Zeitalter der elektronischen Kommunikationstechnologien ist es für die Entwicklung und Herstellung integraler Produkte von Bedeutung, dass diese möglichst kurz ist. Organisatorische Nähe wird durch Attribute wie Eigentumsrechte, leitende Kontrolle oder Personalabhängigkeiten definiert. Diese ist vor allem dann gegeben, wenn die teilnehmenden Unternehmen denselben Eigentümer und daraus folgend gleiche Berichtsstrukturen sowie eng verzahnte Arbeitsprozesse haben. Kulturelle Nähe ergibt sich zwischen Unternehmen, bei denen beispielsweise die gleiche Sprache, die gleichen ethischen Standards und Gesetze oder ähnliche Unternehmenswerte zugrunde liegen. Elektronische Nähe zeichnet sich letztlich dadurch aus, dass die teilnehmenden Unternehmen durch elektronische Technologien wie E-Mail, Electronic Data Interchange und Intranet eng miteinander verbunden sind.

Eine Supply Chain ist demnach integral, wenn ein Hersteller und seine Lieferanten an einem Ort oder in einer Region angesiedelt sind, einem gemeinsamen bzw. einem verbundenen

---

[354] Vgl. Corsten/Gabriel (2004), S. 233. Obwohl die SC-Typen über die verschiedenen Produkttypen abgegrenzt werden, beschreiben die Merkmale – wie bei der kooperationsorientierten Typologisierung – die Beziehung zwischen den SC-Mitgliedern.
[355] Für folgende Ausführungen vgl. Fine (1998), S. 136f.

Unternehmen angehören, die Unternehmenskulturen auf gleichen Werten aufbauen und die Unternehmen elektronisch miteinander verbunden sind.[356] Aus der engen Verbundenheit resultiert, dass Elemente der Supply Chain nur schwer austauschbar sind. Ein Lieferantenwechsel kann so unter Umständen eine Neuausrichtung des gesamten Koordinationssystems zur Folge haben.[357]

Modulare Supply Chains zeichnen sich stattdessen eher durch eine lockere Beziehung zwischen den Unternehmen aus. Die Supply Chain kann aus mehreren rechtlich und wirtschaftlich selbstständigen Unternehmen bestehen, deren Unternehmenskulturen divergieren können.[358] Da keine geographische Nähe gefordert ist, können sich modulare Supply Chains wesentlich breiter und flexibler aufstellen.[359] So werden beispielsweise oft verschiedene, austauschbare Lieferanten zur Produktion von Schlüsselkomponenten genutzt.[360]

Laut FINE kann sich durch Marktveränderungen die Struktur der Supply Chains modifizieren. Damit wandeln sich aufgrund des Eintritts neuer Wettbewerber Supply Chains von integralen in modulare Architekturen. Die zentrale Logik dieses Systematisierungsansatzes lautet, dass lediglich die modulare Supply Chain eine Gestalt annimmt, während eine integrale Supply Chain als tendenziell schlechtere Alternative nur eine Konfiguration darstellt. Grundsätzlich soll der Ansatz dazu beitragen, die simultane Entwicklung von Produkten, Prozessen und der entsprechenden Supply Chain sowohl in integralen als auch in modularen Architekturen zu unterstützen. Hierzu ist es notwendig, dass die SC-Unternehmen ihre Zusammenarbeit bereits in den frühen Stufen der Produktentwicklung intensivieren.[361]

Distributionsorientierter Ansatz

Auch FISHER argumentiert in seiner SC-Typologie ausschließlich über die Produkttypen, die von den Supply Chains produziert werden. Er stellt ebenso wie FINE heraus, dass der Hauptgrund der Probleme, mit denen Supply Chains konfrontiert sind, in einer Diskrepanz zwischen dem Produkttyp und dem SC-Typ begründet liege. Daraus folgt die Erkenntnis, dass vor der Ausarbeitung einer Supply Chain die Nachfragebeschaffenheit der eigenen Produkte berück-

---

[356] Integrale Supply Chains finden sich beispielsweise in der Automobilindustrie, wo Zulieferer oft in physischer Nähe zum Autohersteller angesiedelt sind und strategische Partnerschaften zwischen den Unternehmen vorliegen. Vgl. Fine (1998), S. 140.
[357] Vgl. Chakravarty (2001), S. 307.
[358] Vgl. Fine (2005), S. 5.
[359] Vgl. Chakravarty (2001), S. 307.
[360] Beispiel einer modularen Supply Chain ist die PC-Industrie. Vgl. Fine (1998), S. 140f.
[361] Vgl. Fine (2005), S. 8.

sichtigt werden sollte.[362] Der Ansatz von FISHER wird daher auch als distributionsorientierte Typologie bezeichnet.

Bezogen auf das Merkmal „Nachfrageverhalten" unterscheidet FISHER Produkte in zwei Kategorien:[363]

- Funktionale Produkte und
- Innovative Produkte.

Funktionale Produkte befriedigen Grundbedürfnisse und haben eine recht stabile und verhältnismäßig leicht zu prognostizierende Nachfrage sowie einen langen Produktlebenszyklus. Mit diesen Eigenschaften einhergehend weisen diese Produkte eine geringe Gewinnspanne auf. Innovative Produkte umfassen dagegen oftmals technische Innovationen oder Luxusgüter, durch die die Unternehmen einen hohen Deckungsbeitrag erzielen. Aufgrund der Neuigkeit der Produkte ist die Nachfrage nur schwer vorherzusagen, zumal die Kaufentscheidungen oft von Modetrends beeinflusst werden. Hinzu kommen eine große Variantenzahl und kurze Lebenszyklen, die die Prognostizierbarkeit des Absatzes weiter erschweren. So müssen Produkte zum Ende des Produktlebenszyklus zum Teil mit deutlichen Preisnachlässen verkauft werden, um Restbestände nicht entsorgen zu müssen. Tab. 7 stellt diese Merkmale funktionaler und innovativer Produkte vergleichend gegenüber.

---

[362] Vgl. Fisher (1997), S. 106.
[363] Vgl. zu den folgenden Erläuterungen zur Unterscheidung der beiden Produkttypen Fisher (1997), S. 106f.

Tab. 7: Gegenüberstellung funktionaler und innovativer Produkte[364]

	Funktionale Produkte (gut prognostizierbar)	Innovative Produkte (schwer prognostizierbar)
Kundenbedürfnisse	Basisbedürfnisse	technische Innovation, Mode, Luxusgüter
Produktlebenszyklus	mehr als zwei Jahre	3-12 Monate
Deckungsbeitrag	5 % bis 20 % vom Umsatz	20 % bis 60 % vom Umsatz
Anzahl Varianten	gering	hoch (Millionen, bzw. Konfiguration durch Kunden)
Mittlerer Prognosefehler bei Produktionsbeginn	10 %	40 % bis 100 %
Mittlere Stockout-Rate	1 % bis 2 %	10 % bis 40 %
Mittlerer Preisnachlass am Saisonende	0 %	10 % bis 25 %
Kundenfokus	Preis/Kosten	technische Innovation, Service
Preiselastizität der Nachfrage	sehr hoch	niedrig

Laut FISHER bedürfen innovative Produkte einer anderen Supply Chain als funktionale. Dabei wird die Idee zugrunde gelegt, dass Supply Chains einerseits eine physische Funktion erfüllen, die die Transformation von Rohmaterialien zu Endprodukten sowie deren Transport von einer SC-Stufe zur nächsten umfasst. Andererseits haben Supply Chains aber auch eine Marktvermittlungsfunktion, die darin besteht, die Produkte auf dem Markt zu positionieren und auf die Bedürfnisse der Endkunden abzustimmen.[365] Bei funktionalen Produkten spielt die physische Funktion die zentrale Rolle, wobei es darum geht, die physischen Kosten[366] zu minimieren, da eine Gewinnsteigerung aufgrund der großen Preiselastizität der Nachfrage nach diesen Produkten primär über eine Kostensenkung erreicht werden kann.[367] Da die Preiselastizität der Nachfrage nach innovativen Produkten nicht so hoch ausfällt wie die der Nachfrage nach funktionalen Produkten, ist hier die Minimierung der physischen Kosten weniger bedeutend als bei den funktionalen Produkten. Bei innovativen Produkten ist hingegen die Positionierung auf dem Markt der entscheidende Faktor, da es wichtig ist, mit den innovativen Produkten vor den Wettbewerbern in den Markt einzutreten.[368] Dement-

---

[364] Vgl. Alicke (2005), S. 148.
[365] Vgl. Fisher (1997), S. 107.
[366] Physische Kosten umfassen Transport-, Produktions- und Lagerkosten.
[367] Die Preiselastizität gibt an, welche relative Änderung sich bei der Nachfragemenge ergibt, wenn eine relative Preisänderung eintritt. Vgl. Olbrich/Battenfeld (2007), S. 24f. Bei einer hohen Preiselastizität der Nachfrage stellt der Preis folglich einen oder sogar den zentralen Wettbewerbsfaktor dar, so dass der Fokus auf die Minimierung der Kosten gelegt werden sollte, um die Preise möglichst stabil halten bzw. gegebenenfalls sogar senken zu können.
[368] Vgl. Fisher (1997), S. 107f.

sprechend schlägt FISHER für funktionale Produkte eine effiziente und für innovative Produkte eine responsive Supply Chain vor. Bei der effizienten Supply Chain liegen die Schwerpunkte auf der Bestands- und Kostenminimierung, während die responsive Supply Chain primär auf die Verkürzung der Lieferzeiten und die Reaktion auf spezielle Kundenwünsche abzielt.[369] Diese Unterschiede zwischen effizienten und responsiven Supply Chains stellt Tab. 8 zusammenfassend dar.

Tab. 8: Merkmale effizienter und responsiver Supply Chains[370]

	Effiziente Supply Chain	Responsive Supply Chain
Dominante Funktion	physische Funktion	Marktmediationsfunktion
Ziel	Produktions-, Transport- und Lagerkosten minimieren	Reaktionszeit, Stockouts und unverkaufte Ware minimieren
Fokus der Herstellung	hohe Auslastung	Kapazitätsreserven vorhalten
Lagerstrategie	häufiger Lagerumschlag, minimale Bestände	hohe Sicherheitsbestände am richtigen Ort
Fokus der Durchlaufzeit	reduzieren, solange Kosten nicht steigen	aggressive Investition in Verkürzung
Kriterien Zulieferer-Auswahl	minimale Kosten, maximale Qualität	Geschwindigkeit, Flexibilität und Qualität
Produktentwicklung	maximaler Durchsatz bei minimalen Kosten	modulares Design, Postponement

Effiziente Supply Chains sind also dafür vorgesehen, eine planbare Nachfrage kostenminimal zu befriedigen. Demnach eignen sie sich am besten für funktionale Produkte. Die Nachfrage nach funktionalen Produkten ist verhältnismäßig leicht prognostizierbar und ermöglicht eine gute Marktmediation. So erfolgt eine Konzentration auf die Reduzierung physischer Kosten. Der Schwerpunkt liegt daher auf der optimalen Auslastung der benötigten Ressourcen. Die responsive Supply Chain dient dagegen dazu, eine schwer prognostizierbare Nachfrage schnell zu erfüllen. Aufgrund dessen sollte dieser SC-Typ für innovative Produkte eingesetzt werden. Der Fokus liegt hier primär auf der Optimierung der Marktvermittlung, d. h. der schnellen Reaktion auf eine stark schwankende Kundennachfrage nach verschiedenen Produktvarianten. Es gilt die durch fehlerhafte Marktmediation entstehenden Kosten[371] zu minimieren.[372]

---

[369] Vgl. Fisher (1997), S. 109.
[370] Vgl. Alicke (2005), S. 149. Vgl. zum in der Tabelle erwähnten Konzept des Postponement auch den nächsten Abschnitt.
[371] Hier handelt es sich maßgeblich um Opportunitätskosten in Form von entgangenen Umsätzen aufgrund verminderter Kundenzufriedenheit oder nötigen Preisnachlässen, die bei Überbeständen anfallen können.
[372] Vgl. Fisher (1997), S. 107.

5.3.3 Produktionsorientierte Typologisierung

Einen Ansatz, der nicht direkt auf der Produktart, sondern auf der Produktionsstrategie basiert, entwickeln NAYLOR/NAIM/BERRY.[373] Sie beziehen sich dabei auf die Konzepte der Lean Production und des Agile Manufacturing, deren wesentliche Ideen im Folgenden zunächst kurz vorgestellt werden sollen.

Die Lean Production basiert auf einer von 1985-1990 vom Massachusetts Institute of Technology durchgeführten Studie, deren Ergebnisse von WOMACK/JONES/ROOS veröffentlicht wurden.[374] Im Rahmen dieser Studie wurde die Überlegenheit japanischer gegenüber amerikanischen Automobilunternehmen in Bezug auf entscheidende Größen wie Produktivität, Kosten, Qualität und Entwicklungszeiten konstatiert. Bedeutendster Vorreiter der Umsetzung der Lean Production war der japanische Automobilhersteller Toyota. Obwohl das Konzept der Lean Production von WOMACK/JONES/ROOS lediglich recht allgemein beschrieben wird, lassen sich dennoch einige zentrale Kriterien herausarbeiten, die die Lean Production von der traditionellen Massenfertigung unterscheidet.

Ein wesentlicher Differenzierungspunkt betrifft das Verhältnis zu den Lieferanten. Während die traditionelle Massenproduktion auf die Zusammenarbeit mit einer großen Anzahl häufig wechselnder Lieferanten, die jeweils neu auf der Grundlage von Ausschreibungen ausgewählt werden, setzt, strebt die Lean Production strategische Zulieferer-Abnehmer-Beziehungen mit einer deutlich geringeren Anzahl von Lieferanten an.[375] Basis dieser Zusammenarbeit ist ein langfristiger Rahmenvertrag, der die entscheidenden Regeln für die Preisfestlegung, die Qualitätssicherung, das Bestellwesen, die Lieferung, die Eigentumsrechte und die Materialversorgung umfasst. Die Lieferantenauswahl erfolgt dabei hauptsächlich nach den Kriterien Kosten, Qualität und Lieferzuverlässigkeit.[376] Die Lieferzuverlässigkeit ist bei der Realisierung der Lean Production von besonderer Bedeutung, da diese in der Regel mit einer Just in Time-Lieferung einher geht, bei der die Materialen und/oder Vorprodukte bedarfssynchron an das Montageband geliefert werden.[377] Ziel dabei ist es, die Lagerbestände soweit wie möglich zu reduzieren, was auch zu der mit der Einführung der Lean Production maßgeblich angestrebten Kostenreduzierung beiträgt. Darüber hinaus spielen die strategischen Beziehungen zu den Lieferanten auch in der Produktentwicklung eine besondere Rolle. So sollen Liefe-

---

[373] Vgl. Naylor/Naim/Berry (1999), S. 107.
[374] Vgl. Womack/Jones/Roos (1992).
[375] WOMACK/JONES/ROOS sprechen in diesem Zusammenhang bereits von einer „Zulieferkette". Vgl. Womack/Jones/Roos (1992), S. 145. Hierbei wird auch die enge Verbindung zum Konzept des SCM deutlich.
[376] Vgl. Womack/Jones/Roos (1992), S. 153ff.
[377] Vgl. zum Just in Time-Konzept Fandel/Fistek/Stütz (2010), S. 79ff. sowie Fandel/François (1989), S. 531ff.

ranten frühzeitig in den Produktentwicklungsprozess eingebunden werden, damit beispielsweise über eine simultane Entwicklung verschiedener Montageteile die Zeiten bis zur Produkteinführung verkürzt werden können.[378]

Bezüglich des Produktionsprozesses ist es das Ziel der Lean Production, die nicht zur Wertschöpfung[379] beitragenden Prozessschritte zu eliminieren. In diesem Zusammenhang wird die Minimierung der Durchlaufzeit angestrebt. Dabei wird dieses Ziel im Gegensatz zur traditionellen Massenproduktion nicht als direkter Widerspruch zu einer Erhöhung der Kapazitätsauslastung gesehen.[380] Es wird hingegen argumentiert, dass eine Optimierung der Produktionsprozessplanung und eine damit verbundene Reduzierung der Rüstzeiten, die wiederum die Durchlaufzeit positiv beeinflusst, auch zu einem verbesserten Maschinennutzungsgrad beitragen.[381] Im Rahmen der Lean Production soll folglich neben der Minimierung der Durchlaufzeit auch eine im Vergleich zur Massenproduktion möglichst nicht reduzierte oder im Idealfall sogar erhöhte Kapazitätsauslastung realisiert werden.

Ein bedeutender Faktor bei der Umsetzung der zuvor beschriebenen Zielgrößen sowie insbesondere der der Lean Production zugrunde liegenden Idee der „Null-Fehler-Produktion" sind die Mitarbeiter. So wird auf diese verstärkt Verantwortung für die Qualität ihrer Arbeit übertragen, wodurch Qualitätskontrollen reduziert werden können. In diesem Zusammenhang ist es entscheidend, in die Weiterbildung der Mitarbeiter zu investieren, damit diese in die Lage versetzt werden, selbstständig Fehler zu erkennen und beheben.[382] Darüber hinaus wird über die Einführung von Qualitätszirkeln den Mitarbeitern die Möglichkeit gegeben, aktiv die Optimierung der Prozesse voranzutreiben. Neben den Mitarbeitern wird auch das Verhältnis zu den Kunden im Rahmen der Lean Production reflektiert. Gegenüber der Massenproduktion wird eine ausgeprägtere Kundenorientierung angestrebt, die sich beispielsweise in einer Ausweitung des After Sales-Services widerspiegelt.[383]

Allerdings ist das Konzept der Lean Production auch Kritik ausgesetzt. Dabei wird der Erfolg dieser Produktionsstrategie von den Kritikern maßgeblich auf den Wirtschaftsboom Japans in der zweiten Hälfte der 1980er Jahre zurückgeführt. Die Binnennachfrage nach neuen Autos

---

[378] Vgl. Womack/Jones/Roos (1992), S. 121ff.
[379] Unter Wertschöpfung wird die „Summe der Roherträge, verringert um Vorleistungen, die zugekauft werden", verstanden. Häberle (2008), S. 1364.
[380] Der Zielkonflikt zwischen der Maximierung der Kapazitätsauslastung und der Minimierung der Durchlaufzeit wird von GUTENBERG als „Dilemma der Ablaufplanung" bezeichnet. Vgl. zu dieser Thematik Gutenberg (1983), S. 215f.
[381] Vgl. Wollseiffen (1999), S. 46. Es können hierbei die durch die Umrüstung hervorgerufenen Maschinenstillstandszeiten verkürzt werden.
[382] Vgl. Karlsson/Ahlström (1996), S. 30.
[383] Vgl. Warnecke/Hüser (1995), S. 40f.

war während dieser Zeit auf einem sehr hohen Niveau, so dass der wesentliche Wettbewerbsfaktor darin bestand, über die Reduzierung von Kosten den Marktanteil weiter zu erhöhen.[384] Die abnehmende Stabilität der Marktbedingungen in den letzten Jahren verlangt hingegen nach einer Produktionsstrategie, die eine verstärkte Anpassungsfähigkeit an die nur schwer prognostizierbaren Kundennachfragen nach innovativen, variantenreichen Produkten besitzt.[385]

Aus dieser Kritik heraus entstand das Konzept des Agile Manufacturing. Die Grundidee des Konzepts wurde bereits 1991 am Iaccoca Institute der Lehigh University in den USA vorgestellt.[386] Allerdings war dieses Konzept zunächst ebenfalls sehr allgemein gehalten und wurde in den folgenden Jahren im Rahmen zahlreicher Veröffentlichungen vertieft. Das Agile Manufacturing verwirft dabei nicht komplett das Konzept der Lean Production, sondern erweitert dieses bzw. stellt einige Annahmen vor dem Hintergrund erhöhter Flexibilitätsanforderungen in der Produktion in Frage.

Dabei verschiebt sich im Agile Manufacturing die grundlegende Zielsetzung der Produktion. In der Lean Production wird vor allem die kostengünstige Bereitstellung qualitativ hochwertiger Produkte fokussiert, deren Variantenzahl zwar größer als in der traditionellen Massenproduktion ausfällt, jedoch immer noch stark begrenzt ist. Im Agile Manufacturing spielt die Kostenminimierung hingegen nur eine nachrangige Rolle, der primäre Fokus liegt auf der Flexibilität, also der schnellen Bereitstellung zahlreicher, qualitativ hochwertiger Produktvarianten für den Kunden.[387]

Ein wesentlicher Faktor bei der Flexibilitätssteigerung besteht in den Lieferantenbeziehungen. Während die Lean Production auf strategische Lieferantenbeziehungen setzt, werden im Agile Manufacturing virtuelle Unternehmen als Kooperationsform bevorzugt. Dabei werden kurzfristige Partnerschaften gebildet, die hauptsächlich auf Basis geeigneter Informations- und Kommunikationssysteme kooperieren, sich in der Regel nur zur Entwicklung und Herstellung eines spezifischen Produkts bzw. einer Produktkomponente formieren und hinterher wieder auflösen.[388] Charakteristisch für virtuelle Unternehmen ist, dass auf vertragliche Regelungen möglichst verzichtet werden sollte, um einen schnellen Zusammenschluss zu gewährleisten und auf diese Weise die Flexibilität zu erhöhen. Allerdings setzt dies ein enormes Vertrauen

---

[384] Vgl. Katayama/Bennett (1996), S. 9f.
[385] Vgl. Yusuf/Sarhadi/Gunasekaran (1999), S. 35f.
[386] Vgl. Iaccoca Institute (1991).
[387] Vgl. Sharp/Irani/Desai (1999), S. 156.
[388] Vgl. Yusuf/Sarhadi/Gunasekaran (1999), S. 40. Diese Art von Partnerschaften korrespondieren auch mit den kürzeren Produktlebenszyklen im Agile Manufacturing.

voraus, das in der Praxis häufig nicht vorhanden ist,[389] so dass auch hier zumindest die grundlegenden Sachverhalte vertraglich niedergeschrieben werden sollten.

Ein weiterer Abgrenzungspunkt zur Lean Production betrifft den eigentlichen Fokus der Produktion. So ist die Lean Production primär auf eine prognosegetriebene Produktion ausgerichtet, d. h. die Primärbedarfsmengen und damit das Produktionsprogramm werden anhand von Absatzprognosen auf Basis von Vergangenheitswerten hergeleitet.[390] Das Agile Manufacturing verfolgt hingegen einen „make to order-Ansatz", bei dem die Produktion kundenauftragsbezogen erfolgt. Allerdings wird die Produktion nicht komplett auf der Grundlage von Kundenaufträgen durchgeführt, sondern es wird eine späte Variantenbildung[391] realisiert. Hierbei ist die Modularisierung der Produkte von besonderer Bedeutung, so dass die Module bzw. Vorprodukte bereits vor Erhalt des konkreten Kundenauftrags produziert werden und dann je nach den spezifischen Kundenwünschen flexibel variiert werden können. Dabei sollten aus den vorhandenen Modulen möglichst viele Produktvarianten gefertigt werden können.[392] Die Ideen zu einer erhöhten Verantwortungsübertragung an die Mitarbeiter werden zur Realisierung dieses Produktionskonzepts von der Lean Production übernommen, da es natürlich aufgrund der Flexibilitätssteigerung in der Produktion verstärkt qualifizierter, weitgehend eigenverantwortlich handelnder Arbeitskräfte bedarf.[393]

Entsprechend dieser beiden Konzepte wird unterschieden zwischen der schlanken („lean") und der agilen („agile") Supply Chain. Die schlanke Supply Chain zielt analog zur Idee der Lean Production darauf ab, alle nicht-wertschöpfungssteigernden Prozesse zu eliminieren. In einer solchen Supply Chain wird idealerweise ein Lagerbestand von null angestrebt, was aber natürlich kaum praktikabel ist, so dass eine Minimierung des Lagerbestandes das zu realisierende Ziel darstellt. Eine gewisse Reduzierung der Flexibilität wird dabei in Kauf genommen. Insgesamt wird hier also primär auf eine Kostenminimierung gesetzt. Die agile Supply Chain fokussiert hingegen eher die Robustheit, also die Fähigkeit der Supply Chain zur Anpassung an Veränderungen der Umweltbedingungen. Entscheidend ist daher die Möglichkeit, die Produktionsprozesse entsprechend der Anforderungen des Marktes bzw. individueller Kundenwünsche zügig rekonfigurieren zu können. Die Eliminierung nicht-wertschöpfungssteigernder Prozesse ist natürlich auch hier von Bedeutung, stellt jedoch nicht den primären

---

[389] Vgl. Ringle (2004), S. 31f.
[390] Vgl. Sharp/Irani/Desai (1999), S. 156f.
[391] Die späte Variantenbildung in der Produktion wird auch als „Postponement" bezeichnet.
[392] Vgl. Yusuf/Sarhadi/Gunasekaran (1999), S. 40. Um solch ein agiles Produktionssystem in der Praxis umsetzen zu können, sind spezielle Hard- und Software notwendig. Einen Überblick hierzu gibt GUNASEKARAN. Vgl. Gunasekaran (1999), S. 92ff.
[393] Vgl. Sharp/Irani/Desai (1999), S. 160.

Fokus dar. Im Gegensatz zum Ziel der Kostenminimierung in der schlanken Supply Chain wird in der agilen Supply Chain die Steigerung bzw. Maximierung der Flexibilität angestrebt.[394]

Eine besondere Rolle zur Unterscheidung der schlanken und der agilen Supply Chain spielt auch der Kundenentkopplungspunkt, also der Zeitpunkt in der Supply Chain, an dem der Wechsel von der prognose- zur auftragsbezogenen Fertigung stattfindet. Dabei wird bis zum Eintreffen des Kundenauftrags basierend auf Nachfrageprognosen ein Standardprodukt gefertigt, bevor dieses über die kundenindividuelle Endmontage in verschiedene Varianten differenziert wird.[395]

In der prognosegetriebenen Supply Chain erfolgt die Produktion dabei anhand von Absatzprognosen nach dem Push-Prinzip. Eine Produktvariation wird nicht durchgeführt. Es handelt sich folglich in diesem Fall um Standardprodukte.[396] Dementsprechend sollte hier eine schlanke Supply Chain zugrunde gelegt werden, die auf eine Kostenminimierung durch Reduzierung der Durchlaufzeiten und Senkung der Lagerbestände ausgerichtet ist. In der auftragsbezogenen Supply Chain wird das Endprodukt hingegen erst nach Eingang einer Kundenbestellung nach dem Pull-Prinzip produziert. Individuelle Wünsche bei den Rohstoffen und Eigenschaften des Produkts sind möglich. Der Kunde hat jedoch mit einer gewissen Lieferzeit und einem im Vergleich zu Standardprodukten höheren Preis zu rechnen. Ziel muss es hier jedoch sein, die Lieferzeit zu minimieren, damit die Kundenbedürfnisse möglichst schnell befriedigt werden. Entsprechend sollte hier eine agile Supply Chain Einsatz finden, die auf die variable Nachfrage nach verschiedenen Produktvarianten flexibel reagieren kann.[397]

Die Lage des Entkopplungspunktes wird somit von mehreren Faktoren beeinflusst. Aus Kundensicht muss er so positioniert sein, dass individuelle Wünsche realisierbar und Lieferzeiten akzeptabel sind. Unternehmen positionieren ihn dort, wo die nach dem Push-Prinzip gefertigten Standardkomponenten vielseitig einsetzbar sind, viele Produktvarianten angeboten werden können und das Risiko von Überproduktion oder Fehlmengen kalkulierbar ist.[398]

MASON-JONES/NAYLOR/TOWILL vertiefen den Ansatz der schlanken und der agilen Supply Chain von NAYLOR/NAIM/BERRY insoweit, dass das Konzept um die Idee der hybriden

---

[394] Vgl. Naylor/Naim/Berry (1999), S. 108ff.
[395] Vgl. Alicke (2005), S. 131ff.
[396] Vgl. Buchholz/Moncada (2006), S. 35f.
[397] Vgl. Naylor/Naim/Berry (1999), S. 112.
[398] Vgl. Childerhouse/Towill (2000), S. 341.

("leagile") Supply Chain erweitert wird, die die agile und schlanke Supply Chain vereint.[399] Auch CHRISTOPHER betont, dass häufig eine hybride Strategie als Zwischenlösung zu verfolgen sei. Dies begründet er damit, dass in einem Produktportfolio teilweise sowohl Produkte mit stabiler, prognostizierbarer Nachfrage als auch solche mit gegenteiligen Eigenschaften vorliegen.[400] CHRISTOPHER erläutert eine solche hybride Strategie anhand des spanischen Bekleidungsherstellers Zara. Bei diesem Unternehmen werden die rund 40 % der Kleidungsstücke mit der höchsten und stabilsten Nachfrage als fertige Produkte von externen Lieferanten in Niedriglohnländern in Fernost importiert. Hier wird also klar das Ziel der Kostenminimierung angestrebt; es handelt sich folglich um eine schlanke Supply Chain.[401] Die restlichen Kleidungsstücke werden nach dem Konzept der „Quick Response"[402] in Zaras eigenen hochautomatisierten Produktionsstätten oder bei entsprechenden Vertragspartnern in Spanien produziert. Die Stoffe zur Produktion von Kleidungsstücken werden dabei so lange wie möglich nicht eingefärbt und/oder bedruckt, so dass aktuelle Trends in der Nachfrage in der Produktion besser berücksichtigt werden können. Ziel ist es folglich, die Produktion entsprechend den Anforderungen des Marktes zügig anpassen zu können, also die Robustheit der Supply Chain zu steigern. Dementsprechend liegt für diese Produkte eine agile Supply Chain vor.[403]

Zusammenfassend werden Strategieempfehlungen zu einer schlanken oder agilen Supply Chain anhand der beiden Dimensionen Anforderungen an die Produktvielfalt und Anforderungen an die Flexibilität in der Produktion gegeben. Dabei wird argumentiert, dass bei hohen Anforderungen sowohl an die Produktvielfalt und als auch an die Flexibilität in der Produktion eine agile und bei niedrigen Anforderungen an diesen beiden Faktoren eine schlanke Supply Chain eingesetzt werden sollte. Im ersten Fall liegt also eine unsichere Umwelt mit stark schwankendem Bedarf vor, und im zweiten wird von einer stabilen Umwelt mit nur geringen Schwankungen im Bedarf ausgegangen. Diesen Zusammenhang veranschaulicht die folgende Abbildung, wobei die hellere Schraffierung eine zunehmende Tendenz zur Agilität anzeigt.

---

[399] Vgl. Mason-Jones/Naylor/Towill (2000), S. 4065f.
[400] Vgl. Christopher (2000), S. 39f.
[401] Vgl. Christopher (2000), S. 40.
[402] Das Konzept der Quick Response hat zum Ziel, über den Austausch von Nachfragewerten zwischen Einzelhandel und Produzenten eine Abstimmung der Produktions- und Bestandsaktivitäten des Herstellers auf die Entwicklungen des Marktes, wie z. B. eine Steigerung der Nachfrage nach bestimmten Produkten bzw. Produktvarianten zu ermöglichen. Vgl. Alicke (2005), S. 172.
[403] Vgl. Christopher (2000), S. 40. In Abhängigkeit von der Betrachtungsweise könnte hier auch vom Vorhandensein zweier verschiedener Supply Chains statt von der Existenz einer hybriden Supply Chain gesprochen werden.

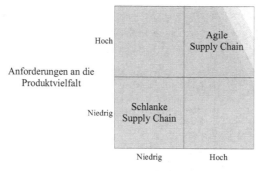

Abb. 19: Einsatzempfehlungen bezüglich einer schlanken oder agilen Supply Chain[404]

VONDEREMBSE ET AL. übernehmen die Systematisierung nach schlanker, agiler und hybrider Supply Chain und verbinden diese mit ähnlichen Produkttypen wie FISHER, wobei sie allerdings nicht von funktionalen, sondern von Standardprodukten sprechen. Für diese werden jedoch fast identische Eigenschaften zugrunde gelegt wie für die funktionalen Produkte nach FISHER. Zudem wird von der Existenz hybrider Produkte ausgegangen, die sowohl standardmäßige als auch innovative Komponenten beinhalten. Die identifizierten Zusammenhänge zwischen Produkt- und geeignetem SC-Typ entsprechen nur in Teilen denen von FISHER, da VONDEREMBSE ET AL. neben dem Produkttyp zusätzlich die Phase des Produktlebenszyklus, in dem sich die jeweiligen Produkttypen befinden, in die Betrachtung mit einbeziehen.[405]

Für Standardprodukte empfehlen VONDEREMBSE ET AL. den Einsatz einer schlanken Supply Chain, unabhängig von der Phase des Lebenszyklus, in der diese Art von Produkten gerade angekommen ist. Insbesondere der lange Produktlebenszyklus und die stabile Nachfrage rechtfertigen es, das Design der Supply Chain beizubehalten und nicht zu verändern.[406] Dieses Ergebnis entspricht prinzipiell den Ausführungen von FISHER, der für seine funktionalen Produkte den Einsatz einer effizienten Supply Chain empfiehlt. Bei diesem SC-Typ liegen die Schwerpunkte ebenso wie bei der schlanken Supply Chain auf der Bestands- und Kostenminimierung, so dass die beiden SC-Typen eine hohe Ähnlichkeit aufweisen.

Bei innovativen Produkten schlagen VONDEREMBSE ET AL. hingegen den Einsatz verschiedener SC-Typen in Abhängigkeit von der Phase des Produktlebenszyklus, in der sich diese

---
[404] Vgl. Naylor/Naim/Berry (1999), S. 112.
[405] Vgl. Vonderembse (2006), S. 227ff.
[406] Vgl. Vonderembse (2006), S. 230.

befinden, vor. So sollte in den Phasen Einführung und Wachstum eine agile Supply Chain angestrebt werden, um sicherzustellen, dass sich diese zügig an die Gegebenheiten des Marktes anpassen und die innovativen Produkte in kleinen Mengen je nach Kundenspezifikation zeitnah liefern kann. Wenn das innovative Produkt sich jedoch am Markt etabliert hat und in die Reifephase eintritt, weist dieses bereits ähnliche Charakteristika auf wie ein Standardprodukt. Wettbewerbsvorteile können nun in erster Linie über den Preis erzielt werden. Daher spielt die Kostenminimierung jetzt eine größere Rolle als in den beiden Phasen zuvor. Aufgrund dessen empfehlen VONDEREMBSE ET AL. für die Phasen der Reife und Sättigung im Gegensatz zu FISHER auch bei innovativen Produkten den Einsatz einer schlanken bzw. hybriden Supply Chain. Bei den oben bereits erwähnten hybriden Produkten sollte entsprechend eine – wie von CHRISTOPHER dargestellte – hybride SC-Strategie eingesetzt werden. Deren Einsatz kann über den gesamten Produktlebenszyklus erfolgen.[407] Tab. 9 fasst die Aussagen von VONDEREMBSE ET AL. zusammen.

Tab. 9: Strategieempfehlungen nach VONDEREMBSE ET AL.[408]

Produktart Produkt- lebenszyklus	Standard	Innovativ	Hybrid
Einführung	Schlanke Supply Chain	Agile Supply Chain	Hybride Supply Chain
Wachstum			
Reife		Hybride/ Schlanke Supply Chain	
Sättigung			

---

[407] Vgl. Vonderembse (2006), S. 230.
[408] Vgl. Vonderembse (2006), S. 234.

5.3.4 Branchenorientierte Typologisierung

Aufbauend auf den Erkenntnissen aus den produkt- und produktionsbezogenen Ansätzen, erweitert um Erkenntnisse aus Fallstudien in verschiedenen Branchen[409] sowie aus Forschung und Praxis, erstellen CORSTEN und GABRIEL einen weiteren Systematisierungsansatz. Dabei erfolgt die Einteilung in verschiedene SC-Typen zunächst in Abhängigkeit von der Branche, die dann anhand der Merkmale Produktstruktur sowie Wartebereitschaft bzw. Nachfrageverhalten der Kunden charakterisiert wird. Diese Merkmale sowie ihre verschiedenen Ausprägungen werden in der folgenden Tabelle zusammengefasst.

Tab. 10: Übersicht der Merkmalsausprägungen

	Merkmalsausprägungen			
Branche	Automobilindustrie	Chemie- und Pharmaindustrie	Elektronikindustrie	Konsumgüterindustrie
Nachfrage	stabil		dynamisch	
Wartebereitschaft	hoch	mittel		niedrig
Produktstruktur	physikalisch-montiert		chemisch-biologisch	

Für Produkte aus der Elektronik- und Konsumgüterindustrie liegt ein dynamisches Nachfrageverhalten vor. Die Kunden sind nicht bereit, lange auf das gewünschte Produkt zu warten und kaufen gegebenenfalls beim Wettbewerber. Der Fokus der SC-Strategie sollte hier entsprechend auf der Erhöhung der Verfügbarkeit der Produkte und der Reaktionsfähigkeit bei Bedarfsschwankungen liegen. In der Automobilindustrie sowie der Chemie- und Pharmaindustrie bestehen demgegenüber eine hohe Wartebereitschaft und eine recht stabile Nachfrage. Die Produkte werden häufig individuell nach Kundenvorgaben gefertigt. Entsprechend stehen hier Konzepte zur Reduzierung der Komplexität sowie einer Effizienzsicherung der Produktionsprozesse im Vordergrund.[410]

Eine weitere Differenzierung erfolgt anhand der Produktstruktur. CORSTEN und GABRIEL unterscheiden in physikalisch-montierte und chemisch-biologisch hergestellte Produkte. Bei physikalisch-montierten Produkten, wie sie in der Automobil- oder Elektronikindustrie vorkommen, liegt der Schwerpunkt auf der Verbesserung der Koordination mit den Liefe-

---

[409] Bei den untersuchten Industriestrukturen handelt es sich um Dominant-Design- (z. B. Automobil- und Konsumgüterindustrie), High-Tech- (z. B. Elektronikindustrie) und Science-Based-Industrie (z. B. Chemie- und Pharmaindustrie). Vgl. Corsten/Gabriel (2004), S. 237ff.
[410] Vgl. Corsten/Gabriel (2004), S. 243.

ranten, da der Anteil der eigenen Wertschöpfung in diesen Branchen stark abgenommen hat. Bei chemisch-biologisch hergestellten Produkten fällt der Wertschöpfungsanteil bei den Unternehmen hingegen deutlich höher aus, primär fokussiert wird hier die Optimierung der distributionsorientierten Koordination in Richtung des Kunden.[411]

Basierend auf dieser Differenzierung haben CORSTEN/GABRIEL eine Matrix erstellt, die als Ergebnis vier SC-Typen identifiziert:

		physikalisch-montiert	chemisch-biologisch
	stabil	Automobilindustrie **Schlanke Supply Chain**	Chemie- und Pharmaindustrie **Verbundene Supply Chain**
Nachfrage- verhalten	dynamisch	Elektroindustrie **Bewegliche Supply Chain**	Konsumgüterindustrie **Schnelle Supply Chain**

Abb. 20: SC-Typen nach CORSTEN/GABRIEL[412]

Die vier SC-Typen verbinden dabei die vorgestellten Ansätze von Fine, Vonderembse et al. und Fisher und ergänzen diese. Nach Corsten/Gabriel zeichnen sich schlanke Supply Chains besonders durch die Merkmale „integral" und „effizient" aus,[413] während sich bewegliche Supply Chains am besten durch die Attribute „modular" und „agil" charakterisieren lassen.[414] Verbundene Supply Chains lassen sich anhand der Merkmale „konzentriert" und „effizient" beschreiben.[415] Die letzte Kategorie, die schnelle Supply Chain, wird hingegen durch Eigenschaften wie „schnell" und „responsiv" charakterisiert.[416] Verbunden mit diesen Eigenschaften erstellen Corsten/Gabriel für jeden SC-Typ einen Katalog mit verschiedenen Anforderungen an deren Gestaltung.

Auch MEYR/STADTLER schlagen eine Auswahl von Merkmalen, die Supply Chains charakterisieren, vor. Ziel ist es, darauf aufbauend Entscheidungen hinsichtlich der Wahl von Methoden und Software zur Steuerung der Supply Chain treffen zu können.[417] Die Merkmale werden in funktionale und strukturelle Merkmale unterschieden, die jeweils in Merkmalsgruppen zusammengefasst werden. Dabei charakterisieren funktionale Merkmale die einzelnen

---
[411] Vgl. Corsten/Gabriel (2004), S. 243f.
[412] Vgl. Corsten/Gabriel (2004), S. 245.
[413] Zur detaillierten Beschreibung der schlanken Supply Chain vgl. Corsten/Gabriel (2004), S. 249ff.
[414] Zur detaillierten Beschreibung der beweglichen Supply Chain vgl. Corsten/Gabriel (2004), S. 259ff.
[415] Zur detaillierten Beschreibung der verbundenen Supply Chain vgl. Corsten/Gabriel (2004), S. 269ff.
[416] Zur detaillierten Beschreibung der schnellen Supply Chain vgl. Corsten/Gabriel (2004), S. 277ff.
[417] Vgl. Meyr/Stadtler (2008), S. 65.

Teilnehmer einer Supply Chain, während strukturelle Merkmale die Beziehungen zwischen den Teilnehmern beschreiben. Die funktionalen Merkmale unterteilen sich dabei nach den betrieblichen Funktionstypen Beschaffung, Produktion, Distribution und Absatz. Der Beschaffungstyp gliedert sich nach der „Anzahl und Art der Produkte" und dem „Beschaffungskonzept", der Produktionstyp nach dem „Produktionslayout" und der „Kapazitätsauslastung", der Distributionstyp nach der „Distributionsstruktur" und dem „Distributionsintervall" und der Absatztyp nach „Bill-of-materials", der „Nachfragevariabilität", dem „Produktlebenszyklus" und dem „Produktkonzept". Die strukturellen Merkmale beziehen sich neben der Struktur der Supply Chain auch auf deren Integration und Koordination. Die Struktur der Supply Chain wird erklärt durch den „Grad der Globalisierung" und den „Kundenentkopplungspunkt"; und die Merkmalsgruppe Integration und Koordination definiert sich durch die „Kooperationsrichtung" und die „Intensität des Informationsaustausches".[418]

Eine Einteilung in Typologien nehmen MEYR/STADTLER jedoch nicht vor. Allerdings nutzt FERBER diese Auswahl von Merkmalen für die Erstellung einer branchenorientierten Typologisierung. Dabei werden die Wertschöpfungsketten der Konsumgüter-, der Computer- und der Automobilbranche anhand der oben genannten Merkmale detailliert beschrieben und voneinander abgegrenzt.[419]

5.4 Vergleichende Bewertung der verschiedenen Ansätze

Die vorgestellten Ansätze machen deutlich, dass je nach Ausgangspunkt verschiedene Merkmale als Grundlage für die Systematisierung identifiziert werden können. Entsprechend gibt es zahlreiche Möglichkeiten, Supply Chains zu systematisieren, je nachdem, ob Ausgangspunkt für die Klassifizierung einzelne Merkmale, Kombinationen aus zwei oder drei Merkmalen oder ganze Merkmalsgruppen sind. Allgemein ist mit der Wahl der jeweiligen Merkmale zur Abgrenzung der Supply Chains ein gewisses Risiko verbunden, da es im Vorfeld der Systematisierung entscheidend ist, aussagekräftige Merkmale zu bestimmen. Durch die Wahl falscher, irrelevanter Merkmale kann eine Systematisierung ihr Ziel verfehlen. In diesem Zusammenhang ist auch zu bedenken, dass ein Unternehmen häufig nicht nur Teil einer Supply Chain ist. In vielen Unternehmen lassen sich mehrere Supply Chains identifizieren, die aufgrund unterschiedlicher Eigenschaften einzeln betrachtet werden

---

[418] Auf eine genaue Erläuterung der einzelnen Merkmale soll hier verzichtet werden, da diese für das weitere Vorgehen nicht von Relevanz sind. Vgl. hierzu Meyr/Stadtler (2008), S. 66ff.
[419] Vgl. Ferber (2005), S. 34ff.

müssen.[420] Würden alle Supply Chains nach einem der aufgeführten Ansätze untersucht, wäre der Aufwand sehr groß. Um diesen möglichst gering zu halten, sollte sich die Analyse daher je nach Zielsetzung auf einzelne, wichtige Supply Chains konzentrieren.[421]

Vor diesem Hintergrund sind auch die zuvor vorgestellten Ansätze kritisch zu sehen. Jeder dieser Ansätze zieht für die Systematisierung unterschiedliche SC-Merkmale heran. Eine Supply Chain kann damit aus verschiedenen Richtungen betrachtet und klassifiziert werden. Für die dargelegten Ansätze bleibt deshalb festzuhalten, dass diese keinen Anspruch auf Vollständigkeit haben, da durch die Vorauswahl an Merkmalen zur Differenzierung der Supply Chains bereits Schwerpunkte auf bestimmte Bereiche gelegt werden. Dieses wird insbesondere bei den Ansätzen auf Basis von Merkmalsgruppen auch von den Verfassern hervorgehoben. So räumen MEYR/STADTLER ein, dass die gewählten funktionalen und strukturellen Merkmale nur eine erste Einordnung von Supply Chains erlauben, die im Einzelnen weiter zu detaillieren ist.[422] Insgesamt darf nicht vergessen werden, dass es sich bei allen Ansätzen lediglich um Modelle handelt. Diese wirken prinzipiell reduzierend und können die komplexen Prozesse und Abläufe der Realität nicht vollständig wiedergeben.[423] Es sollte den Verantwortlichen daher bewusst sein, dass die Ansätze nur Orientierungshilfen bieten und zur konkreten Problemlösung weitere Analysen und Untersuchungen notwendig sind.

Weiterhin ist zu beachten, dass der Anwendungsbereich der verschiedenen Ansätze auch dadurch begrenzt ist, dass der zeitliche Aspekt nicht erfassbar ist.[424] Eine einmal vorgenommene Klassifizierung hat demnach nur begrenzt Bestand. So räumt beispielsweise ALICKE ein, dass eine Klassifizierung nach der Produktart in regelmäßigen Abständen überprüft werden sollte, um keine ungünstige Entwicklung zu verpassen.[425] Analog dazu führt FINE an, dass sich Merkmalsausprägungen im Zeitablauf ändern können. So können modulare zu integralen Produkten werden und umgekehrt.[426] VONDEREMBSE ET AL. weisen in ihrem Ansatz – wie zuvor erläutert – darauf hin, dass Produkte in unterschiedlichen Stadien des Produktlebenszyklus eine andere SC-Kategorisierung erfordern.[427] Entsprechend ist auch hier eine wiederholte Untersuchung der Systematisierung notwendig.

---

[420] Vgl. Sennheiser/Schnetzler (2008), S. 247.
[421] Eine Vorauswahl der zu untersuchenden Supply Chains kann z. B. anhand der ABC-Klassifizierung von Produkten erfolgen oder ausgehend davon, wo Engpässe im Prozess vorliegen. Vgl. Meyr/Stadtler (2008), S. 71.
[422] Vgl. Meyr/Stadtler (2008), S. 70f.
[423] Vgl. Konrad (2005), S. 230.
[424] Vgl. Konrad (2005), S. 230.
[425] Vgl. Alicke (2005), S. 151.
[426] Hier wird in der Literatur als Beispiel die Entwicklung der PC-Industrie genannt, die sich früher durch integrale Produkte und heute durch einen hohen Grad an Modularität auszeichnet. Vgl. Fine (2000), S. 216.
[427] Vgl. Vonderembse et al. (2006), S. 234ff.

Darüber hinaus ist zu bedenken, dass Merkmalsausprägungen nicht immer klar voneinander abgegrenzt oder gewisse Merkmale nicht getrennt voneinander betrachtet werden können[428] und es dadurch auch fließende Übergänge zwischen zwei SC-Kategorien geben kann. Letztlich ist es beispielsweise in Teilen eine subjektive Einschätzung, welcher Produktart ein Verantwortlicher die relevanten Produkte zuordnet, wodurch sich unterschiedliche Ergebnisse hinsichtlich der Bestimmung des SC-Typs ergeben können. Gerade bei den Ansätzen, die sich auf das Merkmal „Produktart" beziehen, wird das zuvor angesprochene Problem sich überschneidender Merkmalsausprägungen deutlich. In dem Ansatz von FISHER ist erkennbar, dass physisch gleiche Produkte sowohl innovativ als auch funktional sein und damit beide möglichen Merkmalsausprägungen annehmen können.[429] Die Existenz von Produkten, die funktionale und innovative Eigenschaften vereinen, beweisen LO/POWER auch empirisch. So gibt sogar die Mehrzahl der befragten Unternehmen an, dass ihre Produkte einen „gemischten Charakter" aufweisen.[430] Entsprechend wurden bei dem auf FISHER aufbauenden Ansatz von VONDEREMBSE ET AL. die hybriden Produkte als weitere Produktgruppe eingeführt, die innovative und funktionale Eigenschaften vereint.

Bezüglich der vorherigen Kritikpunkte sind unter den vorgestellten Ansätzen jedoch noch Abstufungen zu beachten. So sind einige der Ansätze, wie die produktionsorientierten Typologisierungen, eher breiter ausgelegt und berücksichtigen zahlreiche Merkmale für die Systematisierung einer Supply Chain.[431] Dadurch wird eine umfassendere Systematisierung ermöglicht als durch die Ansätze, die ihre Differenzierung nur auf wenige Merkmale stützen. In diesem Fall sind die SC-Typen häufig ausgehend von einer konkreten, eng gefassten Fragestellung konzipiert, und die Systematisierung ist entsprechend speziell.[432] Hier sind insbesondere die produktorientierten Ansätze zu nennen, die ihre Typologisierung ausschließlich am Merkmal des Produkttyps festmachen. Die branchenorientierten Ansätze stützen sich zwar auf eine Reihe von Merkmalen, decken aber letztendlich über die Zuordnung zu ausgewählten Branchen ebenfalls nur einen bestimmten Teil von SC-Typen ab. Diese Ansätze sind wegen ihrer eingeschränkten Sichtweise für den Einsatz in der Praxis daher nur in einem begrenzten Maße geeignet. Die kooperationsorientierte Typologisierung weist hingegen die Schwierigkeit auf, dass die Merkmale zur Charakterisierung der einzelnen SC-Typen in der Realität nur schwer gestaltbar sind. Daher bietet dieser Systematisierungs-

---

[428] So gibt es Fälle, in denen eine positive Korrelation zwischen bestimmten Merkmalen vorliegt (z. B. der zuvor erwähnte Zusammenhang zwischen Produktart und Produktlebenszyklus) und diese entsprechend eng miteinander verbunden sind.
[429] Vgl. Fisher (1997), S. 108.
[430] Vgl. Lo/Power (2010), S. 145.
[431] Beispielsweise der zuvor beschriebene Ansatz der schlanken, agilen und hybriden Supply Chain.
[432] Beispielsweise der zuvor dargelegte Ansatz der effizienten und responsiven Supply Chain.

ansatz weniger eine Grundlage für die Ableitung von Handlungsempfehlungen, sondern vielmehr eine Möglichkeit zur Beschreibung der Zusammenarbeit der verschiedenen, in eine Supply Chain eingebundenen Unternehmen.[433]

Zudem wird in der Literatur auch die primär auf der Prognostizierbarkeit der Nachfrage aufbauende Produktbeschreibung und die dieser zugrunde liegende SC-Typologisierung kritisiert. Dabei wird so argumentiert, dass die Frage, ob die Nachfrage nach einem Produkt prognostizierbar sei oder nicht, weniger vom Produkttyp, sondern eher davon abhängt, an welcher Stelle der Supply Chain sich das produzierende Unternehmen befindet.[434] Weiter vom Kunden entfernte SC-Unternehmen weisen eine schlechtere Prognostizierbarkeit der Nachfrage auf als marktnähere Unternehmen.[435] Darüber hinaus wird auch der grundsätzliche, von FISHER unterstellte Zusammenhang zwischen Produktart und SC-Typ hinterfragt. Hierbei zeigt die empirische Studie von LO/POWER, dass dieser Zusammenhang in den befragten Unternehmen nicht nachgewiesen werden kann. Dies gilt sowohl für eine generelle Beziehung zwischen diesen beiden Faktoren als auch für die funktionalen Produkte mit der Effizienzorientierung und die innovativen Produkte mit der responsiven Orientierung der Supply Chain.[436] Daher folgern die Autoren, dass ein umfassenderer Ansatz unter Einbeziehung weiterer Faktoren, wie der SC-Struktur oder des Verhältnisses der SC-Partner, eine geeignetere Basis für die Ableitung verschiedener SC-Typen bildet.[437]

5.5 Entwicklung eines eigenen Ansatzes zur SC-Typologisierung

Die Konzeptionierung einer SC-Typologie erfolgt vor dem Hintergrund der zuvor dargelegten vergleichenden Bewertung der in der Literatur existierenden Ansätze und der hieran herausgearbeiteten Kritikpunkte. Daher werden die produktorientierte und die branchenorientierte Typologisierung von der weiteren Betrachtung ausgeschlossen. Dabei wird die eingeschränkte Sichtweise der produktorientierten Typologisierung aufgrund der Fokussierung auf nur ein Merkmal durch die oben erwähnte empirische Untersuchung von LO/POWER gestützt. Der begrenzte Einsatzbereich der branchenorientierten Typologisierung ergibt sich als logische Konsequenz aus der Konzentration auf ausgewählte Branchen bei der

---

[433] Vgl. Prockl (2008), S. 231.
[434] Vgl. Lee/Tang (1997), S. 40.
[435] Dieses Problem wird durch den Bullwhip-Effekt beschrieben und in einer funktionierenden Supply Chain abgeschwächt. Vgl. zum Bullwhip-Effekt auch Abschnitt 2.1.2.2.
[436] Ein Zusammenhang sowohl zwischen schlanken Supply Chains und funktionalen Produkten als auch zwischen agilen sowie hybriden Supply Chains und innovativen Produkten wurde hingegen in der oben dargelegten empirischen Untersuchung von QI/BOYER/ZHAO gezeigt. Vgl. Abschnitt 4.4.1.
[437] Vgl. Lo/Power (2010), S. 146.

Zuordnung entsprechender SC-Typen. Die auf Produktionsstrategien basierende Typologisierung ermöglicht hingegen wegen der Einbeziehung einer breiten Palette von Merkmalen eine umfassendere Systematisierung und bietet so einen sinnvollen Ansatzpunkt für die Einordnung von Wertschöpfungsketten in verschiedene SC-Typen.

Dementsprechend wird die produktionsorientierte Typologisierung als Grundlage für die eigene SC-Typologisierung genutzt. Hierbei wird die Untergliederung nach schlanker, agiler und hybrider Supply Chain in Anlehnung an NAYLOR/NAIM/BERRY übernommen, jedoch um einige Merkmale erweitert, die in der ursprünglichen Typologisierung nicht im Rahmen dieser SC-Arten diskutiert, aber als charakteristisch für diese angesehen werden. Es werden insbesondere solche Charakteristika ergänzt, die die Beziehung der SC-Partner untereinander beschreiben bzw. die SC-Struktur widerspiegeln. Damit wird die oben bereits erwähnte Forderung von LO/POWER zur Fundierung der SC-Typologien über derartige Merkmale aufgegriffen. Diese stellen auch einen Bezug zur Kooperationsorientierung bei der Abgrenzung verschiedener SC-Typen her. Da die kooperationsorientierten Merkmale – wie oben bereits dargelegt – weniger als alleinige Basis für Handlungsempfehlungen geeignet sind, aber eine gute Option zur vertiefenden Beschreibung des Zusammenwirkens zwischen den SC-Partnern in unterschiedlichen SC-Typen darstellen, ermöglichen sie eine adäquate Fundierung der produktionsorientierten Typologisierung.

In diesem Zusammenhang wird auf die Charakteristika „Kopplung der SC-Unternehmen", „Austauschbarkeit der SC-Partner" und „Synchronisation der Prozesse" aus dem zuvor vorgestellten Ansatz von FINE zurückgegriffen. Über diese Kriterien wird einerseits das Verhältnis zwischen den SC-Partnern hinreichend dargestellt, andererseits können die schlanken, agilen und hybriden Supply Chains hiermit gut voneinander abgegrenzt werden. Zudem soll das in den Originalquellen zwar angesprochene, jedoch nicht weiter in die Betrachtung einbezogene Kriterium der „Kapazitätsbeanspruchung" von FISHER ergänzt werden, da dieses in der Produktion eine zentrale Aktionsvariable darstellt.

Der Ansatz von VONDEREMBSE ET AL. wird insoweit Berücksichtigung finden, dass davon ausgegangen wird, dass schlanke Supply Chains eher Standardprodukte und innovative Produkte in der zweiten Hälfte ihres Produktlebenszyklus, in der diese auch bereits wesentliche Eigenschaften von Standardprodukten aufweisen, fertigen. Agile Supply Chains produzieren hingegen in erster Linie innovative Erzeugnisse in der ersten Hälfte ihres Lebenszyklus und hybride Supply Chains hybride Erzeugnisse.[438]

Primäres Ziel der schlanken Supply Chain ist, wie im ursprünglichen Konzept von NAYLOR/NAIM/BERRY zugrunde gelegt, die Kostenminimierung über die Eliminierung von Prozessen, die nicht zur Wertschöpfungssteigerung beitragen. Entsprechend dem Konzept der Schlanken Produktion spielen dabei auch die Ziele der Qualität der Produkte sowie der Reduzierung der Durchlaufzeiten eine zentrale Rolle. Die schlanke Supply Chain weist somit die in Abschnitt 2.1.2.2 dargelegten typischen SCM-Ziele Kosten, Qualität und Zeit auf. Da von dieser Art Supply Chain Standardprodukte auf bestehenden Märkten angeboten werden, liegt eine verhältnismäßig stabile Nachfrage vor, die sich recht gut im Vorhinein prognostizieren lässt. Dies wird auch begünstigt durch die verhältnismäßig langen Produktlebenszyklen, während denen strategische Lieferantenbeziehungen aufgebaut werden sollen. Hierdurch liegt eine eher statische Organisationsstruktur vor.

Die agile Supply Chain hat – wie bei NAYLOR/NAIM/BERRY – als oberstes Ziel die Maximierung der Flexibilität, wobei die Sicherstellung der Qualität der Produkte und die Reduzierung der Durchlaufzeiten gleichermaßen von Wichtigkeit sind wie in der schlanken Supply Chain. Damit erfahren die Ziele des SCM eine Erweiterung um die Größe der Flexibilität, so dass der agilen Supply Chain die Zieldimensionen Flexibilität, Qualität und Zeit zugrunde liegen. Aufgrund des Angebots innovativer Produkte am Anfang ihres Lebenszyklus ist hier die Rekonfiguration der Produktionsprozesse bei speziellen Kundenwünschen von besonderer Bedeutung. Daher liegen häufig produktspezifische, virtuelle Partnerschaften vor. Die Kostenminimierung wird hier nur nachrangig angestrebt, zumal die innovativen Produkte am Anfang ihres Lebenszyklus in der Regel zu hohen Preisen abgesetzt werden können und die entsprechenden Supply Chains daher nur in beschränktem Maße dem Preiswettbewerb unterliegen. Ein weiteres Charakteristikum dieser SC-Art ist, dass die Erschließung neuer Märkte dazu beiträgt, die Nachfrage nur sehr schlecht prognostizieren zu können.

Für das in dem hier vorgestellten Ansatz ergänzte Kriterium der Kapazitätsbeanspruchung gilt, dass die vorhandenen Kapazitäten in der schlanken Supply Chain aufgrund des obersten Ziels der Kostenminimierung bestmöglich auszulasten sind. Die agile Supply Chain ist

---

[438] Obwohl diese Annahme tendenziell zutrifft, zeigt sich in der Praxis allerdings, dass auch Wertschöpfungsketten, die keine innovativen Produkte in der Anfangsphase ihres Lebenszyklus fertigen, zur Differenzierung im Wettbewerb teilweise vermehrt Charakteristika agiler Supply Chains aufweisen, da Kosteneinsparungspotentiale weitgehend ausgeschöpft sind. Vgl. hierzu die empirischen Befunde zur Automobilindustrie von KARRER in Abschnitt 4.4.2.

hingegen bemüht, gewisse Kapazitätsreserven vorzuhalten, um einen plötzlichen Anstieg der Nachfrage nach verschiedenen Produktvarianten befriedigen zu können. Den erhöhten Kosten kommt dabei nur eine nachrangige Bedeutung zu.[439]

Die zusätzlichen Kriterien „Kopplung der SC-Unternehmen", „Austauschbarkeit der SC-Partner" und „Synchronisation der Prozesse" stellen die eigentliche Fundierung des Ansatzes von NAYLOR/NAIM/BERRY dar. Sie spiegeln – wie oben bereits erwähnt – die im ursprünglichen Konzept nicht näher betrachtete Zusammenarbeit bzw. das Verhältnis zwischen den SC-Partnern wider.

Das Kriterium „Kopplung der SC-Unternehmen" gibt dabei an, wie eng die verschiedenen SC-Partner miteinander verzahnt sind bzw. wie intensiv der Informationsaustausch zwischen diesen stattfindet. Hierbei soll zwischen der Kopplung der SC-Unternehmen beim Aufbau der Beziehungen und der Kopplung der SC-Unternehmen in der Betriebsphase der Supply Chain unterschieden werden. Bei der schlanken Supply Chain wird – wie zuvor schon erläutert – der Aufbau langfristiger Beziehungen zu den SC-Partnern, insbesondere den Lieferanten, angestrebt, was sich mit den recht langen Produktlebenszyklen und dem Fokus auf Kosten und Qualität begründen lässt. Die Minimierung des Lagerbestandes wird dabei meist mit einer Just in Time-Lieferung erzielt.[440] Insbesondere beim Aufbau der Beziehungen zu den Lieferanten findet hierbei ein reger Informationsaustausch zwischen den SC-Partnern statt. So kann aufgrund der verhältnismäßig stabilen Nachfrage ein langfristiger Produktionsplan festgelegt werden. In diesem Zusammenhang werden intensive Verhandlungen über Rahmenverträge mit den Lieferanten geführt, in denen für eine bestimmte Periode die Lieferkonditionen vereinbart werden.[441] Aber auch während der Betriebsphase der Supply Chain müssen Informationen zwischen Lieferant und Endprodukthersteller ausgetauscht werden, damit die Lieferanten die Materialien und/oder Produktkomponenten rechtzeitig produzieren und bedarfssynchron liefern können, damit es nicht zu einem Produktionsstillstand beim Endprodukthersteller kommt.

Aufgrund der kürzeren Produktlebenszyklen und der schlecht prognostizierbaren Nachfrage in der agilen Supply Chain verschiebt sich der Fokus des Informationsaustausches von der Aufbauphase verstärkt in die Phase des Betriebs der Supply Chain. So werden die vertraglichen Regelungen beim Aufbau der SC-Partnerschaften möglichst reduziert, um einen

---

[439] Vgl. zum Kriterium der Kapazitätsbeanspruchung auch Vonderembse et al. (2006), S. 229.
[440] Vgl. Bogaschewsky/Rollberg (2002), S. 288.
[441] Vgl. de Treville/Shapiro/Hameri (2004), S. 615; vgl. Hilletofth (2009), S. 19.

schnellen Zusammenschluss der SC-Unternehmen zu realisieren.[442] Zudem sind viele SC-Aktivitäten auf dem hier vorliegenden volatilen Markt nicht im Vorhinein planbar. Dementsprechend fällt auch der Informationsaustausch in der Aufbauphase der Beziehungen deutlich geringer aus als in der schlanken Supply Chain. Allerdings müssen vermehrt Informationen während der Betriebsphase der Supply Chain zur Verfügung gestellt werden, um zeitnah auf die Nachfrage nach verschiedenen Produktvarianten reagieren zu können. Dabei finden in der agilen Supply Chain Konzepte wie Efficient Consumer Response Einsatz.[443] Efficient Consumer Response strebt die „Kopplung realer Verkaufsdaten, Bestell- und Produktionsdaten"[444] an, d. h. es findet ein ständiger Austausch von aktuellen Bestellzahlen der Endkunden statt, die vom Handel erfasst und den anderen SC-Mitgliedern automatisiert übermittelt werden. Diese können dann entsprechend die Produktion der vom Kunden gewünschten Produktvarianten auslösen, so dass eine flexible Reaktion auf die Anforderungen des Marktes erfolgt. Abgesehen von der Tatsache, dass hier im Gegensatz zur schlanken Supply Chain der Informationsaustausch in der Betriebsphase besonders intensiv ausfällt, ist bemerkenswert, dass über die nachfragegetriebene Produktion eine verstärkte Kopplung mit dem Kunden zugrunde liegt.[445] So existiert neben dem Informationsaustausch zwischen Lieferant und Hersteller auch ein ständiger Informationsfluss in Richtung des Kunden, da die Nachfragedaten der Kunden vom Handel laufend an die Produzenten weitergeleitet werden.[446]

Das Kriterium „Austauschbarkeit der SC-Partner" zeigt an, inwieweit es im jeweiligen SC-Typ möglich ist, die Partner durch andere Unternehmen zu substituieren bzw. ob ein Wechsel der Lieferanten durchgeführt werden kann. In der schlanken Supply Chain wird darauf abgezielt, solche Lieferanten auszuwählen, die bei niedrigen Kosten eine möglichst hohe Qualität garantieren, wobei eine langfristige Lieferantenbeziehung etabliert werden soll. Dies begründet sich auch durch die hiermit häufig verbundene Einführung eines Just in Time-Konzeptes, bei dem – wie zuvor dargelegt – grundsätzlich strategische Beziehungen zu den Lieferanten angestrebt werden. Beim Aufbau einer solchen Lieferantenbeziehung entstehen erhebliche Kosten, da komplexe Verträge gestaltet werden müssen. Daraus ergibt sich, dass ein Lieferantenwechsel enorme Kosten verursachen würde, so dass dieser nur aus schwerwiegenden Gründen, wie z. B. stark nachlassender Qualität trotz des Zugrundeliegens eines Anreizsystems, durchgeführt werden würde. Grundsätzlich ist aber anzumerken, dass ein

---

[442] Vgl. die Erläuterungen zum Konzept des Agile Manufacturing in Abschnitt 5.3.3.
[443] Vgl. Christopher/Towill (2000), S. 208.
[444] Vgl. Baumgarten/Darkow (2004), S. 100.
[445] Vgl. Vonderembse (2006), S. 228f.
[446] Dieser intensive, aber auch kundenseitige Informationsaustausch wurde durch die Studien in Abschnitt 4.4.2 bestätigt, in denen sich ein ausgeprägtes Performance Measurement sowie eine besonders starke Kundenorientierung der Kennzahlen bei Supply Chains, die innovative Produkte herstellen, zeigten.

solcher Lieferantenwechsel aufgrund der Produktion von Standardprodukten bzw. innovativen Produkten, die schon länger auf dem Markt sind und daher bereits von mehreren Unternehmen angeboten werden, prinzipiell möglich wäre. Dies ist in der agilen Supply Chain nicht der Fall. Da diese Art von Supply Chain innovative Produkte am Anfang ihres Lebenszyklus fertigt, steht hier für gewisse Produktkomponenten unter Umständen nur ein Lieferant, der sogenannte „Pionier"[447] auf diesem Gebiet, zur Verfügung. Daraus resultiert, dass ein Lieferantenwechsel im Gegensatz zur schlanken Supply Chain nicht lediglich zu hohen Kosten führt, sondern teilweise gar nicht realisierbar ist.

Das Kriterium „Synchronisation der Prozesse" bezieht sich auf die Koordination des Ablaufs der Prozesse zwischen den SC-Partnern im Sinne der Vermeidung von zeitlichen Verzögerungen zwischen diesen Prozessen. Die geforderte Minimierung des Lagerbestandes in der schlanken Supply Chain bedingt die Synchronisation der Distributionsprozesse der Lieferanten mit den Produktionsprozessen des Endproduktherstellers, da bei einer zeitlichen Abstimmung dieser Prozesse die Materialien bzw. Produktkomponenten nicht zwischengelagert werden müssen. Auch die Auslieferung an den Kunden sollte sich möglichst ohne zeitliche Verzögerung an den Produktionsprozess anschließen, damit im Bereich des Endproduktlagers ebenfalls die Kosten minimiert werden können. Das Just in Time-Prinzip, das mit der schlanken Supply Chain in Verbindung gebracht wird, zielt genau auf diese durchgängigen Materialflüsse ab.[448]

In der agilen Supply Chain ist die Synchronisation der Distributions- und Produktionsprozesse zwischen Lieferant und Endprodukthersteller nicht von so herausragender Bedeutung, da hier nicht die Minimierung der Lagerbestände angestrebt wird. Stattdessen sollen sogar gewisse Lagerbestände an Materialien und/oder Produktkomponenten, aber auch entsprechende Produktionskapazitäten vorgehalten werden, um eine schnelle Reaktion auf individuelle Kundenwünsche zu erlauben. Ziel ist es, dass der Produktionsprozess ausgelöst werden kann, sobald die jeweiligen Kundenaufträge eintreffen. Daher kann hier von der zeitlichen Abstimmung der Produktionsprozesse beim Endprodukthersteller auf die Informationsflüsse seitens des Kunden gesprochen werden. Idealerweise sollte sich der Produktionsprozess ohne zeitliche Verzögerung an den Erhalt der Information, welche

---

[447] Als „Pionier" wird ein Unternehmen bezeichnet, das ein innovatives Produkt als erstes auf den Markt bringt. Hierdurch entsteht zunächst ein temporäres Monopol, bevor die „Verfolger" das Produkt kopieren und auch in den Markt eintreten. Vgl. hierzu auch die Wettbewerbstheorie nach Schumpeter (1939). In dem hier vorliegenden Fall würde sich der Begriff auf den (vorübergehend) einzigen Lieferanten innovativer Produktkomponenten bzw. Materialien beziehen.

[448] Vgl. Lackes (1995), S. 7. Alternativ könnte dementsprechend auch von einer Synchronisation der Materialflüsse zwischen Lieferant und Hersteller gesprochen werden.

Produktvariante gewünscht wird, anschließen. Zudem sollte – wie in der schlanken Supply Chain – die Auslieferung an den Kunden möglichst zeitnah im Anschluss an den Fertigstellungszeitpunkt erfolgen.

In den vorhergehenden Abschnitten wurde eine eingehende Betrachtung der das ursprüngliche Konzept von NAYLOR/NAIM/BERRY ergänzenden Kriterien für die beiden „Extreme" der schlanken und der agilen Supply Chain vorgenommen. Die hybride Supply Chain fand keine nähere Betrachtung, da diese zwar in der Praxis eine wichtige Rolle spielt,[449] allerdings hier insoweit eine Integration der Überlegungen realisiert werden kann, dass für die Grundbauteile eher die Ausführungen für Standardprodukte und für die Variantenbildung die Handlungsempfehlungen für die innovativen Produkte gelten.[450]

Die folgende Tabelle fasst die vorherigen Erläuterungen zur Entwicklung einer SC-Typologie als Fundierung der Systematisierung nach Produktionskonzepten in Anlehnung an NAYLOR/NAIM/BERRY zusammen.

---

[449] Vgl. die vorne bereits erwähnten Ergebnisse der empirischen Untersuchung von Lo/Power (2010).
[450] Vgl. Vonderembse et al. (2006), S. 230.

Tab. 11: SC-Typologie auf Basis des Ansatzes von NAYLOR/NAIM/BERRY

	Schlanke Supply Chain	**Agile Supply Chain**	**Hybride Supply Chain**
Zieldimensionen	Kosten, Qualität, Zeit	Flexibilität, Qualität, Zeit	für das Gesamtprodukt neben Qualität und Zeit auch hohe Bedeutung der Kosten, für die Komponenten auch verstärkt der Flexibilität
Fertigungsmethode	Schlanke Produktion	Agile Produktion	schlanke Verfahren bei Standardprodukten, flexible bei Variantenfertigung
Kapazitätsauslastung	hohe Auslastung	Kapazitätsreserven vorhalten	eingeschränkte Kapazitätsreserven für Varianten vorhalten
Länge des Produktlebenszyklus	minimal 2 Jahre	maximal 2 Jahre, aber eher kürzer	„Assemble-to-order", Produkte lange in der Reifephase
Marktabdeckung	Bedienung bestehender Märkte	Eintritt in neue Märkte	Erweiterung bestehender Märkte
Nachfrage	stabil und gut prognostizierbar	schlecht prognostizierbar	Nachfrage nach Gesamtprodukt gut prognostizierbar, nach Komponenten schlecht
Organisationsstruktur	statisch	häufig virtuelle, produktspezifische Partnerschaften	ähnlich schlanker, aber auf Komponentenebene teilweise auch ähnlich agiler Supply Chain
Kopplung der SC-Unternehmen	Schwerpunkt besonders in der Aufbau-, aber auch in der Betriebsphase, primär lieferantenseitig	Schwerpunkt besonders in der Betriebs-, aber auch in der Aufbauphase, lieferanten- und kundenseitig	sowohl in der Aufbau- als auch in der Betriebsphase, für Grundprodukt und einzelne Varianten
Austauschbarkeit der SC-Partner	prinzipiell aufgrund der Standardprodukte gegeben, aber kostenintensiv	teilweise wegen der innovativen Produkte nicht gegeben	grundsätzlich nicht gewünscht, aber bei Standardprodukten prinzipiell möglich
Synchronisation der Prozesse	Produktions- und Distributionsprozesse der Lieferanten und des Endproduktherstellers, zeitnahe Lieferung an den Kunden	Produktionsprozesse des Endproduktherstellers und Informationsflüsse des Kunden, schnelle Lieferung an den Kunden	lieferanten- und kundenseitig bezüglich der für die schlanke und die agile Supply Chain genannten Prozesse

Die zuvor abgeleitete Typologie bildet die Grundlage für die Entwicklung eines differenzierten Performance Measurement-Konzepts im nächsten Kapitel.

6. Konzeptionierung eines differenzierten Performance Measurement in Supply Chains

Im Zusammenhang mit der Konzeptionierung eines Performance Measurement erfolgt zunächst eine kurze Erläuterung der im Rahmen der Prozessschritte zu treffenden Entscheidungen, bevor die Inhalte der einzelnen Schritte mit Bezug auf die unterschiedlichen SC-Typen in den folgenden Unterkapiteln detailliert diskutiert werden.

6.1 Prozessschritte bei der Einführung eines Performance Measurement-Konzepts

Der Prozess zur Einführung des Performance Measurement-Konzepts gliedert sich in die Vorbereitungs-, die Entwicklungs- und die Implementierungsphase. Die Vorbereitungsphase umfasst dabei die Entscheidungen, die der eigentlichen Entwicklung eines Performance Measurement-Konzepts vorausgehen und unterteilt sich in die Ableitung der SC-Strategie sowie die Bestimmung der organisatorischen Verankerung des Performance Measurement. Die Entwicklungsphase beinhaltet die Entscheidung über einzusetzende Kennzahlen, die Auswahl der Instrumente des Performance Measurement und die anschließende Einbindung der ausgewählten Kennzahlen in die entsprechenden Instrumente. In einem abschließenden Schritt werden die Kennzahlen im Rahmen einer regelmäßigen Leistungsmessung in der Supply Chain implementiert. Die folgende Abbildung zeigt die zuvor genannten Schritte und ihre Zusammenhänge.

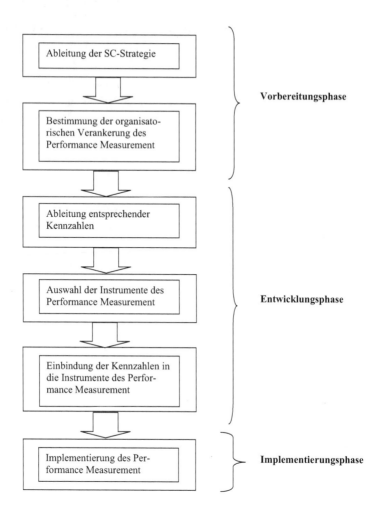

Abb. 21: Prozess zur Einführung eines differenzierten Performance Measurement-Konzepts

Die *Ableitung der SC-Strategie* ist Voraussetzung für die Entwicklung eines differenzierten, auf die Strategie ausgerichteten Performance Measurement-Konzepts. Die unterschiedlichen SC-Typen spiegeln dabei verschiedene strategische Ausrichtungen einer Supply Chain wider. Letztendlich geht es in diesem Schritt also darum, wie eine Supply Chain einem der zuvor identifizierten Typen zugeordnet werden kann.

Die *organisatorische Verankerung des Performance Measurement* betrifft die Frage, wer die Aufgaben des Performance Measurement in der Supply Chain übernehmen wird. Diese ist besonders vor dem Hintergrund der Beteiligung mehrerer Unternehmen von Interesse, wodurch es bei der Durchführung eines Performance Measurement zu enormem Koordinationsaufwand, aber auch zu opportunistischem Verhalten kommen kann. Zudem gilt es zu berücksichtigen, welchem SC-Typ die Wertschöpfungskette im vorherigen Schritt zugeordnet wurde. Eine entsprechende Lösung, die klare Zuständigkeiten bei der Entwicklung und Umsetzung eines Performance Measurement-Konzepts schafft, muss folglich unter Berücksichtigung dieser Aspekte gefunden werden.

Die *Ableitung entsprechender Kennzahlen* stellt den grundlegenden Schritt bei der Entwicklung des Performance Measurement-Konzepts dar und schafft die Voraussetzung für weitergehende Überlegungen bezüglich der Leistungsmessung. Zentrales Augenmerk liegt hierbei darauf, die Kennzahlen der Strategie anzupassen, so dass auf Basis der zuvor identifizierten SC-Typen die Durchführung eines differenzierten Performance Measurement realisiert werden kann.

Die *Auswahl der Instrumente des Performance Measurement* ist primär von Interesse, da entsprechende Instrumente zunächst ausschließlich für den unternehmensinternen Kontext entwickelt wurden. Daher gilt es, deren Einsatzmöglichkeiten für Supply Chains zu bewerten. Darüber hinaus sollen aufgrund des Anspruchs der Entwicklung eines differenzierten Performance Measurement-Konzepts Empfehlungen für den Instrumenteneinsatz in den verschiedenen SC-Typen herausgearbeitet werden.

Die *Einbindung der Kennzahlen* in die Instrumente des Performance Measurement verbindet die beiden vorherigen Schritte, indem dargestellt wird, wie die strategieorientierten Kennzahlen in die für die SC-Typen zu empfehlenden Instrumente integriert werden können. Hierdurch wird ein schnellerer und umfassenderer Überblick gewährleistet als über die einzelnen Kennzahlen.

Die *Implementierung des Performance Measurement* wird als abschließender Schritt des Prozesses betrachtet und bezeichnet die Überführung des Performance Measurement-Konzepts in den regelmäßigen Betrieb. Obwohl die Implementierung eher routinemäßige Vorgänge umfasst, stellt sie in der Praxis eine wichtige Herausforderung dar und ist letztendlich der entscheidende Faktor für den erfolgreichen Abschluss der Einführung eines Performance Measurement-Konzepts.

Diese Prozessschritte laufen zwar bei der Einführung des Konzepts zunächst sequentiell ab, bei dessen Betrieb ergeben sich jedoch Rückkoppelungen im Prozessablauf. Dabei wird insbesondere bei starken Veränderungen bestimmter Kennzahlenwerte eine Modifikation der Strategie stattfinden. So ist etwa vorstellbar, dass bei zurückgehender Kundenzufriedenheit in Maßnahmen zur Flexibilitätssteigerung investiert und daher eine entsprechende Anpassung der Strategie realisiert wird.

6.2 Ableitung einer SC-Strategie als Grundlage eines Performance Measurement

Im Rahmen der Ableitung der SC-Strategie soll zunächst auf die Strategieplanung im Allgemeinen, aber auch für den unternehmensübergreifenden Zusammenhang eingegangen werden. Darüber hinaus wird die Strategieplanung operationalisiert, indem für den konkreten Anwendungskontext gezeigt wird, wie eine Supply Chain als einer der zuvor abgegrenzten Typen identifiziert werden kann.

6.2.1 Bestimmung der strategischen Ausgangsposition in der Supply Chain

Die Bestimmung der strategischen Ausgangsposition der Supply Chain zielt auf die Ableitung einer gemeinschaftlichen SC-Strategie, die einen Ausgleich zwischen den Interessen aller SC-Unternehmen schaffen muss. Der Begriff der SC-Strategie ist in der einschlägigen Literatur allerdings nicht eindeutig definiert. Hier soll in Anlehnung an HOFMANN davon ausgegangen werden, dass die SC-Strategie dazu dient, die Anforderungen des Marktes mit den SC-Potentialen zu verbinden, um Wettbewerbsvorteile zu generieren.[451] Strategien bestehen dabei aus einer Vielzahl miteinander zusammenhängender und somit abhängiger Einzelentscheidungen.[452] Diese betreffen beispielsweise das Produktprogramm, das Wettbewerbsverhalten, die Ressourcenallokation oder die Struktur der Supply Chain.[453]

Grundsätzlich kann bei der Abstimmung der Strategien auf den Begriff des doppelten strategischen Fit[454] nach ANSOFF Bezug genommen werden. Dieser besagt, dass Unternehmen bei ihrer Strategieplanung einerseits auf die interne Struktur, andererseits aber auch auf die Anforderungen des Marktes Rücksicht nehmen müssen.[455] Dabei ist der Einsatz der im Unternehmen vorhandenen Ressourcen auf die wechselnden Umweltbedingungen abzustim-

---
[451] Vgl. Hofmann (2010), S. 259. Die SC-Typen aus Unterkap. 5.5 spiegeln verschiedene SC-Strategien wider, die auf die Marktanforderungen nach einer Kostensenkung bzw. einer Flexibilitätssteigerung abgestimmt sind.
[452] Vgl. Winkler (2005), S. 250.
[453] Vgl. Beckmann (2004), S. 56ff.
[454] Der Begriff „Fit" bezeichnet dabei eine Harmonisierung bzw. Stimmigkeit.
[455] Vgl. Ansoff (1979), S. 12.

men. Im unternehmensübergreifenden Zusammenhang ist darüber hinaus jedoch zu beachten, dass zwischen den Unternehmensstrategien und der SC-Strategie ein strategischer Fit vorliegen muss. Dieser sollte in einem wechselseitigen Prozess realisiert werden, so dass nicht nur die Unternehmensstrategien an die SC-Strategie angepasst werden, sondern in besonderen Fällen gleichfalls die SC-Strategie einer entsprechenden Modifikation unterzogen werden kann. Die Idee des doppelten strategischen Fit für den interorganisationalen Kontext zeigt Abb. 22.

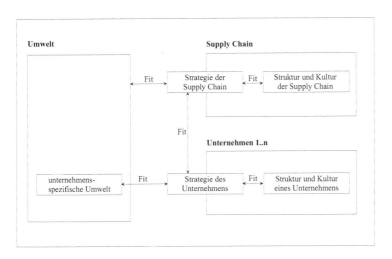

Abb. 22: Doppelter strategischer Fit in der Supply Chain[456]

In ähnlicher Weise beschreibt LOCKAMY, dass in Supply Chains eingebundene Unternehmen einerseits intern untereinander konsistente Unternehmens-, Geschäftsbereichs- und Produktionsstrategien entwickeln sollten, die andererseits mit der SC-Strategie in Übereinstimmung gebracht werden müssen. Dabei bezieht sich diese auch auf zusätzliche, nur den unternehmensübergreifenden Bereich betreffende Aspekte, wie beispielsweise den Ein- und Austritt neuer SC-Partner.[457]

Wie die Abstimmung der verschiedenen SC-Partner auf eine SC-Strategie im Einzelnen erfolgt, hängt von den Dominanzbeziehungen der in die Supply Chain eingebundenen Unternehmen ab. Dabei wird zwischen hierarchischer und heterarchischer Koordination unterschieden. Bei der hierarchischen Koordination existiert ein fokales Unternehmen in der

---
[456] Vgl. Winkler (2005), S. 266.
[457] Vgl. Lockamy (2004), S. 413ff.

Supply Chain, so dass dessen Strategie maßgeblich die Strategie der gesamten Supply Chain beeinflusst. Die Abstimmung der SC-Strategie wird also von dem fokalen Unternehmen dominiert, wobei die anderen Unternehmen in der Regel dazu gedrängt werden, ihre Strategien in weiten Teilen der des fokalen Unternehmens anzupassen. Im Falle einer heterarchischen Beziehung zwischen den SC-Partnern erfolgt die Ableitung der Strategie hingegen im Rahmen dezentraler Abstimmungsprozesse. An dieser Stelle ist die Koordinationsfunktion des Supply Chain Controlling von besonderer Bedeutung, da das Supply Chain Controlling bei der Abstimmung der verschiedenen Unternehmensstrategien zu einer SC-Strategie eine wichtige Rolle spielt und zur Harmonisierung der Strategien beiträgt.[458] Dabei hat das Supply Chain Controlling vor allem geeignete Abstimmungsmechanismen auszuwählen.[459] So sind bei Veränderungen der individuellen Unternehmensstrategien Interessenkonflikte gegebenenfalls durch finanzielle Anreize für die betroffenen Unternehmen zu regeln.[460] Grundsätzlich wird der Strategiefindungsprozess natürlich dadurch erleichtert, dass sich Unternehmen SC-Partner aussuchen, die ihre individuelle Unternehmensstrategie unterstützen bzw. die bereits vor der Strategieabstimmung ähnliche Strategien wie sie verfolgen. So sollten etwa Konsumgüterhersteller, die sich im Wettbewerb über die schnelle und pünktliche Lieferung von Qualitätsprodukten auszeichnen, Lieferanten aussuchen, die primär auf eine hohe Servicequalität, wie z. B. die schnelle Lieferung von Waren, und erst zweitrangig auf Kostenreduzierung Wert legen.[461]

Mit diesen Abstimmungsprozessen einhergehen sollte die Analyse der Ausgangslage der individuellen Unternehmen sowie der gesamten Supply Chain. Dabei gilt es, spezielle Informationen zu sammeln, die mithilfe entsprechender Untersuchungen zusammenzustellen sind.[462] Diese Informationen beziehen sich einerseits auf die interne Ressourcenausstattung der Supply Chain, andererseits aber auch auf die Marktanforderungen, die im Rahmen der Strategieplanung Beachtung finden sollten.

Die Branchenanalyse von PORTER erlaubt in diesem Zusammenhang erste bedeutende Aussagen über die wettbewerbsrelevanten Zusammenhänge und schafft so eine Grundlage für die Ableitung der strategischen Positionierung der Supply Chain. Idee dieser Analyse ist, dass

---

[458] Vgl. Abschnitte 2.2.2 und 2.2.3.
[459] Vgl. Götze (2003), S. 12.
[460] Vgl. Winkler (2005), S. 265f.
[461] Vgl. Defee/Stank (2005), S. 34.
[462] Vgl. Winkler (2005), S. 254.

die Regeln des Wettbewerbs in einer Branche durch fünf Wettbewerbskräfte bestimmt werden:[463]

- Rivalität unter den bestehenden Unternehmen,
- Verhandlungsstärke der Lieferanten,
- Verhandlungsstärke der Abnehmer,
- Bedrohung durch neue Konkurrenten und
- Bedrohung durch Ersatzprodukte oder -dienste.

Die *Rivalität unter den bestehenden Unternehmen* bestimmt dabei, welche Preise aufgrund der Konkurrenz der Unternehmen am Markt realisiert werden können. Wie die durch den Verkauf der Produkte erzielten Gewinne zwischen Lieferant und abnehmenden Unternehmen verteilt werden, hängt von der *Verhandlungsstärke der Lieferanten* ab. Die *Verhandlungsstärke der Abnehmer* beeinflusst hingegen, welche Preise die Unternehmen auf dem jeweiligen Markt verlangen können. Die *Bedrohung durch neue Konkurrenten* zeigt die Wahrscheinlichkeit, mit der neue Unternehmen in den Markt eintreten und somit für eine Verringerung der Marktpreise sorgen. Die Zahlungsbereitschaft der Kunden und damit wiederum die auf dem Markt zu erzielenden Preise werden zudem durch die *Bedrohung durch Ersatzprodukte oder -dienste* bestimmt. Die folgende Abbildung zeigt diese „five forces" nach PORTER.

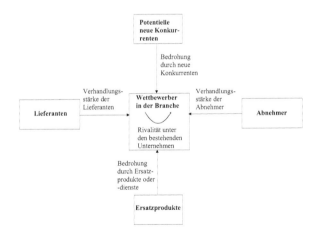

Abb. 23: Wettbewerbskräfte nach PORTER[464]

---

[463] Vgl. Porter (1979), S. 138ff.
[464] Vgl. Porter (2010), S. 29.

Die Ausprägung dieser Wettbewerbskräfte ist in jeder Branche verschieden und determiniert letztendlich die Branchenrentabilität. Außerdem kann sich die Wirkung der Kräfte im Zeitablauf ändern. Daher ist es Aufgabe der Unternehmen bzw. hier der Supply Chain, durch ihre Strategie Einfluss auf diese Kräfte zu nehmen. Die Strategie muss also in Abhängigkeit von den Ergebnissen der Analysen entwickelt werden.[465] Dabei ist bei der Übertragung der Branchenanalyse auf die Supply Chain insofern eine Modifikation zu verzeichnen, dass in diesem Fall nicht mehr nur die Wettbewerbskräfte betrachtet werden, sondern quasi „automatisch" interne Gesichtspunkte integriert werden. So wird beispielsweise die Verhandlungsmacht der Lieferanten als externe Wettbewerbskraft nun zu einem internen Aspekt, da die Lieferanten direkt in die Supply Chain eingebunden sind. Infolgedessen wird die Verhandlungsmacht durch Kooperationsverträge ersetzt.[466]

Die Idee der Integration interner und externer Faktoren verfolgt auch die SWOT (Strengths, Weaknesses, Opportunities, Threats)-Analyse[467], die als Instrument zur Untersuchung der Ausgangsposition und zur Bestimmung der zukünftigen Stellung eines Unternehmens bzw. hier einer gesamten Supply Chain in der Umwelt genutzt wird. Die SWOT-Analyse verbindet externe Chancen und Risiken mit internen Stärken und Schwächen und besteht daher aus zwei gleich bedeutenden Teilen, der Umwelt- und der Unternehmens- bzw. SC-Analyse. Die dieser Zweiteilung zugrunde liegende Idee ist, dass Stärken und Schwächen eines Unternehmens bzw. hier einer Supply Chain nicht absolut, sondern unter Einbeziehung der im Umfeld vorhandenen Wettbewerber zu beurteilen sind. Eine Verknüpfung mit der zuvor erläuterten Branchenanalyse kann insoweit erfolgen, dass die Branchenanalyse zunächst genutzt wird, um geeignete Faktoren zur Beschreibung der strategischen Ausgangsposition der Supply Chain zu identifizieren. In einem zweiten Schritt können diese Faktoren dann im Rahmen einer SWOT-Analyse systematisiert bzw. den vier Bereichen Stärken, Schwächen, Möglichkeiten und Bedrohungen zugeordnet werden.[468]

Die Umweltanalyse zielt in diesem Zusammenhang darauf ab, das Umfeld der Supply Chain bzw. den entsprechenden Markt auf Anzeichen für eine Bedrohung der aktuellen Geschäftstätigkeit und/oder für neue Chancen und Möglichkeiten zu untersuchen. Die Umweltanalyse sollte jedoch neben dem direkten Umfeld auch allgemeine Entwicklungen

---

[465] Vgl. Porter (1979), S. 138.
[466] Vgl. Winkler (2005), S. 255.
[467] Der Ursprung der SWOT-Analyse ist nicht eindeutig geklärt, das Instrument wird jedoch in vielen Lehrbüchern aus dem Bereich der Unternehmensführung diskutiert. Vgl. hierzu beispielsweise Hungenberg (2011), S. 88ff.; Kutschker/Schmid (2008), S. 842f.; Macharzina/Wolf (2010), S. 342ff.
[468] Auch PORTER schlägt vor, die Identifikation der Wettbewerbskräfte dazu zu nutzen, in einem nächsten Schritt einen Katalog mit Stärken und Schwächen des Unternehmens aufzustellen. Vgl. Porter (1979), S. 143.

und Trends berücksichtigen, die einen Einfluss auf die Supply Chain haben könnten. Diese beziehen sich auf technologische Entwicklungen, gesellschaftliche Veränderungen (z. B. Wertewandel), politische Strukturen und ähnliche Faktoren. Im näheren Umfeld sind hingegen die jeweiligen Wettbewerbskräfte, also die direkten Konkurrenten, maßgeblich.

Das Pendant zur Umweltanalyse stellt die Unternehmens- bzw. SC-Analyse dar, die der Untersuchung der internen Ressourcenausstattung dient. Dabei soll offengelegt werden, ob die betrachtete Supply Chain im Vergleich zu den wichtigsten Konkurrenten individuelle Stärken und Schwächen aufweist, die einen Wettbewerbsvorteil oder -nachteil darstellen könnten. Diese Faktoren sollten in diesem Zusammenhang auch auf ihre Relevanz für das zukünftige Geschäft überprüft werden. Im Rahmen der SC-Analyse spielt zudem die Aufdeckung von Interdependenzen, Überschneidungen und gegebenenfalls Doppelarbeiten eine zentrale Rolle.[469]

Ergebnis dieser Analysen ist folglich ein Stärken/Schwächen- und Chancen/Gefahren-Katalog. Auf Basis dieses Katalogs kann dann Handlungsbedarf bzw. Verbesserungspotential für bestimmte Betrachtungsfelder, wie etwa Produktgruppen, einzelne SC-Unternehmen oder die gesamte Supply Chain, erkannt werden. Dabei gilt es, interne Stärken auszukosten, um Chancen, die sich aus dem Unternehmensumfeld ergeben, zu nutzen und Schwächen zu reduzieren, um Gefahren einzudämmen.[470] Insgesamt geht es also darum, die strategischen Möglichkeiten der Supply Chain zu eruieren.

6.2.2 Einordnung der Supply Chain in die SC-Typen

Einhergehend mit der Bestimmung der strategischen Ausgangsposition der Supply Chain gilt es, im Rahmen der zuvor entwickelten SC-Typologisierung den eigentlichen SC-Typ festzulegen. Dieser soll dann als Basis für ein differenziertes Performance Measurement zugrunde gelegt werden. Zur Identifizierung eines SC-Typs wird in Anlehnung an HOLZKÄMPER eine Checkliste verwendet, die die Zuordnung von Merkmalen und deren Ausprägungen zu einer SC-Struktur erlaubt.[471] Als Merkmale werden dabei die Abgrenzungskriterien zwischen schlanker und agiler Supply Chain aus Tab. 11 verwendet. Die Zuordnung von Merkmalen ist jedoch nicht immer eindeutig durchführbar, da sehr häufig Mischformen der entsprechenden Merkmalsausprägungen vorliegen. Daher soll eine abgestufte Merkmalsausprägung, die sich

---
[469] Vgl. Winkler (2005), S. 257.
[470] Vgl. Sennheiser/Schnetzler (2008), S. 322.
[471] Vgl. Holzkämper (2006), S. 97f.

am Prinzip einer Ratingskala[472] orientiert, eingesetzt werden.[473] Die betroffenen Unternehmen müssen bei Nutzung einer solchen Checkliste jeweils entscheiden, ob sie eher in der Ausprägung auf der linken Seite, die der schlanken Supply Chain zuzuordnen ist, oder in der Ausprägung auf der rechten Seite, die die Grundannahmen der agilen Supply Chain widerspiegelt, ihre Ziele sehen. Unter Voraussetzung der Nutzung einer fünfstufigen Ratingskala[474] wird folgender Aufbau einer Checkliste für die in Unterkap. 5.5 entwickelten SC-Typen vorgeschlagen.

Tab. 12: Checkliste zur Identifikation der SC-Typen

Merkmale		schlank				agil	
		1	2	3	4	5	
Zieldimensionen	Kosten, Qualität, Zeit						Flexibilität, Qualität, Zeit
Fertigungsmethode	Schlanke Produktion						Agile Produktion
Kapazitätsauslastung	Maximierung						Reservenvorhaltung
Länge des Produktlebenszyklus	> 2 Jahre						< 2 Jahre
Marktabdeckung	bestehende Märkte						neue Märkte
Nachfrage	stabil						schwankend
Organisationsstruktur	statisch						virtuell
Kopplung der SC-Unternehmen	Schwerpunkt: Aufbauphase, eher lieferantenseitig						Schwerpunkt: Betriebsphase, lieferanten- u. kundenseitig
Austauschbarkeit der SC-Partner	realisierbar (hohe Kosten)						nicht realisierbar
Synchronisation der Prozesse	Produktions- u. Distributionsprozesse Lieferant/Endprodukthersteller						Produktionsprozesse Endprodukthersteller/Informationsflüsse Kunden

Für das Merkmal „Nachfrage" wäre die Checkliste beispielsweise so zu interpretieren, dass Unternehmen deren Produkte einer (nahezu) komplett stabilen Nachfrage unterliegen, für dieses Merkmal die Antwortkategorie 1 wählen. Unternehmen, bei denen extrem starke

---

[472] Ratingskalen werden zu den Kategorialskalen gezählt, die es ermöglichen sollen, die Intensitäten der Wahrnehmung bestimmter Merkmale zu messen. Dabei soll der Befragte über die Vorgabe abgestufter Antwortkategorien den Grad seiner Zustimmung kenntlich machen. Vgl. Diller (1994), S. 1063f.
[473] Vgl. Holzkämper (2006), S. 97.
[474] Fünfstufige Ratingskalen werden am häufigsten eingesetzt und von den Kritikern in Bezug auf ihre Validität am besten beurteilt. Vgl. Götze/Deutschmann/Link (2002), S. 236.

Schwankungen aufgrund von Modeeinflüssen in der Nachfrage vorliegen, würden hingegen Antwortkategorie 5 selektieren. Unternehmen mit einer teils stabilen Nachfrage, die mehr oder weniger starken Schwankungen unterworfen ist, werden sich in den Antwortkategorien 2-4 bewegen.

Allerdings wird es in der Praxis kaum vorkommen, dass eine Supply Chain sämtliche Kriterien so erfüllt, dass eine hundertprozentige Übereinstimmung mit der agilen oder der schlanken Supply Chain vorliegt. Daher müssen bestimmte Verfahren zur Interpretation der Ergebnisse der obigen Checkliste eingesetzt werden, wobei auf solche Methoden zurückgegriffen werden sollte, die eine Auswertung der hier zugrunde liegenden Ratingskala ermöglichen. Die einfachste Form der Auswertung stellt dabei die Bildung des Mittelwerts über alle Ausprägungen der Merkmale dar.[475]

Problematisch an dieser Einordnung in die verschiedenen SC-Typen unter Nutzung einer Ratingskala ist allerdings, dass keine objektive Vorschrift dazu existiert, wie den Ausprägungen der Merkmale Skalenwerte zuzuordnen sind, sondern ein entsprechendes Bewusstsein hierfür bei den Verantwortlichen vorausgesetzt wird. Ratingskalen verletzen somit die Bedingungen, um als „echte" Skalen angesehen werden zu können.[476] Zudem werden die mittleren Ausprägungen aus Unsicherheit vor Fehleinschätzung besonders häufig von den Anwendern gewählt.[477] Dieses Verhalten erschwert eine Differenzierung zwischen den verschiedenen Objekten. Dennoch stellen Ratingskalen ein einfaches und vielseitig einsetzbares Verfahren dar, das in der Praxis oft genutzt wird.[478] Auch für die Einordnung in die SC-Typen bietet die obige Checkliste somit einen guten Ansatzpunkt, der mit der Identifizierung eines SC-Typs eine Grundlage für weitere Untersuchungen, wie die Entwicklung eines differenzierten Performance Measurement, schafft.

---

[475] Vgl. hierzu beispielsweise Holzkämper (2006), S. 99. Alternativ bietet sich auch die Möglichkeit, bei der Mittelwertbildung unterschiedliche Gewichte für die einzelnen Merkmale zugrunde zu legen.
[476] Vgl. Götze/Deutschmann/Link (2002), S. 231.
[477] Vgl. Mayer (2008), S. 83f.
[478] Vgl. Götze/Deutschmann/Link (2002), S. 231.

6.3 Organisatorische Verankerung des Performance Measurement

Die Frage, wer das Performance Measurement in der Supply Chain erledigen soll, findet in der Literatur bislang nur sehr wenig Beachtung. Dieser Problematik soll jedoch im Rahmen dieser Arbeit nachgegangen werden, weil klare Zuständigkeiten eine zentrale Voraussetzung für die Einführung eines Performance Measurement-Konzepts darstellen. Dabei wird zunächst erläutert, welche grundsätzlichen Möglichkeiten zur institutionellen Verankerung eines unternehmensübergreifenden Performance Measurement bestehen, bevor die Überlegungen auf die zugrunde liegenden SC-Typen übertragen werden.

6.3.1 Allgemeine Ansätze

In Abschnitt 2.2.3 wurde das Performance Measurement als Teilgebiet des Supply Chain Controlling eingeordnet. Dementsprechend soll beim Problem der organisatorischen Verankerung auf die entsprechenden Ausführungen zum Supply Chain Controlling verwiesen werden.[479] Obwohl die Thematik der organisatorischen Eingliederung auch im Rahmen des Supply Chain Controlling nur am Rande betrachtet wird, finden sich hier einige Autoren, die sich mit dieser auseinandersetzen.

GÖPFERT/NEHER unterscheiden dabei vier Organisationsformen des Supply Chain Controlling, deren Relevanz in der Praxis sie auch empirisch überprüfen:[480]

- Einfache zentrale Organisationslösung,
- Teambasierte zentrale Lösung,
- Dezentrale Organisationslösung und
- Auf Fremdvergabe basierte Organisationslösung.

Bei der einfachen zentralen Organisationslösung übernehmen ein oder mehrere fokale Unternehmen, in der Regel u. a. der Endprodukthersteller, das Supply Chain Controlling. Der teambasierten zentralen Lösung liegt die Idee eines netzwerkweiten Supply Chain Controlling-Teams, in das alle SC-Partner eingebunden sind und das zur gemeinschaftlichen Entwicklung von Konzepten und Lösungen dient, zugrunde. Diesen zentralen Lösungen werden die dezentralen Lösungen gegenübergestellt. Im Rahmen der dezentralen

---

[479] Auch KARRER, der sich in recht ausführlicher Form der institutionellen Verankerung eines Supply Chain Performance Measurement widmet, bezieht sich auf die entsprechenden Ansätze zum Supply Chain Controlling. Vgl. Karrer (2006), S. 262f.
[480] Dabei legen sie die Idee des strategischen Netzwerks nach SYDOW (1992) zugrunde, bei dem ein oder mehrere fokale Unternehmen existieren. Vgl. zu den folgenden Erläuterungen zu den vier Organisationsformen Göpfert/Neher (2002), S. 42.

Organisationslösung erfolgt eine Verteilung der Supply Chain Controlling-Aufgaben auf die einzelnen SC-Partner. Bei der auf Fremdvergabe basierten Organisationslösung werden die Controlling-Aufgaben an einen Dritten, wie z. B. einen Logistikdienstleister, übertragen.

Wie die folgende Abbildung zeigt, werden in der Praxis die zentralen Lösungen deutlich häufiger eingesetzt als die dezentralen. Insbesondere die teambasierte zentrale Lösung weist einen großen Zuspruch bei den befragten Unternehmen auf. Das Outsourcing des Supply Chain Controlling an Dritte wird hingegen nur bei recht wenigen Unternehmen betrieben; dies lässt sich wahrscheinlich in erster Linie durch die hierdurch entstehenden Kosten erklären.

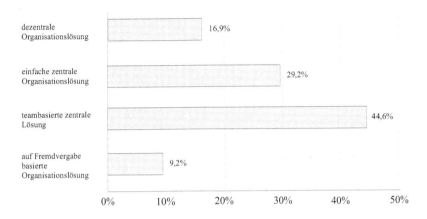

Abb. 24: Organisationsformen des Supply Chain Controlling in der Praxis[481]

In ähnlicher Weise nimmt BACHER eine Unterscheidung zwischen Single-, Co- und Fremd-Controlling vor. In diesem Zusammenhang differenziert er jedoch statt zwischen zentralem und dezentralem Controlling zwischen externem und internem Controlling, wobei er das Single- und das Co-Controlling dem internen und das Fremd-Controlling dem externen Controlling zuordnet. Beim Single-Controlling übernimmt ein SC-Unternehmen alleine das Supply Chain Controlling. Diese Vorgehensweise entspricht weitgehend der einfachen zentralen Organisationslösung, wobei hier allerdings ausschließlich nur von einem Unternehmen als Aufgabenträger gesprochen wird. Das Co-Controlling steht für die gemeinsame Durchführung der Controlling-Aktivitäten durch die verschiedenen SC-Partner, ist also als äquivalent zur dezentralen Organisationslösung zu betrachten. Die Übernahme des Supply Chain Controlling durch einen externen Dritten bezeichnet das Fremd-Controlling als Pendant

---

[481] Vgl. Göpfert/Neher (2002), S. 42.

zu der auf Fremdvergabe basierten Organisationslösung.[482] Die empirische Überprüfung des Einsatzes dieser drei Möglichkeiten ergab, dass die Unternehmen am Ende der Wertschöpfungskette, die auch häufig die fokalen Unternehmen darstellen, ein Single-Controlling bevorzugen, während die vorgelagerten Unternehmen eher für ein Co-Controlling plädieren. Den Einsatz eines Fremd-Controlling halten – wie in der Untersuchung von GÖPFERT/NEHER – nur recht wenige Unternehmen für sinnvoll.[483]

BACHER geht darüber hinaus auf die Vor- und Nachteile dieser Organisationslösungen ein. So ist beim Single-Controlling positiv zu vermerken, dass ein geringer Abstimmungsaufwand vorliegt, da nur ein Unternehmen mit den Controlling-Aufgaben betraut ist. Zudem fallen hier von allen Lösungen die geringsten Kosten an. Problematisch ist allerdings, dass eine hohe Opportunismusgefahr besteht, da das betraute Unternehmen möglicherweise Daten so auslegt, dass es einen Vorteil dadurch erzielen kann. Ein Fremd-Controlling umgeht diese Schwierigkeit, weil die Daten durch einen externen Dritten kritisch überprüft werden. Andererseits entstehen ein enormer Aufwand bei der Einarbeitung des externen Dienstleisters und somit beträchtliche Kosten. Auch das verstärkte Auftreten von Widerständen bei der Einschaltung eines Dritten gilt es zu berücksichtigen. Die „Zwischenlösung" des Co-Controlling verbindet die Möglichkeit zur gegenseitigen Kontrolle der mit dem Controlling betrauten Unternehmen mit dem Vorteil geringerer Kosten eines internen Controlling. Allerdings besteht natürlich auch hier ein gewisser Koordinationsbedarf zwischen den das Supply Chain Controlling durchführenden Unternehmen.[484] Die folgende Tabelle fasst diese Vor- und Nachteile zusammen.

---

[482] Vgl. Bacher (2004), S. 261f.
[483] Vgl. Bacher (2004), S. 265.
[484] Vgl. Bacher (2004), S. 262f.

Tab. 13: Vor- und Nachteile der verschiedenen Organisationslösungen[485]

Aufgabenträger		Beschreibung	Vorteile	Nachteile
interne Sichtweise	Single-Controlling	ein Unternehmen in der Supply Chain führt das gesamte Controlling durch und teilt den übrigen Partnern die Ergebnisse mit	einfache Prozesse (Abstimmungsaufwand minimal); geringe Kosten (nur ein Unternehmen muss Ressourcen für das Controlling bereitstellen)	Probleme auf Grund von Wollens- und Könnens-Defiziten (das Unternehmen erhält nicht alle relevanten Kennzahlen bzw. legt die Kennzahlen je nach dem individuellen Eigeninteresse aus)
	Co-Controlling	SC-Partner nehmen gegenseitig und gemeinsam das Controlling vor	Vorteile des Single-Controlling werden mit dem Vorteil des "Zweitblicks" verbunden (dabei können die berechneten Kennzahlen von einem anderen Unternehmen gegengerechnet werden)	Abstimmungsprozesse komplizierter, höhere Kosten
externe Sichtweise	Fremd-Controlling	Rationalitätssicherung durch einen externen Dritten	richtige Kennzahlen können durch eine externe Partei erhoben und kritisch hinterfragt werden	signifikante Kosten und Einarbeitungszeit; ggf. Widerstände bei den SC-Partnern

KAUFMANN/GERMER argumentieren, dass das Supply Chain Controlling in der Praxis aus der Sicht des einzelnen Unternehmens erfolgen wird, da jedes Unternehmen für sich versucht, sich bestmöglich in die Supply Chain einzugliedern. Aufgrund der Gefahr eines opportunistischen Verhaltens schlagen sie als Alternativlösung aber auch die Einschaltung eines externen Dritten zur Durchführung des Supply Chain Controlling vor. Dieser soll dann als neutraler „Informationsdienstleister" die Informationen aus den verschiedenen SC-Unternehmen sammeln, aufbereiten und zur Steuerung der Supply Chain nutzen.[486]

Grundsätzlich lässt sich feststellen, dass in allen bislang vorgestellten Ansätzen sowohl zentrale als auch dezentrale Lösungen angeführt werden. Eine Kombination dieser Sichtweisen wird von JEHLE/STÜLLENBERG vorgenommen. Die Autoren schlagen den modulartigen Aufbau eines unternehmensübergreifenden Controlling vor, wobei zwischen dem zentralen Modul der Kooperationsführung und den dezentralen Modulen der Kooperationsträger unterschieden wird. Die dezentralen Module haben die Aufgabe, den Kooperationserfolg der individuellen Unternehmen zu ermitteln sowie die Harmonisierung von Schnittstellen mit den anderen Unternehmen sicherzustellen. Das zentrale Modul konsolidiert hingegen die Daten aus den verschiedenen Unternehmen und schafft einheitliche Vorgaben für die technische, inhaltliche und organisatorische Ausgestaltung des Controlling. Außerdem ist es für die Erfolgsmessung auf übergeordneter Ebene zuständig.[487] Diese

---

[485] Vgl. Fandel/Giese/Raubenheimer (2009), S. 224.
[486] Vgl. Kaufmann/Germer (2001), S. 190.
[487] Vgl. Jehle/Stüllenberg (2001), S. 217ff.

Überlegungen korrespondieren mit der Mehrebenenbetrachtung des Supply Chain Performance Measurement aus Abschnitt 3.2.1. Das zentrale Modul der Kooperationsführung wäre dabei auf der SC-Ebene angesiedelt und würde der Aggregation der SC-weiten Kennzahlen dienen. Die dezentralen Module der Kooperationsträger, die die Erfassung der Kennzahlen in den individuellen Unternehmen oder gegebenenfalls SC-Segmenten übernehmen, sind auf den untergeordneten Ebenen zu finden.

Bei der Entscheidung über die Einsatzbereiche dieser Lösungen gilt es, die Relevanz unterschiedlicher SC-Typen zu berücksichtigen, d.h. es muss untersucht werden, welche organisatorische Ausgestaltung bei verschiedenen SC-Typen zu empfehlen ist.[488] In diesem Kontext ist die dominierende Meinung in der Literatur, dass in einer hierarchisch geprägten Supply Chain eher zentrale Lösungen vorherrschend sind, während in einer heterarchisch geprägten Supply Chain eher dezentrale Lösungen vorliegen.[489] So existiert in einer hierarchischen Supply Chain in der Regel ein fokales Unternehmen, das maßgeblich die Aktivitäten in der Supply Chain bestimmt. Daher wird dieses meist nicht bereit sein, sich das Supply Chain Controlling von den anderen Unternehmen abnehmen zu lassen. Dementsprechend wird häufig ein Single-Controlling von diesem Unternehmen realisiert. Im Falle der Gleichberechtigung der SC-Partner in einer heterarchischen Supply Chain werden viele Entscheidungen gemeinschaftlich getroffen, wobei auch das Controlling zusammen bzw. arbeitsteilig durchgeführt wird. Hier liegt also tendenziell eher eine dezentrale Lösung vor.

Bei einer Kombination von hierarchischen und heterarchischen Organisationsstrukturen wird entsprechend eine gemischte Lösung angestrebt. Eine solche weist die größte Praxisrelevanz auf, da immer gewisse Daten zunächst in den Einzelunternehmen erfasst werden müssen, bevor diese in einem übergeordneten Performance Measurement aggregiert werden können. So können beispielsweise die Gesamtkosten in einer Supply Chain nur kalkuliert werden, wenn vorab eine Ermittlung der Kosten in den individuellen Unternehmen erfolgt. Ob die Nutzung des zentralen Moduls oder der dezentralen Module überwiegt, also eher ein Single- oder ein Co-Controlling vorliegt, hängt auch hier wiederum von der Ausrichtung der Supply Chain ab: In einer hierarchisch geprägten Supply Chain wird das zentrale Modul den Großteil der Aufgaben übernehmen, während in einer heterarchischen Supply Chain viele Aufgaben den dezentralen Modulen zufallen werden.[490]

---

[488] Vgl. Karrer (2006), S. 260; vgl. Otto/Stölzle (2003), S. 15.
[489] Vgl. Bacher (2004), S. 263; vgl. Götze (2003), S. 12; vgl. Karrer (2006), S. 261; vgl. zu entsprechenden Überlegungen bezüglich Netzwerken auch Horváth (2003), S. 217.
[490] Vgl. zu ähnlichen Gedanken Jehle/Stüllenberg (2001), S. 217. Die Autoren legen dar, dass das zentrale Modul primär durch ein gegebenenfalls vorhandenes fokales Unternehmen genutzt wird.

6.3.2 Übertragung der Ansätze auf die zugrunde liegenden SC-Typen

Da die Zuordnung der verschiedenen Möglichkeiten der organisatorischen Einbindung auf der Unterscheidung zwischen hierarchischen und heterarchischen Supply Chains basiert, lässt sich diese nicht direkt auf die hier identifizierten SC-Typen übertragen. Dennoch lassen sich gewisse Empfehlungen zur organisatorischen Eingliederung eines Performance Measurement in der schlanken und der agilen Supply Chain geben. Dabei soll die Differenzierung zwischen Fremd-, Single- und Co-Controlling nach BACHER zugrunde gelegt werden.

Wie oben bereits dargelegt wurde, ist primäres Ziel der schlanken Supply Chain die Kostenminimierung, da die von dieser Art Supply Chain angebotenen Standardprodukte in erster Linie über den Preis im Wettbewerb konkurrieren. Daher wird in diesem SC-Typ eine Entscheidung gegen die Einschaltung eines externen Dritten für das Performance Measurement fallen, weil dies von den verschiedenen, zuvor vorgestellten Optionen die höchsten Kosten verursacht. Allerdings muss bei der Einschaltung eines externen Dritten für das Performance Measurement stets überprüft werden, ob der Nutzen die Kosten übersteigt.[491] Da der Nutzen eines solchen Performance Measurement jedoch im Vorhinein schwer zu bestimmen ist, wird bezüglich der schlanken Supply Chain empfohlen, von der Möglichkeit eines Fremd-Controlling Abstand zu nehmen.

In der agilen Supply Chain hat die Kostenminimierung hingegen nur eine nachrangige Bedeutung. Die hohen Kosten bei der Einschaltung eines externen Dienstleisters für die Durchführung eines Performance Measurement würden folglich nur eine untergeordnete Rolle spielen. Die Einarbeitungszeit eines externen Dienstleisters zum Aufbau eines entsprechenden Performance Measurement wird hingegen ein wichtiges Entscheidungskriterium darstellen. Aufgrund der Herstellung von innovativen Produkten, die der Mode unterliegen, sind die Lebenszyklen der häufig produktspezifischen Partnerschaften in der agilen kürzer als in der schlanken Supply Chain. Die dynamischen Veränderungen des Unternehmensumfelds erfordern dabei eine Controlling-Lösung, die schnell umgesetzt werden kann, damit möglichst alle wichtigen Marktentwicklungen von Beginn der Partnerschaften an erfasst werden können. Daher ist auch in der agilen Supply Chain von einem Fremd-Controlling abzusehen.

Bei der Entscheidung zwischen einem Single- und einem Co-Controlling muss entsprechend der obigen Überlegungen geschaut werden, ob ein fokales Unternehmen in der Supply Chain existiert. Wenn das der Fall ist, wird tendenziell dieses Unternehmen das Performance Measurement übernehmen, wobei zumindest ein zweites Unternehmen insoweit eingebunden

---

[491] Vgl. Bacher (2004), S. 262.

werden muss, dass es das fokale Unternehmen bei seinen Aktivitäten überwacht, um das Problem des Opportunismus zu begrenzen. Bei Nicht-Vorhandensein eines fokalen Unternehmens wird das Performance Measurement hingegen auf mehrere Unternehmen verteilt werden.

In der schlanken Supply Chain liegt – wie zuvor bereits dargelegt wurde – eine längerfristigere Beziehung zwischen den Partnern vor als in der agilen Supply Chain. Die schlanke Supply Chain weist daher Züge eines strategischen, d. h. langfristig ausgerichteten Netzwerks auf. Die Beziehungen zwischen den Partnern in der agilen Supply Chain ähneln hingegen denen eines virtuellen Unternehmens, die so lange zusammenarbeiten, wie das Produkt am Markt ist.[492] Da strategische Netzwerke meist fokal und virtuelle Unternehmen polyzentrisch ausgerichtet sind,[493] ist in der schlanken Supply Chain vom Vorhandensein eines fokalen Unternehmens auszugehen, während in der agilen Supply Chain in der Regel kein fokales Unternehmen existieren wird. Daher wird für die agile Supply Chain die Durchführung eines Co-Controlling, das auf mehrere Unternehmen verteilt ist, vorgeschlagen, während für die schlanke Supply Chain ein Single-Controlling zu empfehlen ist. Allerdings wird – wie oben erläutert – immer eine gewisse Einbindung aller Unternehmen in den Performance Measurement-Prozess erfolgen, da manche Kennzahlen nur auf Unternehmensebene erfasst werden können. Außerdem muss sichergestellt werden, dass die Performance Measurement-Aktivitäten im Falle des Single-Controlling durch zumindest ein zweites Unternehmen überwacht werden. Voraussetzung des Co-Controlling ist hingegen, dass die Verantwortlichkeiten klar abgegrenzt sind, damit der Koordinationsaufwand zwischen den am Performance Measurement beteiligten Unternehmen nicht zu sehr anwächst.

---

[492] Vgl. Vonderembse (2006), S. 229.
[493] Vgl. Hess (2002), S. 15f.

6.4 Ableitung entsprechender Kennzahlen

Mit der Ableitung der in der Leistungsmessung einzusetzenden Kennzahlen beginnt die eigentliche Entwicklung des Performance Measurement-Konzepts. Die Idee der Differenzierung wird dabei realisiert, indem nach den allgemeinen Ansätzen erneut eine Unterscheidung zwischen den verschiedenen SC-Typen vorgenommen wird.

6.4.1 Allgemeine Ansätze

Bei der Entscheidung über Kennzahlen zur Steuerung der Supply Chain handelt es sich um ein Auswahlproblem, bei dem die zuvor bestimmte zuständige Stelle für die Entwicklung des Performance Measurement-Konzepts die Eignung der in der Theorie vorgeschlagenen Kennzahlen prüfen muss.[494] Dabei wird in einem modernen Performance Measurement – wie schon dargelegt – eine Anpassung der Kennzahlen an die strategische Ausrichtung des Unternehmens gefordert bzw. die Kennzahlen sind vor dem Hintergrund der Ziele des Unternehmens abzuleiten. Das gilt gleichermaßen für den unternehmensübergreifenden Zusammenhang.[495] Die strategische Ausrichtung der Supply Chain wurde hier bereits über die Festlegung auf einen gewissen SC-Typ bestimmt, d.h. die Ziele der Supply Chain sind durch diesen SC-Typ fixiert.[496]

Zur Ableitung von Kennzahlen aus den Zielen der Supply Chain sind die sich aus diesen Zielen ergebenden SC-Kernprozesse, also die zentralen Prozesse der Supply Chain, zu analysieren. Solch eine Prozessanalyse ist Voraussetzung, um entsprechende SC-Kennzahlen erheben zu können.[497] Aufgrund der unternehmensübergreifenden Ausrichtung ist die Prozessanalyse in der Supply Chain mit besonders großem Aufwand verbunden. So ist beispielsweise der gesamte Prozess des Auftragsdurchlaufs über die Unternehmensgrenzen hinweg zu analysieren, um die SC-Auftragsdurchlaufzeit ermitteln zu können. Zur Unterstützung der unternehmensübergreifenden Prozessdarstellung werden daher in der Literatur verschiedene Instrumente vorgeschlagen. Das bekannteste ist das SCOR-Modell des

---

[494] Vgl. zur Auswahl von Kennzahlen in der Supply Chain unter Anwendung der normativen Entscheidungstheorie auch Liebetruth (2005), S. 76ff.
[495] In diesem Zusammenhang soll davon ausgegangen werden, dass das oberste Ziel der hier betrachteten Supply Chains immer in der Gewinnmaximierung besteht, wobei dieses jedoch über die im Folgenden dargelegten, von der strategischen Ausrichtung der Supply Chains abhängigen Ersatzziele erreicht werden soll.
[496] Vgl. hierzu auch Tab. 11. Hier werden für die schlanke Supply Chain die Zieldimensionen Kosten, Qualität und Zeit und für die agile Supply Chain die Zieldimensionen Flexibilität, Qualität und Zeit zugrunde gelegt.
[497] Vgl. beispielsweise Chae (2009), S. 423ff.; vgl. Chan/Qi (2002), S. 183f.

SUPPLY CHAIN COUNCIL.[498] Dieses hat zum Ziel, eine interorganisationale, branchenübergreifende Standardisierung der SC-Prozesse zu erreichen. Dazu werden vier verschiedene Hierarchieebenen in die Betrachtung einbezogen. Diese Ebenen zeigt die folgende Abb. 25.

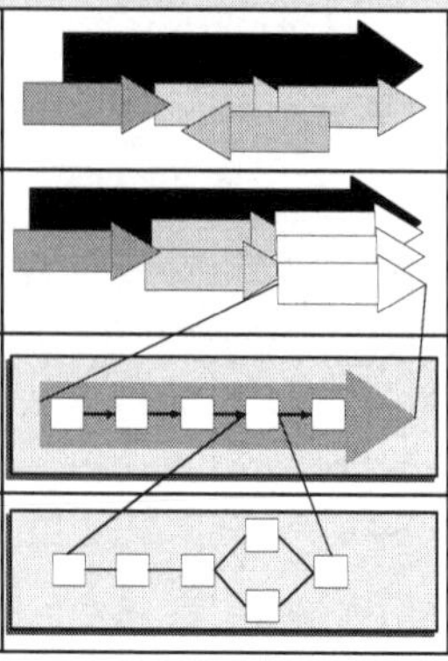

Ebene	Beschreibung	Schema	Ausmaß	Anwendung	Klasse
1	Prozess		gesamte Supply Chain	Festlegung des Umfangs	Planung Ausführung
2	Prozesskategorie		gesamte Supply Chain	Konfiguration	Planung Ausführung Infrastruktur
3	Prozesselemente		ein Diagramm pro Prozesskategorie	Prozessdesign	Planung Ausführung Infrastruktur
4	Implementierung		ein Diagramm pro Prozesskategorie	detailliertes Prozessdesign	Planung Ausführung Infrastruktur

Abb. 25: Ebenen des SCOR-Modells[499]

Auf der ersten Ebene werden die zu analysierenden Prozesse zunächst den grundlegenden SC-Prozessen Planen, Beschaffen, Produzieren und Liefern zugeordnet. Im weiteren Verlauf erfolgt auf der zweiten Ebene die Zerlegung der Prozesse in ihre verschiedenen Teilprozesse, wie z. B des Kernprozesses Liefern in „Lagerhaltige Produkte liefern" und „Auftragsspezifische Produkte liefern". Die dritte Betrachtungsebene ermöglicht eine weitere Verfeinerung sowie eine Verzahnung mit den Input- und Output-Größen des Prozesses. Auf dieser Ebene werden auch Kennzahlen zur Messung der Prozessleistung vorgeschlagen, die hier jedoch nicht näher dargelegt werden sollen. Stattdessen sollen anstelle dieser standardisierten im Folgenden spezielle, auf die zugrunde liegenden SC-Typen abgestimmte Kennzahlen abgeleitet werden. Alle weiteren Verfeinerungen werden schließlich auf der vierten Ebene zusammengefasst.

---

[498] Vgl. die Internetadresse http://supply-chain.org/f/Web-Scor-Overview.pdf (heruntergeladen am 28.02.2011). Außerdem wird das SCOR-Modell in vielen Lehrbüchern zum SCM vorgestellt. Vgl. z. B. Corsten/Gössinger (2008), S. 148ff.; Fandel/Giese/Raubenheimer (2009), S. 48f.; Werner (2008), S. 48ff.
[499] Vgl. Fandel/Giese/Raubenheimer (2009), S. 49.

6.4.2 Übertragung der Ansätze auf die zugrunde liegenden SC-Typen

Im Rahmen der Entscheidung über die zu verwendenden Kennzahlen in den hier zugrunde liegenden SC-Typen wird folglich auf die vier Zielkategorien Flexibilität, Kosten, Qualität und Zeit zurückgegriffen. In diesem Zusammenhang wird in der Literatur argumentiert, dass von der schlanken Supply Chain primär die Kategorien Kosten, Qualität und Zeit und von der agilen Supply Chain die Kategorien Flexibilität, Qualität und Zeit verfolgt werden.[500] Dementsprechend muss die Ableitung von Kennzahlen für die beiden SC-Typen in erster Linie in diesen Bereichen erfolgen. Dazu sind jeweils die Kernprozesse der beiden SC-Typen zu analysieren, also z. B. für die agile Supply Chain „Auftragsspezifische Produkte liefern" und für die schlanke Supply Chain „Lagerhaltige Produkte liefern". Die Zielbereiche der schlanken und der agilen Supply Chain ergeben sich dabei aus den Überlegungen zur Abgrenzung der beiden SC-Typen.[501]

In der agilen Supply Chain ist der Aspekt der Flexibilität von zentraler Bedeutung, da die Supply Chain sich zügig den wechselnden Kundenanforderungen anpassen und im Rahmen ihrer Erschließung neuer Märkte mit innovativen Produkten eine große Palette an Produktvarianten anbieten muss.[502] Die Kostenminimierung ist hingegen nur von geringerer Wichtigkeit. Für die innovativen Produkte am Anfang ihres Lebenszyklus können die agilen Supply Chains einen hohen Preis erzielen, da die Kunden für neu entwickelte Produkte eine große Zahlungsbereitschaft aufweisen. Somit können die aufgrund erhöhter Flexibilitätsanforderungen entstehenden Kosten zumindest bis zu einem gewissen Maße über die Preise gedeckt werden.

Außer der Flexibilität stellen Qualität und Zeit bedeutende Zieldimensionen in der agilen Supply Chain dar. Eine hohe Qualität der innovativen Produkte ist entscheidend, um die Marktdurchdringung voranzutreiben und Kunden zum Wiederkauf bzw. zur Weiterempfehlung der Produkte zu bewegen. Die Reduzierung der Durchlaufzeiten sorgt primär dafür, dass durch die früheren Fertigstellungszeitpunkte der Produkte deren zeitnähere Lieferung an den Kunden ermöglicht wird. Zudem kann aber auch in der agilen Supply Chain über die Reduzierung der Durchlaufzeiten eine Senkung der Kosten erreicht werden.[503] Die in den drei

---

[500] Vgl. Naylor/Naim/Berry (1999), S. 111.
[501] Vgl. zu den folgenden Darstellungen der Zielbereiche der agilen und der schlanken Supply Chain sowie weiteren Verweisen auf entsprechende Quellen daher auch Abschnitt 5.3.3 und Unterkap. 5.5.
[502] MASON-JONES/NAYLOR/TOWILL sprechen daher vom Preis als „Marktgewinner" in der schlanken Supply Chain und vom Servicelevel als „Marktgewinner" in der agilen Supply Chain. Die anderen Bereiche werden jeweils als „Marktqualifizierer" bezeichnet. Vgl. Mason-Jones/Naylor/Towill (2000), S. 4064.
[503] Diesen Zusammenhang beweisen AGARWAL/SHANKAR/TIWARI auch mittels einer Sensitivitätsanalyse. Vgl. Agarwal/Shankar/Tiwari (2006), S. 223.

zuvor dargestellten Zieldimensionen Flexibilität, Qualität und Zeit der agilen Supply Chain vorgeschlagenen Key Performance Indicators[504] werden in den nächsten Abschnitten beschrieben.

Flexibilität

Die Kennzahlen „Durchschnittliche Produktentwicklungszeit", „Volumenflexibilität" und „Variantenflexibilität" spiegeln den in der agilen Supply Chain zentralen Aspekt der Flexibilität wider.[505] Die durchschnittliche Produktentwicklungszeit gibt dabei an, wie lange die Entwicklung eines neuen Produkts in der agilen Supply Chain durchschnittlich dauert und zeigt somit, wie schnell die Supply Chain neuen Nachfragetrends mit innovativen Produkten folgen kann. Die Zeit, die eine Supply Chain benötigt, um auf eine Nachfrageerhöhung nach einer bestimmten Produktvariante um einen gewissen, zuvor festzulegenden Prozentsatz zu reagieren, wird als Volumenflexibilität bezeichnet.[506] Sie ist folglich ein Indikator dafür, wie schnell die Produktionsmengen variiert und an eine plötzlich eintretende mengenmäßige Veränderung der Nachfrage angepasst werden können. Die Variantenflexibilität spiegelt hingegen das Ziel der agilen Supply Chain wider, aus einer bestimmten Zahl von Modulen möglichst viele Produktvarianten zu erzeugen und somit die Nachfrage nach verschiedenen Produktvarianten befriedigen zu können. Sie wird kalkuliert über das Verhältnis aus der Anzahl der Produktvarianten und der Gesamtanzahl der vorhandenen Module.[507] Die Kennzahlen der Volumen- und Variantenflexibilität verdeutlichen also die mengen- und variantenmäßige Reaktionsfähigkeit der agilen Supply Chain auf die schlecht prognostizierbaren Nachfrageverläufe der von diesem SC-Typ hergestellten innovativen Produkte.

Qualität

Die Qualität wird über die Kennzahlen „Ausschussquote", „Reklamationsquote", „Anzahl der realisierten Verbesserungsvorschläge pro Mitarbeiter" und „Anteil der von den Mitarbeitern selbstständig beseitigten Fehler" gemessen. Die Ausschussquote zeigt den Anteil der in den

---

[504] Unter Key Performance Indicators werden die Kennzahlen verstanden, anhand derer der Fortschritt hinsichtlich aktueller oder für die Zukunft wichtiger Zielsetzungen oder kritischer Erfolgsfaktoren am besten ermittelt werden kann. Vgl. Parmenter (2010), S. 4. Der Begriff wird hier bewusst genutzt, um zu verdeutlichen, dass die im Folgenden erläuterten Kennzahlen lediglich die wichtigsten Messgrößen darstellen. So wird in der agilen Supply Chain natürlich auch die Kostenentwicklung beobachtet, sie stellt aber nicht den primären Fokus dar.
[505] Obwohl die „Durchschnittliche Produktentwicklungszeit" auf den ersten Blick der Zielgröße Zeit zuzuordnen wäre, soll diese hier unter die Flexibilitätsgrößen eingeordnet werden, da sie im Rahmen innovativer Produkte einen bedeutenden Flexibilitätsfaktor darstellt.
[506] Vgl. Kramer (2002), S. 125.; vgl. zur Volumenflexibilität auch Zäpfel (2000), S. 270f.
[507] Vgl. Junge (2005), S. 60.

SC-Unternehmen als fehlerhaft erkannten Produkte bzw. Module und misst damit die Qualität der Endprodukte, aber auch einzelner Zwischenprodukte. Die erst von den Kunden als fehlerhaft erkannten Produkte werden hingegen über die Reklamationsquote abgebildet. Die Reklamationsquote spiegelt somit die vom Kunden wahrgenommene Produktqualität und damit im Vergleich zur Ausschussquote zusätzlich einen Bestandteil des zentralen Aspekts der Kundenzufriedenheit wider.[508] Die Anzahl der realisierten, d. h. tatsächlich umgesetzten Verbesserungsvorschläge pro Mitarbeiter verdeutlicht hingegen langfristige Bemühungen zur Qualitätsverbesserung, was insbesondere bei innovativen Produkten eine zentrale Rolle spielt, da Produkte am Anfang ihres Lebenszyklus verstärkt mit Fehlern behaftet sind.[509] Die Realisierung des Ziels der erhöhten Verantwortungsübertragung an die Mitarbeiter und des damit verbundenen Abbaus von Qualitätskontrollen wird über den Anteil der von den Mitarbeitern selbstständig beseitigten Fehler angezeigt.

Zeit

Die Erfassung der Zielgröße Zeit erfolgt über die Kennzahlen „SC-Durchlaufzeiten", „Rüstzeiten" und „SC-Auftragsdurchlaufzeiten". Die SC-Durchlaufzeiten bezeichnen jeweils für die einzelnen Produkte die Summe aller Durchlaufzeiten durch die einzelnen Unternehmen, also die Summe aller Zeiten, die in den einzelnen Unternehmen jeweils von der Materialentnahme bis zur Auslieferung vergeht. In der agilen Supply Chain sind diese von besonderer Bedeutung, um eine möglichst zeitnahe Fertigstellung der Produkte für die Kunden zu gewährleisten. Der gesonderte Ausweis eines Bestandteils der SC-Durchlaufzeiten, der Rüstzeiten, ist vor dem Hintergrund der erhöhten Flexibilitätsanforderung von Wichtigkeit. Da in der agilen Supply Chain eine große Palette an kundenspezifischen Varianten produziert wird, erfolgt die Produktion meist in sehr kleinen Losgrößen, wodurch es zu einer häufigen Umrüstung der Maschinen kommt und diese nicht viel Zeit in Anspruch nehmen darf. Die SC-Auftragsdurchlaufzeiten messen im Gegensatz zu den SC-Durchlaufzeiten nicht nur, wie lange der Durchlauf in der Produktion dauert, sondern zusätzlich auch die Zeit, die vom Auftragseingang bis zum Beginn der Produktion vergeht, so dass insgesamt die Zeitspanne vom Auftragseingang bis zur Auslieferung erfasst wird. Durch diese Kennzahl wird daher zusätzlich ermittelt, ob auch eine zügige administrative Bearbeitung der Aufträge erfolgt, damit der Produktionsauftrag entsprechend ausgelöst werden kann.

---

[508] Vgl. Künzel (2005), S. 63.
[509] Vgl. Töpfer (2009), S. 61.

Die für die agile Supply Chain empfohlenen Key Performance Indicators aus den Bereichen Flexibilität, Qualität und Zeit werden in Tab. 14 noch einmal überblicksartig dargestellt.

Tab. 14: Key Performance Indicators für die agile Supply Chain

Flexibilität	Durchschnittliche Produktentwicklungszeit
	Volumenflexibilität
	Variantenflexibilität
Qualität	Ausschussquote
	Reklamationsquote
	Anzahl der realisierten Verbesserungsvorschläge pro Mitarbeiter
	Anteil der von den Mitarbeitern selbstständig beseitigten Fehler
Zeit	SC-Durchlaufzeiten
	Rüstzeiten
	SC-Auftragsdurchlaufzeiten

In der schlanken Supply Chain spielt die Anpassungsflexibilität an die individuellen Kundenwünsche aufgrund der Produktion von Standarderzeugnissen hingegen eine nur untergeordnete Rolle. Primäres Ziel ist die Kostenminimierung, da bei Standardprodukten der Preis ein zentrales Argument für die Kaufentscheidung des Kunden ist, so dass die Gewinne in erster Linie über die Senkung von Kosten gesteigert werden können.[510] Darüber hinaus stellen die Verbesserung der Qualität und die Reduzierung von Zeitgrößen, insbesondere der Durchlaufzeiten, entscheidende Erfolgsfaktoren für die schlanke Supply Chain dar. Eine hohe Qualität macht neben dem Preis den bedeutendsten Faktor bei der Kaufentscheidung der Kunden aus und trägt zur langfristigen Bindung der Kunden der Standardprodukte bei. Niedrigere Durchlaufzeiten treiben die Beschleunigung der Produktionsprozesse voran und unterstützen somit auch das Ziel der Kostenminimierung. Entsprechend werden in den folgenden Abschnitten Key Performance Indicators in den drei Zieldimensionen Kosten, Qualität und Zeit der schlanken Supply Chain vorgeschlagen.

---

[510] Vgl. hierzu auch die Erläuterungen zu den funktionalen Produkten in Abschnitt 5.3.2.

Kosten

Der zentrale Zielbereich der Kosten wird über die Kennzahlen „Gesamte SC-Kosten", „Rüstkosten", „Lagerkosten", „Leerkosten" und „Transportkosten" gemessen. Die über alle SC-Unternehmen aggregierten Gesamtkosten ermöglichen dabei einen globalen Überblick über die Kostenentwicklung in der Supply Chain. Die anderen Kostenkennzahlen zeigen hingegen konkrete Einsparpotentiale in der Fertigung auf, was das Ziel der Eliminierung nicht zur Wertschöpfung beitragender Prozessschritte widerspiegelt. Die Messung der Rüstkosten ist hierbei insbesondere vor dem Hintergrund der Just in Time-Produktion durchzuführen. So geht diese aufgrund des Ziels der Reduzierung der Lagerbestände stets mit der Produktion kleiner Losgrößen einher.[511] Dies führt zwangsweise zu einer häufigen Umrüstung der Maschinen und damit einer steigenden Entscheidungsrelevanz der Rüstkosten. Das zuvor erwähnte Ziel der Minimierung des Lagerbestandes erklärt entsprechend auch die Bedeutung der Überwachung der Lagerkosten. Eine Kontrolle der in der schlanken Supply Chain kritischen Größe der Kapazitätsauslastung erfolgt über die Messung der Leerkosten, die den Teil der Fixkosten bezeichnen, der durch ungenutzte Kapazitäten entsteht.[512] Auch im Rahmen des Transports der Waren sollen in der schlanken Supply Chain unnötige Prozesse eliminiert und Kosteneinsparungen realisiert werden. Die Transportkosten sind daher ebenfalls in ein entsprechendes Performance Measurement einzubeziehen.

Qualität

Im Bereich der Qualität werden mit der „Ausschussquote", der „Reklamationsquote", der „Anzahl der Verbesserungsvorschläge pro Mitarbeiter" und dem „Anteil der von den Mitarbeitern selbstständig beseitigten Fehler" identische Kennzahlen eingesetzt wie in der agilen Supply Chain, da diese hier gleichermaßen eine bedeutende Rolle spielen. Dabei soll eine hohe Produktqualität, die über die Kennzahlen der Ausschuss- und der Reklamationsquote abgebildet wird, in der schlanken Supply Chain neben der Verbesserung der Kundenzufriedenheit insbesondere auch die Reduzierung der Produktionskosten unterstützen. Langfristig soll diese zudem über die Erhöhung der Anzahl der relevanten Verbesserungsvorschläge pro Mitarbeiter sowie des Anteils der von den Mitarbeitern selbstständig beseitigten Fehler beeinflusst werden. Die beiden Kennzahlen spiegeln die Idee der Lean Production wider, den Mitarbeitern vermehrt Verantwortung für die Qualität zu übertragen. Eine solche Verantwortungsübertragung wird einerseits über das Verbesserungsvorschlagswesen, anderer-

---
[511] Vgl. Fandel/Fistek/Stütz (2010), S. 82.
[512] Vgl. Fandel et al. (2009), S. 286.

seits aber über intensivierte Weiterbildungen mit dem Ziel der selbstständigen Fehlererkennung und -behebung realisiert.

Zeit

Die Kennzahlen „SC-Durchlaufzeiten", „Rüstzeiten", „Lagerzeiten", „Leerzeiten", „Transportzeiten", „SC-Auftragsdurchlaufzeiten" und „Lieferzuverlässigkeit" spiegeln den Zielbereich Zeit wider.[513] Primäres Ziel der Messung dieser verschiedenen Zeitgrößen ist es – neben der Beschleunigung des Produktionsprozesses – letztendlich erneut, die entsprechenden Kosten zu reduzieren. Dabei determinieren die SC-Auftragsdurchlaufzeiten die SC-Gesamtkosten sowie die Rüst-, die Lager-, die Leer- und die Transportzeiten jeweils die entsprechenden Kostengrößen.[514] Die SC-Durchlaufzeiten beeinflussen die Kosten der Herstellungsprozesse der verschiedenen Produkte. Sie sind eine zentrale Kennzahl in der schlanken Supply Chain, die die Grundidee der „Verschlankung" der Produktion in Form der Vermeidung überflüssiger Prozessschritte ausdrückt. Die SC-Auftragsdurchlaufzeit zeigt hingegen, ob das Prinzip der Entfernung nicht zur Wertschöpfung beitragender Prozessschritte neben der Produktion auch in anderen Bereichen, hier bei administrativen Prozessen, realisiert werden kann. Die Lieferzuverlässigkeit auf Zulieferseite ist von besonderer Bedeutung, da es im Falle der hier zugrunde liegenden bedarfssynchronen Lieferung bei verspäteten und/oder fehlerhaften Vorprodukten[515] zu Produktionsstillständen kommen kann. Diese führen andererseits zu erhöhten Leerkosten, können andererseits bei hieraus resultierenden Lieferrückständen an die Kunden aber auch Konventionalstrafen sowie Kundenabwanderung nach sich ziehen.

Tab. 15 fasst die für die schlanke Supply Chain empfohlenen Key Performance Indicators aus den Bereichen Kosten, Qualität und Zeit zusammen.

---

[513] Die im Rahmen der Literatur zur Lean Production hervorgehobene Größe der Produktentwicklungszeiten (vgl. auch Abschnitt 5.3.3) soll hier nicht als Key Performance Indicator aufgegriffen werden. Durch die Annahme, dass schlanke Supply Chains primär Standardprodukte oder innovative Produkte, die schon länger auf dem Markt sind, fertigen, nimmt die besondere Bedeutung dieser Kennzahl hier ab.
[514] Die Relevanz der Rüst-, Lager-, Leer- und Transportkosten in der schlanken Supply Chain wurde oben bereits herausgearbeitet.
[515] Die Lieferzuverlässigkeit enthält neben der Zeitkomponente, der Pünktlichkeit der Lieferung, folglich auch eine Qualitätskomponente, die Fehlerfreiheit der Lieferung.

Tab. 15: Key Performance Indicators für die schlanke Supply Chain

Kosten	Gesamte SC-Kosten
	Rüstkosten
	Lagerkosten
	Leerkosten
	Transportkosten
Qualität	Ausschussquote
	Reklamationsquote
	Anzahl der realisierten Verbesserungsvorschläge pro Mitarbeiter
	Anteil der von den Mitarbeitern selbstständig beseitigten Fehler
Zeit	SC-Durchlaufzeiten
	Rüstzeiten
	Lagerzeiten
	Leerzeiten
	Transportzeiten
	SC-Auftragsdurchlaufzeiten
	Lieferzuverlässigkeit

Bei den oben genannten handelt es sich nur um die wichtigsten Kennzahlen in den beiden SC-Typen, die alle quantitativ ausgerichtet sind und sich jeweils unmittelbar den drei zentralen Zielbereichen zuordnen lassen. Darüber hinaus erfordert ein modernes Performance Measurement die Integration qualitativer Messgrößen, die beispielsweise die Endkundenzufriedenheit oder die Zufriedenheit mit der SC-Partnerschaft bzw. das Vertrauen zwischen den SC-Partnern[516] messen. Außerdem sind regelmäßig Nachfragedaten zur Verfügung zu stellen, damit die Produktion entsprechend geplant und gesteuert werden kann. Dabei werden in der agilen Supply Chain Daten über die Nachfrageentwicklung, aber auch über konkrete Kundenaufträge ausgetauscht, während die Produktionsplanung in der schlanken Supply Chain anhand von Nachfrageprognosen auf Basis vergangener Verkaufszahlen erfolgt. In diesem Zusammenhang müssen die Daten über die Nachfrageentwicklung natürlich für die verschiedenen Produkte bzw. Produktvarianten erfasst werden. Zudem stellen manche Kennzahlen, wie z. B. die SC-Kosten, aggregierte Größen dar, so dass teilweise verschiedene Ebenen bei der Betrachtung berücksichtigt werden müssen.[517] Die Entscheidung über weitere, in das Performance Measurement einzubeziehende Kennzahlen muss

---

[516] Vgl. zur Bedeutung des Vertrauens zwischen den SC-Partnern auch Abschnitt 3.2.1.
[517] Vgl. auch hierzu Abschnitt 3.2.1.

im Rahmen der verschiedenen SC-Typen individuell getroffen werden und hängt gegebenenfalls von weiteren SC-Charakteristika, wie z. B. der jeweiligen Branche, ab.

6.5 Auswahl entsprechender Instrumente des Performance Measurement

Da die zuvor abgeleiteten einzelnen Kennzahlen nur eine begrenzte Aussagekraft haben, gilt es im folgenden Schritt, entsprechende Instrumente zu suchen, im Rahmen derer die Kennzahlen im SC-Kontext Anwendung finden können bzw. die dafür sorgen, dass die Kennzahlen weiter systematisiert und zueinander in Beziehung gesetzt werden. Dazu werden auch hier wieder zunächst allgemeine Überlegungen zur Eignung ausgewählter Instrumente des Performance Measurement angestellt. Im Anschluss werden diese Instrumente für den Einsatz in der schlanken und der agilen Supply Chain bewertet.

6.5.1 Allgemeine Ansätze

Die Entscheidung über den Instrumenteneinsatz in einem unternehmensübergreifenden Performance Measurement muss sich primär daran orientieren, welche der in Abschnitt 3.1.4 vorgestellten Instrumente sich unter der Voraussetzung bestimmter Modifikationen in Supply Chains anwenden lassen. In diesem Zusammenhang werden in der bestehenden Literatur vor allem Vorschläge zur Übertragung der Balanced Scorecard auf den unternehmensübergreifenden Kontext gemacht. Zudem wird dargelegt, wie das Konzept der selektiven Kennzahlen in Supply Chains genutzt werden kann. Zu den anderen Instrumenten des Performance Measurement existieren hingegen kaum Ansätze zum Einsatz in Supply Chains.[518] Im folgenden Abschnitt soll daher zunächst eine Bewertung der erläuterten Performance Measurement-Instrumente für den Einsatz in Supply Chains vorgenommen werden. Dabei werden die Anforderungen Zeit, Ausrichtung, Steuerungsziel, Dimension, Format, Planungsbezug, Anreizbezug, (kausaler) Mehrebenenbezug, Prozessorientierung und Flexibilität an das Performance Measurement in Supply Chains aus Abschnitt 3.2.2 zugrunde gelegt. Darüber hinaus sollen neben der Darstellung des Konzepts der Balanced Scorecard sowie der selektiven Kennzahlen im unternehmensübergreifenden Zusammenhang auch grundlegende Vorschläge zur Anpassung des Tableau de Bord, des Skandia Navigators, der Performance Pyramid und des Quantum Performance Measurement an den SC-Kontext gemacht werden.

---

[518] Lediglich ERDMANN nimmt eine Bewertung, jedoch keine Übertragung dieser Instrumente auf den SC-Kontext vor. Vgl. Erdmann (2007), S. 109ff.

Balanced Scorecard

Die Ausgewogenheit der Kennzahlen, die die Balanced Scorecard mit ihrem Namen suggeriert, kann sie gut erfüllen. So beinhaltet das Konzept sowohl finanzielle als auch nichtfinanzielle sowie qualitative und quantitative Kennzahlen. Zudem werden vergangenheits- und zukunftsorientierte Daten integriert. Strategische und operative Kennzahlen garantieren die Unterstützung lang- und kurzfristiger Optimierungsbemühungen. Externe Anspruchsgruppen werden im ursprünglichen Konzept insoweit bedient, dass eine Kundenperspektive existiert, über die die Bedürfnisse der Kunden abgebildet werden. Weitere externe Anspruchsgruppen werden jedoch im ursprünglichen Konzept nicht berücksichtigt. Kontinuierliche Verbesserungsaktivitäten spiegeln sich insbesondere in der Lern- und Entwicklungsperspektive wider.

Zur Übertragung der Balanced Scorecard auf die Supply Chain existieren zahlreiche Ansätze. Dabei lassen sich Ansätze, die nur inhaltliche Modifikationen und solche, die auch Anpassungen struktureller Natur vornehmen, unterscheiden. BREWER/SPEH verändern beispielsweise lediglich die Kennzahlen in den vier, im internen Kontext vorhandenen Perspektiven, so dass diese einen unternehmensübergreifenden Charakter annehmen.[519] Strukturelle Anpassungen werden u. a. durch STÖLZLE/HEUSLER/KARRER und WEBER/BACHER/GROLL vorgeschlagen. STÖLZLE/HEUSLER/KARRER fügen eine Lieferantenperspektive in das ursprüngliche Konzept ein, so dass nun fünf Perspektiven existieren. Damit soll das Defizit der traditionellen Balanced Scorecard, nur die externe Anspruchsgruppe der Kunden zu berücksichtigen, behoben werden. Dabei wird argumentiert, dass alle Key Stakeholder[520] durch die Balanced Scorecard abgebildet werden müssen, zu denen auf jeden Fall auch die Lieferanten zählen.[521]

WEBER/BACHER/GROLL zielen hingegen insbesondere auf die Einbeziehung der Messung des Stands der SC-Partnerschaften ab. Hierzu integrieren sie die beiden Perspektiven der Kooperationsquantität und -qualität, in denen die „harten", wie z. B. die Quantität und Qualität der ausgetauschten Datensätze, und die „weichen" Faktoren der Zusammenarbeit, wie z. B. die Messung des Vertrauens, betrachtet werden. Dafür werden die Kunden- sowie die Lern- und Entwicklungsperspektive aus dem Konzept entfernt. Dies begründen die Autoren bei der Kundenperspektive damit, dass in der Supply Chain lediglich der Endprodukthersteller direkten Kontakt zum Endkunden hat und daher diese Perspektive in seine unternehmensinterne

---

[519] Vgl. Brewer/Speh (2000), S. 75ff.
[520] Als Key Stakeholder sollen die Gruppen verstanden werden, die den meisten Kontakt mit dem Unternehmen haben.
[521] Vgl. Stölzle/Heusler/Karrer (2001), S. 73ff.

Balanced Scorecard aufgenommen werden sollte. Die Nicht-Berücksichtigung der Lern- und Entwicklungsperspektive wird damit gerechtfertigt, dass Aspekte wie Mitarbeiterentwicklung in den unternehmensinternen Bereich fallen würden.[522]

Neben diesen Ansätzen zur Anpassung der Perspektiven gibt es weitere Autoren, die sich speziell mit der Entwicklung eines umfassenden Modells zum unternehmensübergreifenden Balanced Scorecard-Einsatz in der Supply Chain auseinandersetzen. Während ZIMMERMANN hierzu lediglich Gestaltungsvorschläge unterbreitet,[523] erläutert ERDMANN ein ganzheitliches Modell zur Anwendung der Balanced Scorecard in der Supply Chain. Dabei wird zwischen fünf verschiedenen Ebenen differenziert: Der SC-Ebene, der SC-Segmentebene, der Unternehmensebene, der Funktionsebene und der Arbeitsplatzebene. Auf jeder dieser Ebenen sollen für die unterschiedlichen Einheiten entsprechende Balanced Scorecards eingesetzt werden, so dass die einzelnen Kennzahlen von der SC-Ebene auf die unteren Ebenen heruntergebrochen werden können.[524] Auch WEBER/BACHER/GROLL schlagen im Rahmen ihres Ansatzes für eine SC-Balanced Scorecard verschiedene Ebenen für deren Einsatz vor.[525]

Mit dieser Mehrebenenbetrachtung wird es möglich, einerseits die Leistung der gesamten Supply Chain, andererseits aber auch die Leistung der untergeordneten Ebenen sowie ihrer einzelnen Einheiten, wie z. B. der individuellen Arbeitsplätze, zu messen. Zudem können Ursache-Wirkungs-Beziehungen zwischen den einzelnen Ebenen aufgedeckt werden. Auch die Berücksichtigung weiterer Akteure in den Perspektiven, wie z. B. über eine Lieferantenperspektive, trägt zur Reduzierung der Schnittstellen zwischen den einzelnen Akteuren bei. Über die Integration entsprechender Kennzahlen kann hierbei zudem eine entsprechende Prozessorientierung erreicht werden, wozu darüber hinaus die separate Perspektive der Prozessorientierung beiträgt, die in den unternehmensübergreifenden Ansätzen erhalten bleibt. Allerdings erfordert die Einführung, aber auch der Betrieb einer SC-Balanced Scorecard über mehrere Ebenen hinweg einen enormen Aufwand, der sich insbesondere bei organisatorischen Veränderungen in Form des Austauschs von SC-Unternehmen noch verstärkt. Insgesamt erfüllt die Balanced Scorecard folglich einen großen Teil der Anforderungen; ihre Flexibilität bei Wechsel der SC-Partner ist jedoch stark eingeschränkt.

---

[522] Vgl. Weber/Bacher/Groll (2002a), S. 133ff.
[523] Vgl. Zimmermann (2003), S. 123ff.
[524] Vgl. Erdmann (2007), S. 178ff.
[525] Vgl. Weber/Bacher/Groll (2002a), S. 141; vgl. zu den drei genannten Ebenen auch die folgenden Erläuterungen zum Konzept der selektiven Kennzahlen.

Tableau de Bord

Wie in Abschnitt 3.1.4.2 beschrieben, handelt es sich beim Tableau de Bord um ein eher nach innen fokussiertes Performance Measurement-Instrument. Eine explizite Abbildung der Ansprüche externer Stakeholder ist zwar theoretisch möglich, allerdings wird in der Praxis bislang eher eine interne Ausrichtung gewählt.[526] Das Konzept berücksichtigt sowohl finanzielle als auch nicht-finanzielle Kennzahlen, wobei aber größtenteils quantitative Kennzahlen vorliegen. Neben vergangenheitsorientierten Kennzahlen enthält der Ansatz auch zukunftsgerichtete Informationen, jedoch werden keine Maßnahmen zur verbesserten Zielerreichung aufgezeigt.[527] Kontinuierliche Verbesserungsaktivitäten werden folglich nicht bzw. kaum unterstützt. Durch die Individualisierung der einzelnen Geschäftsbereiche mit unterschiedlichen Zielen und Zielvorgaben kommt es zur Ausbildung diverser Tableaux de Bord innerhalb einer Unternehmung.[528] Die Aufteilung in Tableaux auf verschiedene Ebenen, wie z. B. Geschäftsbereichsebene oder Funktionsbereichs-/Abteilungsebene, erlaubt die top-down-Ableitung der Ziele aus der Unternehmensstrategie. Somit werden operative Tätigkeiten mit strategischen Zielen verknüpft und ein langfristiges Gesamtoptimum angestrebt.

Die wesentliche Voraussetzung für ein unternehmensübergreifendes Performance Measurement, nämlich die interorganisationale Abbildung von Geschäftszielen, mit denen sich alle SC-Partner identifizieren und als Netzwerk bei deren Erreichung gemeinsam erfolgreich sein können, lässt sich mit diesem Konzept nur mit einem gewissen Veränderungs- und Ergänzungsaufwand umsetzen. Die Gestaltungsfreiheit eines Tableau de Bord ermöglicht jedoch auch die Einbeziehung der SC-Ebene. Dazu müsste der Unternehmensebene, die in diesem Fall mehrere Unternehmen umfassen würde, eine SC-Ebene übergeordnet werden. Auf diese Weise wäre dann auch eine Mehrebenenbetrachtung auf unternehmensübergreifender Ebene, die die Abbildung von Ursache-Wirkungs-Beziehungen ermöglichte, zu realisieren. Die Orientierung an Prozessen ist ebenfalls nicht in den eigentlichen Aufbau des Instruments integriert; eine gewisse Prozessabbildung einschließlich der Reduzierung von Schnittstellen kann jedoch über die Einbindung prozessorientierter Kennzahlen erreicht werden. Kommt es zu einer Aggregation dieser Kennzahlen über mehrere Ebenen, so muss ein Abstimmungsprozess zwischen den Unternehmen stattfinden, wodurch in gewissem Maße zugleich ein Abbau von Schnittstellen realisiert wird. Aufgrund der Offenheit des Modells ist bei Ein- oder Austritt von Unternehmen aus der Supply Chain eine weitere Verwendung des Instruments

---

[526] Vgl. Epstein/Manzoni (1997), S. 34.
[527] Vgl. Grüning (2002), S. 50.
[528] Vgl. Erdmann (2007), S. 111.

problemlos möglich, wobei aber ein gewisser Aufwand bei der Umgestaltung nötig sein wird. Insgesamt sind der Einführungs- und Betriebsaufwand bei diesem Konzept besonders im unternehmensübergreifenden Zusammenhang zwar auch beachtlich, jedoch wegen der geringeren Komplexität überschaubarer als etwa bei der Balanced Scorecard. Beim Tableau de Bord handelt es sich somit um einen in begrenztem Maße flexiblen, aber gut verständlichen Performance Measurement-Ansatz, der allerdings nicht alle Kriterien vollständig erfüllt.

Skandia Navigator

Der Skandia Navigator enthält – wie der vorherige Ansatz – sowohl finanzielle als auch nichtfinanzielle Kennzahlen. Andererseits werden hier neben quantitativen Kennzahlen qualitative Messgrößen wesentlich stärker berücksichtigt. Weiterhin sind in diesem Ansatz vergangenheits- und zukunftsorientierte sowie kurz- und langfristige Kennzahlen enthalten. Vom grundsätzlichen Aufbau her ähnelt der Skandia Navigator stark der Balanced Scorecard. Im Gegensatz zur Balanced Scorecard wird der Mitarbeiterperspektive jedoch eine zentrale Stellung zugeordnet und Verbesserungsmaßnahmen werden gesondert innerhalb der Erneuerungs- und Entwicklungsperspektive umgesetzt. Der kontinuierlichen Verbesserung wird also besondere Bedeutung beigemessen. Da jede Perspektive aus einem Fundus von Kennzahlen auswählen kann, spielt eine strategische Ausrichtung an den Unternehmenszielen im Gegensatz zur Balanced Scorecard allerdings eine untergeordnete Rolle. Positiv anzumerken ist, dass der Skandia Navigator sowohl interne als auch externe Anspruchsgruppen berücksichtigt, jedoch sind diese auf Kunden und Mitarbeiter beschränkt.

Aufgrund der Ähnlichkeit zur Balanced Scorecard soll für eine Anpassung an den unternehmensübergreifenden Kontext auf die Ansätze zu einer interorganisationalen Balanced Scorecard verwiesen werden. So kann einerseits eine Anwendung unternehmensübergreifender Kennzahlen in den bestehenden Perspektiven erfolgen, andererseits kann aber auch die Einführung zusätzlicher Perspektiven, beispielsweise zur Messung der Qualität der Zusammenarbeit, realisiert werden. Der Einsatz des Konzepts ist dabei zudem auf verschiedenen Leistungsebenen möglich. Hierbei sollte ebenfalls auf Ansätze zur SC-Balanced Scorecard zurückgegriffen werden, die auch zeigen, wie Ursache-Wirkungs-Beziehungen zwischen den einzelnen Ebenen abgebildet werden können.[529] Eine Prozessorientierung ist insoweit vorhanden, dass durch die Prozessperspektive prozessbezogene Kennzahlen ermittelt werden. Ein

---

[529] Vgl. Erdmann (2007), S. 178ff.; vgl. Richert (2006), S. 77ff.; vgl. Zimmermann (2003), S. 144ff.

modelltheoretischer Unterbau zur verbesserten Prozesserfassung fehlt jedoch.[530] Bei einer organisatorischen Veränderung in der Supply Chain werden aufgrund der Aufwändigkeit des Konzepts und der Betrachtung verschiedener Perspektiven etliche Umgestaltungen nötig sein. Insgesamt ist der Skandia Navigator zwar ein übersichtlicher Ansatz, der jedoch ebenfalls nicht alle Kriterien erfüllt.

Performance Pyramid

Die Performance Pyramid beinhaltet sowohl finanzielle und nicht-finanzielle als auch extern und intern orientierte Kennzahlen. In dem Ansatz überwiegen quantitative Kennzahlen, wobei z. B. mit der Kundenzufriedenheit ebenso qualitative Aspekte integriert werden. Auch zukunftsorientierte Kennzahlen können einbezogen werden, da beispielsweise für den Bereich Markt auf der Ebene der Geschäftseinheiten Kennzahlen wie die Forschungs- und Entwicklungsaufwendungen und der prozentuale Anteil an Marktsegmenten mit bedeutenden technologischen Veränderungen vorgeschlagen werden.[531] Die Kennzahlen werden top-down aus der Unternehmensstrategie abgeleitet, so dass strategische Ziele ebenenübergreifend mit operativen Zielen verknüpft werden. Die Performance Pyramid stellt dabei auf den oberen Ebenen hoch aggregierte Informationen zur Verfügung. Für untere Ebenen im Unternehmen stehen detaillierte Informationen zur Leistung bereit.[532] Somit werden neben kurzfristigen auch langfristige Optimierungsbemühungen unterstützt. Kontinuierliche Verbesserungsaktivitäten werden durch das Instrument u. a. über den Bereich der Aktivitäten ohne Wertschöpfungsbeitrag vorangetrieben.

Die Ausrichtung nach externer Effektivität und interner Effizienz erlaubt eine unternehmensübergreifende Ausrichtung dieses Performance Measurement-Instruments und dadurch die Einbindung von Lieferanten und Kunden. Allerdings ist im ursprünglichen Konzept die externe Orientierung insofern eingeschränkt, dass lediglich die direkten Kunden und Lieferanten in die Betrachtung einbezogen werden. Insbesondere die Bereiche Kundenzufriedenheit und Lieferzuverlässigkeit bedürfen daher aufgrund ihrer zentralen Bedeutung in der Supply Chain einer größeren Detaillierung, die auch die jeweils vorgelagerten Stufen (Kunde des Kunden, Lieferant des Lieferanten) verstärkt integriert. Zudem gilt es, für den im ursprünglichen Konzept rein intern ausgerichteten Bereich der Finanzierung eine unternehmensübergreifende Ausrichtung zu erzielen. Informationen können hierzu u. a. aus einer

---

[530] Vgl. Erdmann (2007), S. 170.
[531] Vgl. Lynch/Cross (1995), S. 72.
[532] Vgl. Erdmann (2007), S. 173.

entsprechenden Prozesskostenrechnung abgeleitet werden. Um die Mehrebenenbetrachtung auf die gesamte Supply Chain auszudehnen, müsste übergeordnet eine SC-Ebene eingeführt werden. Dementsprechend ließen sich dann bei geeigneter Auswahl der Kennzahlen Ursache-Wirkungs-Zusammenhänge, wie in Abb. 10 für den unternehmensinternen Bereich dargestellt, ableiten. Eine Prozessorientierung wird über die Einbeziehung entsprechender Kennzahlen, wie etwa der Durchlaufzeit, erreicht, der eigentliche Aufbau des Instruments spiegelt diese Prozessorientierung jedoch nicht direkt wider. Einführungs- und Betriebsaufwand sind aufgrund der zahlreichen Bereiche und der starken Verknüpfungen der Ebenen bei diesem Konzept als recht hoch einzustufen. Somit ist die Anpassung des Instruments an organisatorische Veränderungen in der Supply Chain ebenfalls nur unter recht großem Aufwand möglich, so dass das Konzept eine recht geringe Flexibilität aufweist. Zusammengefasst erfüllt auch die Performance Pyramid nicht alle Anforderungen, die an einen Performance Measurement-Ansatz im Handlungsfeld einer Supply Chain gestellt werden. Allerdings ist vor dem Hintergrund der recht guten Übereinstimmung der Grundelemente eine Übertragung der Performance Pyramid auf die Unternehmungen einer Supply Chain grundsätzlich möglich.

Quantum Performance Measurement

Das Quantum Performance Measurement-Konzept weist in seiner ursprünglichen Struktur zunächst eher eine unternehmensinterne Ausrichtung auf. Die Verwendung der Leistungsmaße Zeit und Qualität erlaubt die Entwicklung und den Einsatz nicht-monetärer Kennzahlen. Das Leistungsmaß Kosten beinhaltet die klassischen monetären Kennzahlen. Somit garantiert das Quantum Performance Measurement-Konzept eine gute Ausgewogenheit zwischen monetären und nicht-monetären Kennzahlen. Bei der Betrachtung der Anforderung, externe Anspruchsgruppen zu berücksichtigen, fällt auf, dass diese zwar nicht umfassend realisiert, jedoch bereits ansatzweise über das Leistungsmaß Qualität widergespiegelt wird. Dabei sind Lieferantenbeurteilung, -audit und -qualifizierung als Teil des Qualitätsmanagements in der Beschaffung zu betrachten.[533] Auch die Kundenorientierung ist stark im Qualitätsmanagement verankert.[534] Das Leistungsmaß Qualität trägt zudem dazu bei, dass qualitative Kennzahlen in die Betrachtung integriert werden. Kontinuierliche Verbesserungen und Abweichungsreduzierungen sollen im Rahmen dieses Konzepts besonders durch das Vorschlagswesen auf der Mitarbeiterebene umgesetzt werden. Hierdurch werden auch langfristige Optimierungsbemühungen unterstützt. Die Mehrebenenbetrachtung erlaubt die Integration sowohl strategischer

---

[533] Vgl. Pfeifer (2001), S. 469ff.
[534] Vgl. Zollondz (2006), S. 252.

Kennzahlen, die eher auf der Organisations- und in Teilen der Prozessebene zu finden sind, als auch operativer Kennzahlen auf der Mitarbeiterebene. Durch den Bereich Qualität bietet sich den Unternehmen die Möglichkeit, einige zukunftsorientierte Daten in das Instrument einzubinden, wobei in den anderen Bereichen jedoch vergangenheitsorientierte Kennzahlen überwiegen.

Für eine erfolgreiche Anwendung im Rahmen des Supply Chain Controlling ist aber eine verstärkte externe Ausrichtung unabdingbar. Dazu bedarf es neben der Mitarbeiter-, der Prozess- und der Organisationsebene einer weiteren Leistungsebene als vierte Dimension. Es entsteht auf diese Weise eine neue Quantum Performance-Matrix[535], die um eine Leistungsebene für die Supply Chain erweitert wurde. Diese beinhaltet die einzelnen Lieferanten von Roh-, Hilfs- und Betriebsstoffen sowie Kunden und Konsumenten. Dadurch wird es möglich, die Matrix um drei weitere Bereiche der Unternehmensführung bzw. entsprechende Kennzahlen zu ergänzen. Die Auftragsdurchlaufzeit kann in diesem Zusammenhang als zentrale Kennzahl zur Messung des Leistungsmaßes Zeit einer Supply Chain eingeführt werden. Der Bereich Qualität enthält hingegen die Kundenzufriedenheit als Messgröße zur Abbildung des Wiederkaufverhaltens bzw. der Kundentreue und die Lieferantenzufriedenheit als Messgröße der Zusammenarbeit mit den Lieferanten. Hierdurch sind zugleich auch Kennzahlen zur Abbildung des Stands der SC-Partnerschaften integriert. Im Bereich der SC-Kosten gilt es, die Kosten unternehmensübergreifender Prozesse zu erfassen. Dabei kann erneut die Prozesskostenrechnung als zentrales unternehmensübergreifendes Werkzeug zur Ermittlung der SC-Kosten genutzt werden.

Die Einführung dieser vierten Dimension öffnet die Quantum Performance-Matrix nach außen und macht es möglich, die Mehrebenenbetrachtung auf die Supply Chain auszudehnen. Idealerweise können dabei – je nach Auswahl der Kennzahlen – auch Ursache-Wirkungs-Zusammenhänge abgebildet werden. Die Prozessorientierung wird durch die gesonderte Leistungsebene Prozess abgebildet. Zudem werden mit den internen Durchlaufzeiten, der Auftragsdurchlaufzeit und der unternehmensübergreifenden Prozesskostenrechnung weitere prozessorientierte Bereiche in das Konzept aufgenommen. Die Ableitung der Kennzahlen erfolgt ebenfalls in einem prozessorientierten Ansatz, wobei dieser jedoch ziemlich unkonkret gehalten ist und zudem recht komplex ausfällt.[536] Dementsprechend sind der Einführungs- und Betriebsaufwand des Quantum Performance Measurement als sehr hoch einzustufen, wodurch bei Ein- oder Austritt von Unternehmen in der Supply Chain etliche Anpassungen

---

[535] Vgl. zur Quantum Performance-Matrix Tab. 3.
[536] Vgl. Abschnitt 3.1.4.5.

nötig werden. Obwohl der Quantum Performance Measurement-Ansatz viele der hier zugrunde gelegten Anforderungen recht gut erfüllt, wird er in der Praxis selbst im unternehmensinternen Zusammenhang nur sehr wenig genutzt. Dies wird vor allem mit dem großen Aufwand seiner Implementierung und der unscharfen Abgrenzung der Begrifflichkeiten begründet.[537]

Konzept der selektiven Kennzahlen

Das Konzept der selektiven Kennzahlen zielt ebenfalls auf einen ausgewogenen Kennzahleneinsatz ab. Dabei wird die Einbeziehung strategischer und operativer Kennzahlen explizit als zentrales Element des Konzepts gefordert. Somit werden sowohl kurz- als auch langfristige Optimierungsbemühungen unterstützt. Da das Konzept recht offen gestaltet ist, ist die Integration finanzieller und nicht-finanzieller, qualitativer und quantitativer sowie vergangenheits- und zukunftsorientierter Kennzahlen zwar nicht direkt durch das Konzept vorgegeben, kann aber über die Auswahl entsprechender Kennzahlen problemlos realisiert werden. Auch die Abbildung der Ansprüche interner und externer Anspruchsgruppen sowie kontinuierlicher Verbesserungsaktivitäten wird aufgrund der Einfachheit nicht automatisch garantiert, kann aber je nach Kennzahlenauswahl gewährleistet werden.

Bei der Übertragung des Konzepts auf den unternehmensübergreifenden Kontext nach WEBER/WALLENBURG behalten grundsätzlich die für den unternehmensinternen Bereich gemachten Aussagen ihre Relevanz. Allerdings muss zusätzlich die höhere Komplexität der unternehmensübergreifenden Lieferkette Berücksichtigung finden, indem eine derartige Erweiterung und Anpassung des Ansatzes erfolgt, dass ein einfacher und verständlicher Überblick über alle relevanten, engpassbezogenen Leistungs- und Kostenaspekte der Supply Chain gegeben wird. Hierzu werden drei Kennzahlenebenen unter Beibehaltung der zwei Perspektiven des Strategiebezugs und des operativen Engpassbezugs unterschieden.[538]

Abb. 26 zeigt das modifizierte Modell für das Controlling der gesamten Supply Chain.

---

[537] Vgl. Grüning (2002), S. 47f.
[538] Vgl. zu diesen drei Kennzahlenebenen Weber/Wallenburg (2010), S. 334f.

	Strategische Kennzahlen	Operative Kennzahlen
1. SC-Ebene	- Gesamtdurchlaufzeit der Supply Chain - Gesamtkosten der Supply Chain - Anteil auftragsbezogener Fertigung (Built-to-Order) der Supply Chain	- Cash-to-Cash Cycle Time - Anzahl der Schnittstellen zwischen allen Unternehmen - Lieferflexibilität der gesamten Supply Chain
2. Relationale Ebene	- Durchschnittliche Lagerbestände - Durchschnittliche Lieferfähigkeit - Qualitätsindex für Lieferant	- Durchschnittliche Lieferzeit - Variabilität der Sendungsgröße - Durchschnittliche Kosten pro Bestellung
3. Unternehmensebene	- Gesamtdurchlaufzeit in einzelnen Unternehmen - Durchschnittliche Logistikkosten pro Einheit - Kapitalbindungskosten	- Verfügbarkeit des automatischen Hochregallagers - Fehlerrate pro Kommisionierung - Aufträge pro Tag

Abb. 26: Beispiele für strategische und operative Kennzahlen auf den drei Ebenen des Supply Chain Controlling[539]

SC-Ebene

Auf dieser Ebene werden Kennzahlen, die die gesamte Supply Chain betreffen, abgebildet. Beispiele hierfür sind der Cash-to-Cash Cycle, also die Dauer, bis das investierte Geld zur Produktion einer Ware wieder zum Hersteller der Ware zurückfließt, oder die Gesamtdurchlaufzeit eines Auftrags.

Relationale Ebene

Auf der relationalen Ebene erfolgt die Betrachtung eines Ausschnittes der Wertschöpfungskette, also die Verbindung zwischen zwei Unternehmen, wie z. B. Produzent und Rohstofflieferant. Dabei werden Kennzahlen wie die durchschnittliche Lieferzeit vom Rohstofflieferanten zum Produzenten fokussiert.

---

[539] Vgl. Bacher (2004), S. 236.

Einzelnes Unternehmen

Auf der Ebene der einzelnen Unternehmen werden die strategischen und die operativen Kennzahlen der individuellen SC-Unternehmen dargestellt. Strategische Kennzahlen bilden dabei die Erfüllung der gesetzten Ziele des Unternehmens ab, während operative Kennzahlen die Engpassbereiche im Unternehmen aufdecken. Die Gesamtdurchlaufzeit des Produktes im Unternehmen als strategische Kennzahl sowie die Anzahl der Aufträge pro Tag als operative Kennzahl können beispielsweise auf dieser Ebene Anwendung finden.

Das Modell erlaubt über die Ebenenanordnung konkrete Zielvorgaben an alle Partner des Netzwerks. Die Kennzahlen der drei Ebenen stehen dabei optimalerweise in einem Ursache-Wirkungs-Zusammenhang, wodurch ein Kennzahlensystem generiert wird, welches die Verfolgung von Problemen von der SC-Ebene bis in die Ebene des einzelnen Unternehmens hinein ermöglicht.[540] Eine Orientierung an Prozessen ist im Konzept an sich nicht verankert, kann jedoch ebenfalls durch die Einbeziehung entsprechender Kennzahlen erreicht werden. Vorteilhaft an dem Konzept ist, dass aufgrund dessen begrenzter Komplexität und der sehr überschaubaren Menge an Kennzahlen auch dessen Einführungs- und Betriebsaufwand geringer ausfallen als bei anderen Konzepten. Dementsprechend sind bei organisatorischen Veränderungen in der Supply Chain Anpassungen flexibler durchführbar als bei einem umfangreicheren Konzept.

Die folgende Tabelle fasst die Bewertung der Performance Measurement-Instrumente zusammen. Dabei werden die Kriterien als erfüllt angesehen, wenn sie entweder bereits durch das ursprüngliche Konzept oder durch die vorgeschlagenen Modifikationen an den SC-Kontext realisiert werden.[541]

---

[540] Vgl. Weber/Wallenburg (2010), S. 334.
[541] Die vollständige Erfüllung der Kriterien wird durch ein Kreuz, die eingeschränkte Erfüllung der Kriterien durch ein Kreuz in Klammern kenntlich gemacht.

Tab. 16: Bewertung der Instrumente für den unternehmensübergreifenden Einsatz

	Balanced Score-card	Tableau de Bord	Skandia Navigator	Performance Pyramid	Quantum Performance Measurement	Selektive Kennzahlen
Zeit	X	X	X	X	(X)	(X)
Ausrichtung	X	(X)	X	X	X	(X)
Steuerungsziel	X	(X)	X	X	X	X
Dimension	X	X	X	X	X	(X)
Format	X	(X)	X	(X)	X	(X)
Planungsbezug	X	X		X	X	X
Anreizbezug	X		X	X	X	(X)
Mehrebenenbezug	X	(X)	X	(X)	(X)	X
Prozessorientierung	(X)	(X)	(X)	(X)	(X)	(X)
Flexibilität		(X)				X

Bei den Bewertungen fällt auf, dass die meisten der Instrumente den Großteil der gestellten Anforderungen komplett oder zumindest in eingeschränktem Maße erfüllen. Prinzipiell wären also unter Voraussetzung der beschriebenen Anpassungen an den interorganisationalen Zusammenhang alle Instrumente in einer unternehmensübergreifenden Beziehung einsetzbar. Dabei zeichnet sich die Balanced Scorecard durch einen besonders hohen Erfüllungsgrad der Bewertungskriterien aus. Das Tableau de Bord gibt hingegen nur einen Überblick über wichtige Informationen, während die Ableitung von Maßnahmen zur Verbesserung nicht unterstützt wird. Beim Skandia Navigator ist primär dessen mangelnder Strategie- bzw. Planungsbezug zu kritisieren, der stets als wesentliches Element des Performance Measurement genannt wird. Die Schwierigkeit des Einsatzes eines Quantum Performance Measurement liegt insbesondere in der komplizierten Struktur des Steuerungsmodells, und auch der Performance Pyramid mangelt es gegenüber der Balanced Scorecard an einer entsprechenden Ausgewogenheit zwischen Vor- und Nachlaufindikatoren.[542] Negativ anzumerken ist darüber hinaus die verhältnismäßig geringe Flexibilität der Instrumente, die deren Anpassung bei organisatorischen Veränderungen in der Supply Chain zeit- und kostenintensiv gestaltet. Lediglich beim Konzept der selektiven Kennzahlen handelt es sich um ein flexibleres Instrument, da dessen Einführungs- und Betriebsaufwand niedriger

---

[542] Vgl. Grüning (2002), S. 41.

ausfallen, so dass auch die Modifikation bei einem Wechsel der SC-Unternehmen besser zu bewerkstelligen ist.

6.5.2 Übertragung der Ansätze auf die zugrunde liegenden SC-Typen

Bei der Entscheidung über den Instrumenteneinsatz in den entwickelten SC-Typen ist einerseits die zuvor erfolgte generelle Bewertung der Instrumente für den SC-Kontext, andererseits für den differenzierten Anwendungszusammenhang die Unterscheidung zwischen interaktiven und diagnostischen Kennzahlensystemen zu Rate zu ziehen. Die interaktive Nutzung von Kennzahlensystemen deckt über regelmäßige Soll-Ist-Analysen Engpässe auf, so dass der aktuelle Zustand des Systems sowie dessen Weiterentwicklung laufend durch das Management überwacht werden. Im Rahmen der diagnostischen Nutzung wird hingegen davon ausgegangen, dass sich das System in gewisser Weise selbst reguliert, wobei keine ständige Kontrolle durch das Management vonnöten ist. Daher bedarf es im täglichen Betrieb keiner besonderen Aufmerksamkeit, und es werden nur gelegentliche Kontrollen vorgenommen. Lediglich bei starken Soll-Ist-Abweichungen kommt es zu Eingriffen durch das Management.[543] SIMONS argumentiert, dass diagnostische Systeme insbesondere zur Kontrolle von kritischen Erfolgsfaktoren eingesetzt würden, die wichtige Leistungsdimensionen einer zuvor festgelegten Strategie widerspiegeln. Wenn sich die Strategie mit der Zeit verändert, bedürfen die kritischen Erfolgsfaktoren und somit auch die Kennzahlen einer entsprechenden Anpassung.[544] Die Routine der zwar regelmäßigen, aber nicht allzu häufigen Leistungsmessungen bei diagnostischen Systemen ist jedoch nicht für sehr volatile Märkte geeignet, da durch diese wichtige Umweltentwicklungen nicht rechtzeitig erkannt werden. Um eine schnelle Reaktion auf veränderte Marktgegebenheiten zu ermöglichen, sind stattdessen kontinuierliche Leistungsmessungen notwendig. Es gilt daher, ständig den Markt zu beobachten, weil plötzlich auftretende Umweltveränderungen ansonsten die Realisierung der Unternehmensstrategie beeinflussen können.[545]

Die oben dargestellte Argumentation legt nahe, aufgrund der Volatilität der Märkte in agilen Supply Chains interaktive und in schlanken Supply Chains mit ihren stabilen Marktbedingungen diagnostische Kennzahlensysteme zu nutzen. Der Einsatz diagnostischer Kennzahlen-

---

[543] Es wird in diesem Zusammenhang auch von „management by exception", d. h. dem Management nach Ausnahmeprinzip, gesprochen. Dabei werden viele Aufgaben in die Verantwortung der Mitarbeiter übergeben, während das Management nur bei der Lösung außergewöhnlicher Probleme eingeschaltet wird. Vgl. Haberkorn (1996), S. 59.
[544] Vgl. Simons (1995), S. 63ff.
[545] Vgl. Simons (1995), S. 91ff.

systeme in der schlanken Supply Chain unterstützt dabei auch das der Lean Production zugrunde liegende Prinzip der verstärkten Verantwortungsübertragung an die Mitarbeiter. Von den zuvor diskutierten Performance Measurement-Instrumenten wird das Konzept der selektiven Kennzahlen den interaktiven und die Balanced Scorecard den diagnostischen Systemen zugeordnet. Dabei legt ersteres über seine begrenzte Menge an Kennzahlen den Fokus auf bestimmte Engpässe und deren regelmäßige Kontrolle, während letzteres durch seine Ausgewogenheit der Messgrößen garantieren soll, dass keine ständigen Kontrollmaßnahmen notwendig sind.[546] Bei den anderen Instrumenten erfolgt hingegen in der Literatur keine Einordnung in eines der beiden Systeme. Allerdings ist davon auszugehen, dass diese Instrumente wegen ihrer im Vergleich zum Konzept der selektiven Kennzahlen größeren Vielfalt an Messgrößen – wie die Balanced Scorecard – im Rahmen einer diagnostischen Nutzung Einsatz finden. Von den verschiedenen diagnostischen Systemen weist die Balanced Scorecard somit den höchsten Erfüllungsgrad der obigen Bewertungskriterien für die Verwendung in Supply Chains auf. Entsprechend wird das Konzept der selektiven Kennzahlen für agile und die Balanced Scorecard für schlanke Supply Chains empfohlen.

Dabei liegt die Idee zugrunde, dass ein Performance Measurement in der agilen Supply Chain so gestaltet sein muss, dass schnell auf neue Marktentwicklungen, wie z. B. veränderte Kundenwünsche, reagiert werden kann. Zudem ist zu berücksichtigen, dass aufgrund der verhältnismäßig kurzen Produktlebenszyklen und der produktspezifischen Partnerschaften recht häufig die SC-Unternehmen wechseln. Es muss folglich ein Instrument überschaubaren Umfangs eingesetzt werden, das leicht an organisatorische Veränderungen angepasst werden kann, also die Integration neuer SC-Partner gut ermöglicht.[547] Diese Einfachheit des Instruments ist auch für den eigentlichen Betrieb notwendig. Da wegen des volatilen Marktes ein häufiger Austausch der Kennzahlen erfolgen muss, um sicherzugehen, dass rechtzeitig auf mögliche Veränderungen der Messwerte reagiert wird, ist die Konzentration auf eine sehr begrenzte Menge an Kennzahlen notwendig. Diese Überlegungen unterstützen den Einsatz des Konzepts der selektiven Kennzahlen in der agilen Supply Chain, der auch durch die Erläuterungen zum Charakteristikum „Kopplung der SC-Unternehmen" aus Unterkap. 5.5 naheliegt. So wurde hier bereits dargestellt, in diesem SC-Typ den Fokus primär auf den laufenden Informationsaustausch und weniger auf die Einführung aufwändiger Instrumente sowie den damit verbundenen regen Informationsaustausch in der Aufbauphase der

---

[546] Vgl. Weber/Wallenburg (2010), S. 335.
[547] Auch GUNASEKARAN stellt fest, dass ein im Rahmen eines Agile Manufacturing eingesetztes Informationssystem so gestaltet sein muss, dass neue Kooperationspartner möglichst problemlos in dieses einbezogen werden können. Vgl. Gunasekaran (1999), S. 5f.

Supply Chain zu legen. Die anderen der oben für den Einsatz in der Supply Chain überprüften Instrumente sind damit aufgrund ihres großen Einführungs- und Anpassungsaufwands bei Partnerwechsel nicht zu empfehlen. Zudem ist auch die Beschränkung auf eine begrenzte Menge an Kennzahlen, die einen problemlosen interaktiven Einsatz des Instruments ermöglicht, lediglich durch das Konzept der selektiven Kennzahlen gegeben.

In der schlanken Supply Chain liegen hingegen andere Voraussetzungen vor. Die Lebenszyklen der von diesem SC-Typ hergestellten Produkte sind länger als in der agilen Supply Chain und die Umweltbedingungen zeichnen sich durch mehr Stabilität aus. Dementsprechend sind zwar regelmäßige, jedoch nicht allzu häufige Soll-Ist-Vergleiche der Kennzahlen notwendig, um ein entsprechendes Performance Measurement durchzuführen und rechtzeitig auf Umweltveränderungen reagieren zu können. Zudem wechseln die SC-Unternehmen seltener als in der agilen Supply Chain, so dass der hierdurch entstehende Aufwand nicht so sehr als Entscheidungskriterium bei der Auswahl adäquater Performance Measurement-Instrumente ins Gewicht fällt. Es bietet sich somit die Etablierung von komplexeren Kennzahlensystemen an, die durch ihre Ausgewogenheit jedoch garantieren, dass nicht die ständige Aufmerksamkeit des Managements in Bezug auf die Entwicklung der Kennzahlenwerte gefordert ist. Dabei ist davon auszugehen, dass die bei der Einführung der Instrumente entstehenden Kosten sich in der schlanken Supply Chain aufgrund der im Vergleich zur agilen Supply Chain langfristigeren Partnerschaften zwischen den Unternehmen amortisieren. Auch diese Erkenntnisse decken sich mit den Ausführungen zu den SC-Charakteristika in Unterkap. 5.5. So wird hier argumentiert, dass in der schlanken Supply Chain bereits in der Aufbauphase ein verstärkter Informationsaustausch stattfindet, da in die Aufstellung langfristiger Pläne sowie deren Kontrolle investiert wird.

Durch die vorherigen Überlegungen ist es naheliegend, den Einsatz einer Balanced Scorecard für die schlanke Supply Chain zu empfehlen, da durch deren ausgewogene Darstellung der SC-Leistung eine gewisse „Selbstregulierung" des Systems gewährleistet wird, so dass keine laufende Überwachung der Kennzahlenentwicklung erfolgen muss. Dies wird trotz des höheren Einführungs- sowie Anpassungsaufwands bei Partnerwechsel – wie oben bereits dargelegt – auch zu den in der schlanken Supply Chain zentralen Kosteneinsparungen führen, weil anzunehmen ist, dass sich die Investition in ein aufwändiges Performance Measurement-System in den langfristigen Partnerschaften dieses SC-Typs amortisiert.

6.6 Einbindung der Kennzahlen in die Instrumente des Performance Measurement

Nachdem in Abschnitt 6.4.2 die wichtigsten Kennzahlen für die schlanke sowie die agile Supply Chain aus deren Zieldimensionen abgeleitet wurden und im vorherigen Abschnitt das Konzept der selektiven Kennzahlen für den Einsatz in der agilen sowie die Balanced Scorecard für die Nutzung in der schlanken Supply Chain empfohlen wurde, soll nun dargelegt werden, wie die Kennzahlen in diese Instrumente eingebunden werden können. Da hierbei bereits die Entscheidung über entsprechende Instrumente und Kennzahlen für die verschiedenen SC-Typen getroffen wurde, wird im Folgenden auf allgemeine Erläuterungen verzichtet und direkt auf die Ansätze für die die agile und die schlanke Supply Chain Bezug genommen.

Zur Anwendung des Konzepts der selektiven Kennzahlen in der agilen Supply Chain müssen die in deren Zieldimensionen Flexibilität, Qualität und Zeit abgeleiteten Kennzahlen in die sechs Felder dieses Konzepts eingeordnet werden. Dabei muss einerseits eine Einteilung in die SC-Ebene, die relationale Ebene oder die Unternehmensebene erfolgen. So bezieht sich beispielsweise die Kennzahl „SC-Durchlaufzeit" auf die gesamte Supply Chain, die „Entwicklungszeiten einzelner Module" sind z. B. aufgrund der Einbindung der Lieferanten in die Entwicklungsprozesse der relationalen Ebene zwischen zwei SC-Unternehmen zuzuordnen und die Unternehmensebene bildet die rein interne Perspektive, u. a. über die Messung der „Rüstzeiten" der einzelnen SC-Unternehmen, ab. Andererseits wird eine Differenzierung zwischen strategischen und operativen Kennzahlen vorgenommen, wobei beispielsweise die Kennzahlen, die Durchlauf- und Entwicklungszeiten widerspiegeln, in den strategischen Bereich eingeordnet werden, während z. B. Reklamations- und Ausschussquoten operativ ausgerichtet sind.

Entsprechend der Ausführungen in den vorherigen Unterkapiteln wird somit folgender Aufbau für das Konzept der selektiven Kennzahlen in der agilen Supply Chain[548] vorgeschlagen.

---

[548] Für die detaillierte Beschreibung der einzelnen Kennzahlen in der Abbildung wird auf Abschnitt 6.4.2 verwiesen.

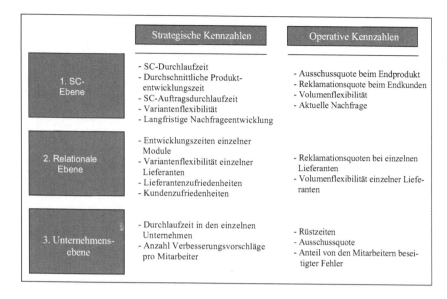

Abb. 27: Selektive Kennzahlen in der agilen Supply Chain

Bei Nutzung dieses Konzepts in der agilen Supply Chain gegenüber dem allgemeinen unternehmensübergreifenden Ansatz fällt auf, dass der Fokus hier nicht auf Kostenkennzahlen, sondern auf Kennzahlen, die die Flexibilität der Supply Chain widerspiegeln, liegt. Die Kostenminimierung ergibt sich in diesem Fall als nachrangiges Ziel der Supply Chain, wobei davon ausgegangen wird, dass vor allem über Kennzahlen aus dem Bereich Zeit unter der Prämisse der gewünschten Flexibilität eine Kostenreduzierung unterstützt wird. Durch diese Auswahl der Kennzahlen kann das Konzept – insbesondere aufgrund seiner offenen Ausgestaltung – problemlos an die strategische Ausrichtung der agilen Supply Chain angepasst werden. Zusätzlich zu den zuvor erläuterten Key Performance Indicators aus den drei zentralen Zielbereichen werden dabei auch die bereits angesprochenen Kennzahlen zur Zufriedenheit der Endkunden bzw. mit der SC-Partnerschaft sowie zur Nachfrageentwicklung integriert. Für die Nachfrageentwicklung ist auf der operativen Ebene die aktuelle Kundennachfrage, auf der strategischen Ebene hingegen die langfristige Nachfrageentwicklung, die als Frühwarnsystem für die Vertriebsabteilung dient,[549] zu beobachten. Besonders bei den Nachfragekennzahlen, aber auch bei einigen anderen Kennzahlen, ist natürlich eine differen-

---

[549] Bei einem langfristigen Rückgang der Nachfrage sind absatzpolitische Instrumente aus den Bereichen der Produkt-, Preis-, Kommunikations- und Distributionspolitik einzusetzen. Vgl. hierzu u. a. Kotler/Keller/Bliemel (2007), S. 491ff. Da solche absatzpolitischen Maßnahmen in das Aufgabengebiet des Marketings und nicht des SCM fallen, soll auf diese hier jedoch nicht näher eingegangen werden.

zierte Betrachtung für verschiedene Produktvarianten notwendig. Zudem wird bei einigen Kennzahlen auch die Rückverfolgung von der SC- bis auf die Unternehmensebene möglich. So wird beispielsweise einerseits die SC-Durchlaufzeit ermittelt, andererseits aber auch die Durchlaufzeiten in den Einzelunternehmen.

Beim Einsatz der Balanced Scorecard in der schlanken Supply Chain wird auf den Ansatz nach STÖLZLE/HEUSLER/KARRER zurückgegriffen. Die Autoren stellen – wie bereits oben dargelegt – die Einrichtung einer separaten Lieferantenperspektive als wesentliche Veränderung gegenüber dem unternehmensinternen Aufbau der Balanced Scorecard vor. Daraus resultiert eine Balanced Scorecard mit den fünf Perspektiven Finanzen, Lieferanten, Kunden, Prozesse sowie Lernen und Entwicklung.[550] Dieser Ansatz wird als Basis für die Anwendung der Balanced Scorecard in der schlanken Supply Chain zugrunde gelegt, da die Lieferanten in dieser Art der Supply Chain eine herausragende strategische Bedeutung haben. Dies lässt sich insbesondere mit dem hiermit verbundenen Just in Time-Konzept begründen, das eine verstärkte Integration einer begrenzten Anzahl langfristig in die Supply Chain eingebundener Lieferanten erfordert. Diese Fokussierung auf die Lieferanten lässt sich auch aus der Beschreibung der SC-Typologie erkennen, da bei den Merkmalen „Kopplung der SC-Unternehmen" und „Synchronisation der Prozesse" eine intensive lieferantenseitige Ausrichtung konstatiert wird.

Dementsprechend sind die für die schlanke Supply Chain in den Bereichen Kosten, Qualität und Zeit empfohlenen Kennzahlen den hier zugrunde liegenden Balanced Scorecard-Perspektiven Finanzen, Lieferanten, Kunden, Prozesse sowie Lernen und Entwicklung zuzuordnen. Dabei gehören die Kennzahlen aus dem Zielbereich Kosten zur Finanzperspektive der Balanced Scorecard. Der Großteil der Kennzahlen aus dem Zielbereich Zeit wird hingegen in die Prozessperspektive, aber teilweise auch in die Lieferantenperspektive eingeordnet. Die Lern- und Entwicklungs-, die Kunden- und die Lieferantenperspektive umfassen darüber hinaus primär die Kennzahlen zur Abbildung der Qualität sowie der Nachfrageentwicklung in der Supply Chain. Zudem werden die vorgeschlagenen qualitativen Messgrößen zu Zufriedenheitswerten der verschiedenen SC-Akteure in diese Perspektiven integriert.

Somit ergibt sich folgende Einbindung der für die schlanke Supply Chain abgeleiteten Kennzahlen[551] in die Balanced Scorecard nach STÖLZLE/HEUSLER/KARRER.

---

[550] Vgl. Stölzle/Heusler/Karrer (2001), S. 80f.
[551] Für die genaue Erläuterung der einzelnen Kennzahlen in der Abbildung wird entsprechend der obigen Vorgehensweise auf Abschnitt 6.4.2 verwiesen.

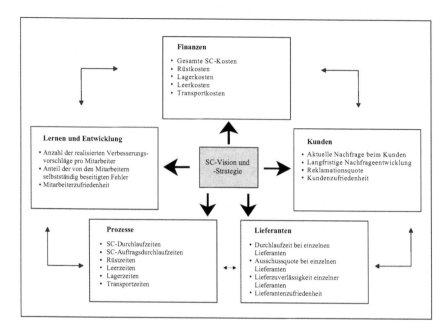

Abb. 28: Balanced Scorecard in der schlanken Supply Chain

Gemäß der obigen Abbildung wirkt die Balanced Scorecard auf den ersten Blick nicht entscheidend komplexer als das zuvor für die agile Supply Chain dargelegte Konzept der selektiven Kennzahlen. Allerdings gilt es zu berücksichtigen, dass beim Aufzeigen von Ursache-Wirkungs-Zusammenhängen wieder das Mehrebenenprinzip anzuwenden wäre, so dass zwischen der SC-Ebene, der relationalen Ebene und der Unternehmensebene zu unterscheiden wäre. Das Konzept der selektiven Kennzahlen umfasst bereits diese drei Ebenen, während die obige Darstellung der Balanced Scorecard lediglich die SC- und die relationale Ebene widerspiegelt.[552] Die relationale Ebene wird dabei durch die Kunden- und Lieferantenperspektive erfasst. Die Unternehmensebene müsste zusätzlich durch in den einzelnen Unternehmen jeweils zu etablierende Balanced Scorecards Berücksichtigung finden.[553] Außerdem

---

[552] Der Grad der Aggregation der Kennzahlen variiert dabei aufgrund der hier zugrunde liegenden Idee der diagnostischen Steuerung teilweise im Vergleich zum Konzept der selektiven Kennzahlen in der Supply Chain. So wurde beispielsweise dort davon ausgegangen, dass die Kennzahlen aus dem Bereich Mitarbeiter nur auf der Unternehmensebene erfasst werden, während diese hier auch auf der SC-Ebene ausgewiesen werden. Zudem wurde die Mitarbeiterzufriedenheit, die dort gar nicht gemessen wird, in das Konzept integriert.

[553] Da hier der Fokus auf der unternehmensübergreifenden Betrachtung liegt, soll auf die Balanced Scorecards der einzelnen Unternehmen jedoch nicht im Detail eingegangen werden.

ist auch hier wieder eine Differenzierung mancher Kennzahlen nach den verschiedenen Produktvarianten notwendig.

Bei Betrachtung der fünf Perspektiven fällt auf, dass die Bereiche Finanzen, Lieferanten und Prozesse diejenigen mit einer besonders großen Bedeutung in der schlanken Supply Chain darstellen. So spiegelt die Finanzperspektive das zentrale Ziel der Kostenminimierung wider. Die Rolle der Lieferanten in der schlanken Supply Chain wurde im vorherigen Abschnitt bereits dargelegt. Auch die Wichtigkeit der Prozessperspektive ist offensichtlich, da im Zusammenhang mit der schlanken Supply Chain stets davon gesprochen wird, die Prozesse so zu optimieren, dass nicht zur Wertschöpfung beitragende Arbeitsschritte identifiziert und eliminiert werden können. Daher liegt es nahe, die Kennzahlen in diesen drei Perspektiven höher zu gewichten als die Kennzahlen in den restlichen Perspektiven.

Eine solche Gewichtung der Kennzahlen in der Balanced Scorecard wird in der Literatur vor allem im Zusammenhang mit der Etablierung von Anreizsystemen vorgenommen.[554] Dabei erfolgt die Anreizgewährung in Abhängigkeit von der Erreichung bestimmter Kennzahlenwerte, wobei die Höhe der Anreize zudem damit zusammenhängt, welche Kennzahlen in welchen Perspektiven die anvisierten Werte erzielen. Hierbei schlagen etwa KAPLAN/NORTON vor, die Höhe der Jahresboni zu 60 % von der Erreichung der Zielwerte in der Finanzperspektive abhängig zu machen, während die Erzielung entsprechender Werte in den anderen drei Perspektiven die Bonisumme nur zu 40 % beeinflusst.[555]

Voraussetzung für ein Anreizsystem auf Grundlage der gewichteten Kennzahlen der Balanced Scorecard ist jedoch die Aggregation der Kennzahlen, die in die Ermittlung einer globalen Erfolgskennzahl mündet. Es entsteht also letztlich aus den verschiedenen Messgrößen der Balanced Scorecard eine neue Kennzahl, auf Basis derer dann die Anreize gewährt werden.[556] Zur Kalkulation einer solchen globalen Erfolgskennzahl eignet sich ein Scoring-Modell[557], das auch in der schlanken Supply Chain im Rahmen der Einführung eines Anreizsystems zu empfehlen ist. Dabei begünstigt die in der schlanken im Verhältnis zur agilen Supply Chain längerfristige Beziehung zwischen den verschiedenen SC-Partnern die Etablierung von Anreizsystemen, für die eine entsprechende globale Erfolgskennzahl eine adäquate Basis

---

[554] Vgl. Budde (2007), S. 522ff.; Ewert/Wagenhofer (2008), S. 561ff.; Pfaff/Kunz/Pfeiffer (2000), S. 36ff.; Wagenhofer (1999), S. 199. Hier soll lediglich die Gewichtung der Kennzahlen als Voraussetzung der Etablierung eines Anreizsystems diskutiert werden; die eigentliche Einführung eines Anreizsystems fällt in den Bereich der Implementierung des Performance Measurement. Vgl. hierzu auch Unterkap. 6.7.
[555] Vgl. Kaplan/Norton (1996a), S. 217ff.
[556] Vgl. Wagenhofer (1999), S. 199.
[557] Vgl. zur Ermittlung einer globalen Erfolgskennzahl in einer unternehmensübergreifenden Balanced Scorecard unter Einsatz eines Scoring-Modells Fandel/Giese/Trockel (2010), S. 695f.

bildet. Zudem wird mit der globalen Erfolgskennzahl eine neue Messgröße geschaffen, die unter bestimmten Voraussetzungen nicht nur als Grundlage eines Anreizsystems, sondern auch im Rahmen der diagnostischen Steuerung der schlanken Supply Chain einsetzbar ist.

Dabei gilt es allerdings zu berücksichtigen, dass die globale Erfolgskennzahl auf der Basis eines Scoring-Modells kalkuliert wird und sich damit die Schwierigkeiten dieser Methode auf die globale Erfolgskennzahl übertragen. So werden an Scoring-Modellen vor allem die Problematiken der Festlegung der Gewichtungen sowie der Quantifizierung der Merkmalsausprägungen kritisiert.[558] Die Bestimmung der Gewichte erfolgt subjektiv, wobei für eine sinnvolle Gewichtung viel über den Informationsgehalt der einzelnen Kennzahlen bekannt sein muss. Zudem spielen auch die in der Balanced Scorecard unterstellten Ursache-Wirkungs-Zusammenhänge zwischen den Kennzahlen eine bedeutende Rolle bei der Festlegung der Gewichte und sollten entsprechend in diese einfließen.[559] Daher müssen die Verantwortlichen in den Supply Chains bereits langfristig die Entwicklung der einzelnen Kennzahlenwerte beobachtet haben, um eine sinnvolle Gewichtung der Kennzahlen durchzuführen. Entsprechendes gilt auch für die Überführung der Kennzahlenwerte in ein einheitliches Quantifizierungsschema. Vor diesem Hintergrund ist die Erweiterung um eine Gewichtung der Balanced Scorecard-Perspektiven zur Kalkulation einer globalen Erfolgskennzahl nur zu empfehlen, wenn die grundlegende Balanced Scorecard bereits eine gewisse Zeit in der Supply Chain angewandt wurde und somit entsprechende Erfahrungswerte vorliegen.

Unter diesen Bedingungen lässt sich eine zentrale Erfolgskennzahl sowohl als Grundlage der Etablierung eines Anreizsystems, aber auch als Kennzahl zur Ergänzung der in der schlanken Supply Chain vorherrschenden diagnostischen Steuerung einsetzen. Die Idee der diagnostischen Steuerung ist – wie oben bereits dargelegt wurde – dass aufgrund der ausgewogenen Darstellung der Kennzahlen nicht deren laufende Überwachung durch das Management vonnöten ist. Stattdessen kommt es nur zu gelegentlichen Kontrollen. Die globale Erfolgskennzahl bietet dabei eine zusätzliche Sicherheit, wenn die gelegentlichen Kontrollen der Einzelkennzahlen durch das Management bzw. das Supply Chain Controlling durch eine regelmäßigere Soll-Ist-Analyse der Ergebniskennzahl ergänzt werden. Hierzu gilt es, bestimmte Soll-Werte für die Ergebniskennzahl festzulegen, bei deren Unterschreitung nähere Analysen bezüglich der Abweichungsursachen bzw. eine außerplanmäßige Soll-Ist-Kontrolle einzelner Kennzahlen in die Wege geleitet werden.

---

[558] Vgl. Bartmann/Pope (1980), S. 31f.
[559] Vgl. Ewert/Wagenhofer (2008), S. 561.

Obwohl diese Analyse unter Zuhilfenahme der globalen Erfolgskennzahl theoretisch eine gute Möglichkeit darstellt, eine Frühwarnfunktion für die Veränderung bestimmter Kennzahlenwerte zu erfüllen, ist sie in der Praxis dennoch mit einigen Schwierigkeiten behaftet und muss vor ihrer Einführung umfassend geprüft werden. Zudem sind – wie oben bereits erwähnt – zunächst gewisse Erfahrungen mit der Balanced Scorecard vonnöten, um deren entsprechende Erweiterung durchzuführen.

6.7 Implementierung des Performance Measurement

Nach der eigentlichen Entwicklung des Performance Measurement-Konzepts gilt es, dieses in den verschiedenen SC-Typen zu implementieren. Die Implementierung beschreibt die Phase, in der das Performance Measurement in Betrieb genommen wird, so dass die Kennzahlenmessung regelmäßig durchgeführt werden kann.[560] Sie ist entscheidend, um die effektive und langfristige Nutzung neuer Kennzahlensysteme in der Supply Chain sicherzustellen. Dabei umfasst die Implementierung jedoch eher routinemäßige Vorgänge und Aufgaben, von denen viele unabhängig von der Art der gemessenen Kennzahlen bzw. den eingesetzten Kennzahlensystemen sind.[561]

Daher sollen im Folgenden primär allgemeine Hinweise zur Implementierung eines Performance Measurement in der Supply Chain gegeben werden. Eine Unterscheidung zwischen schlanker und agiler Supply Chain wird nicht in einem separaten Abschnitt, sondern nur bei wenigen Aspekten im Rahmen der folgenden Darstellungen gemacht. Die Implementierung ist dennoch als wichtiger Bestandteil der Einführung eines Performance Measurement-Konzepts zu betrachten, da deren Durchführung in der Praxis häufig mit großen Schwierigkeiten verbunden ist. So scheitern selbst im unternehmensinternen Bereich rund 70 % dieser Art von Implementierungsvorhaben.[562]

---

[560] Vgl. Bourne et al. (2000), S. 758.
[561] Vgl. Lönnquvist (2004), S. 119.
[562] Vgl. McCunn (1998), S. 34. Zur Implementierung von Performance Measurement-Systemen in der Supply Chain lagen keine entsprechenden Zahlen vor. Jedoch ist aufgrund der erhöhten Anzahl der involvierten Personen sowie der gesteigerten Komplexität davon auszugehen, dass der Anteil hier noch höher läge.

Die Implementierung des Performance Measurement beinhaltet in erster Linie die Etablierung von Prozeduren für die regelmäßige Messung der Kennzahlen. Diese umfassen Fragestellungen bezüglich

- Häufigkeit der Erfassung einzelner Kennzahlen,
- Zuständigkeit ausgewählter Personen für die Messung bestimmter Kennzahlen und
- Anreizen bei Erreichung bestimmter Kennzahlenwerte.

Die Häufigkeit der Erfassung der Kennzahlen wird insbesondere durch die SC-Umwelt bestimmt, wobei die Messfrequenz in Abhängigkeit von der Länge des Planungshorizonts bzw. der Dauer der Gültigkeit eines gemessenen Kennzahlenwertes festzulegen ist.[563] Dabei gilt, dass sich der Zyklus der Messungen mit steigender Volatilität der Kennzahlenwerte verkürzen sollte. In einer agilen Supply Chain, die auf Flexibilität ausgerichtet ist, sind Kennzahlen dabei tendenziell öfter zu erfassen als in der schlanken Supply Chain. So kann über die häufigere Messung gewährleistet werden, dass bei Veränderungen in der SC-Umwelt, also beispielsweise einer stark steigenden Kundennachfrage nach bestimmten Produktvarianten, eine schnelle Reaktion seitens der Supply Chain auf diese ermöglicht wird. Dieser Zusammenhang wurde bereits bei den Erläuterungen zur interaktiven Steuerung in der agilen Supply Chain detailliert dargelegt. Allerdings sollte auch in der agilen Supply Chain die Häufigkeit der Kennzahlenerfassung variieren, wobei insbesondere Kennzahlen zur Nachfrageentwicklung wegen ihrer hohen Volatilität in sehr kurzen Intervallen auszutauschen sind. Bei Kennzahlen aus dem Bereich der SC-Partnerschaften genügt hingegen auch der Austausch in größeren Zeitintervallen.

Die grundsätzliche Zuständigkeit für das Performance Measurement wurde bereits vor der Entwicklung des entsprechenden Konzepts im Rahmen der organisatorischen Verankerung bestimmt. Allerdings beinhaltet dies noch nicht die konkrete Verantwortung einzelner Personen, bestimmte Informationen zur Verfügung zu stellen, die erst nach der Entwicklung des Konzepts genau festgelegt werden kann.[564] Diese konkreten Verantwortungsbereiche werden dabei nicht durch die hier zugrunde liegenden SC-Typen, sondern durch andere individuelle SC-Eigenschaften, wie z.B. die Ausstattung mit Personalressourcen, determiniert.

Anreize bezeichnen eine Vereinbarung zwischen Arbeitgeber und Arbeitnehmer, bei der Erreichung zuvor festgelegter spezieller Ziele eine Belohnung in Form eines zusätzlichen

---

[563] Vgl. Wettstein (2002), S. 185.
[564] Vgl. Wagner/Patzak (2007), S. 167.

Entgelts oder einer anderen Art der Vergütung zu erstatten.[565] In der Supply Chain können Anreize jedoch zusätzlich im Rahmen von Zulieferer-Abnehmer-Beziehungen Einsatz finden, wobei dem Lieferanten bestimmte Arten von Anreizen für die Erfüllung ausgewählter Beurteilungskriterien geboten werden.[566] Da der Aufbau von Anreizsystemen mit einigem Aufwand verbunden ist, werden diese aufgrund der längerfristigen Lieferantenbeziehungen vermehrt in der schlanken Supply Chain Einsatz finden, während sich in der agilen Supply Chain mit ihren häufig wechselnden Mitgliedern Investitionen in entsprechende Anreizsysteme meist nicht amortisieren werden.[567]

Darüber hinaus sind Systeme für die Sammlung und Aufbereitung der Informationen zur Verfügung zu stellen. Dazu wird bei der Visualisierung der Ergebnisse auf Berichtsbögen zurückgegriffen, die im Rahmen eines Reporting einen Überblick über den Leistungsstand der verschiedenen Objekte,[568] also in diesem Fall der unterschiedlichen SC-Ebenen, geben. Das Reporting wird dabei durch Tabellenkalkulationsprogramme, aber auch spezialisierte Softwaretools unterstützt. In diesem Zusammenhang wird häufig auf Eigenentwicklungen der Unternehmen zurückgegriffen, die in der Regel auf Microsoft-Standardsoftware, wie Excel und Access, basieren. Alternativ finden auf SAP-Systemen (meist SAP ERP) aufbauende Softwareanwendungen Einsatz, wobei Auswertungen aus dem SAP-System oft mit Microsoft Excel aufbereitet werden.[569]

Die Implementierung von Kennzahlensystemen kann als rückgekoppelter Prozesskreislauf aufgefasst werden, bei dem Kennzahlen nach ihrer Entwicklung eingeführt und auf Wirksamkeit überprüft werden. Im Anschluss, je nach Ergebnis der Überprüfung, folgt eine Anpassung bzw. Verfeinerung des Kennzahlensystems, die die erneute Einführung und Überprüfung nach sich ziehen.[570] Dabei ist die Kontinuität der Vorgehensweise unerlässlich, da das Performance Measurement regelmäßig an die externen Bedingungen angepasst werden muss, aber auch während des Implementierungsprozesses an sich Probleme auftreten können, die durch die für das Performance Measurement zuständige Stelle zu lösen sind.[571]

---

[565] Vgl. Gleich (2001), S. 24.
[566] Vgl. hierzu u. a. Fandel/Giese/Raubenheimer (2009), S. 74ff.
[567] Darüber hinaus zeigte sich im Rahmen der Kennzahlenableitung, dass Kostenkennzahlen in dieser SC-Art eher eine untergeordnete Rolle spielen, so dass der Austausch von sensiblen Kostendaten auf ein Minimum beschränkt werden kann. Dies wird entsprechend auch die Möglichkeiten zu opportunistischem Verhalten begrenzen. Vgl. hierzu auch Abschnitt 3.4.2 und Unterkap. 6.6.
[568] Vgl. Gleich (2001), S. 25.
[569] Vgl. Grüning (2002), S. 203. Da es sich hierbei um Fragen der EDV-Unterstützung handelt, die eher dem Bereich des Informationsmanagements als des Performance Measurement zugerechnet werden, soll auf diese hier nicht näher eingegangen werden.
[570] Vgl. Fortuin (1988), S. 1f.
[571] Vgl. Schreyer (2007), S. 150.

KEEBLER ET AL. schlagen vor diesem Hintergrund vor, den Implementierungprozess zunächst auf den Prototyp eines Performance Measurement mit wenigen Kennzahlen zu beziehen. Der Ansatz wird gewählt, um bei einer begrenzten Anzahl von Kennzahlen deren Effektivität zu testen. Es können jedoch gleichzeitig mehrere Prototypen simultan entwickelt und geprüft werden, die nach erfolgreichem Abschluss der Tests miteinander verknüpft werden. Wesentliche Fragen, die in der Prototypenphase beantwortet werden sollen, beziehen sich neben dem grundsätzlichen Problem der Effektivität der Kennzahl auf die zuvor bereits erwähnten Aspekte der Messfrequenz und des Verantwortungsbereiches.[572] Je nach Ergebnis erfolgt entweder die Trainingsphase oder aber es kommt zu einem erneuten Durchlaufen der Prototypenentwicklung, durch die die Kennzahl angepasst bzw. durch eine andere ersetzt wird. Während der Trainingsphase werden die Mitarbeiter der betroffenen Bereiche für die Verwendung der neuen Kennzahlen geschult, so dass sie selbstständig die Kennzahlen auf Basis der vorhandenen Quelldaten ermitteln und, falls erforderlich, Maßnahmen ableiten können.[573] Durch den begrenzten Umfang neuer Kennzahlen, die während der Prototypenentwicklung betrachtet werden, ist der Prozess übersichtlich und einfach zu durchlaufen.

Im Folgenden sollen abschließend die wichtigsten Voraussetzungen und Hindernisse bei der Implementierung kurz vorgestellt werden.

Voraussetzungen

Für eine erfolgreiche Implementierung sind verschiedene Faktoren entscheidend. Dabei ist es die Aufgabe des Managements, die Implementierung des neuen Kennzahlensystems voranzutreiben, indem die Mitarbeiter konsequent für deren Umsetzung verantwortlich gemacht werden. Hierzu sind Fortschritte bei der Implementierung durch regelmäßige Sitzungen zu kontrollieren, die den Mitarbeitern neben der Kontrollfunktion zugleich auch das Engagement des Managements bei der Einführung des neuen Systems verdeutlichen.[574] Die Durchführung eines Pilotprojekts oder die Unterstützung durch externe Berater kann hierbei helfen, die Implementierung des Performance Measurement zügig voranzutreiben.[575]

Hiermit einhergehend sollten im Rahmen der Implementierung klare Verantwortlichkeiten festgelegt werden, wobei die zuständigen Mitarbeiter vom Management benannt werden müssen. Zu den Aufgaben der entsprechenden Mitarbeiter gehört es, stets den Überblick über

---

[572] Vgl. Keebler et al. (1999), S. 146.
[573] Vgl. Keebler et al. (1999), S. 148f.
[574] Vgl. Hacker/Brotherton (1998), S. 22.
[575] Vgl. Bodmer/Völker (2000), S. 481.

die entwickelten Kennzahlen zu wahren sowie deren Implementierung zu begleiten. Ebenso müssen sie den Inhalt bzw. die Bedeutung der Kennzahlen darlegen, sollte es zu unterschiedlichen Interpretationen kommen.[576] Die einheitliche Interpretation der Kennzahlen spielt dabei in der Supply Chain – wie bereits dargelegt wurde – eine besondere Rolle. Aufgrund der unternehmensübergreifenden Ausrichtung ist eine Standardisierung der Messgrößen nicht nur innerhalb, sondern auch zwischen den beteiligten Unternehmen sicherzustellen. Andernfalls ist die Aussagekraft der Kennzahlen sehr eingeschränkt, und es kann zu Fehlsteuerungen kommen.

Eine wesentliche Voraussetzung für die Implementierung eines Performance Measurement stellt zudem die Motivation der Mitarbeiter dar. So hängt die Schnelligkeit der Verstetigung eines Performance Measurement laut der Studie von BODMER/VÖLKER maßgeblich von dessen Nutzen für die beteiligten Mitarbeiter ab.[577] Dieser lässt sich dadurch steigern, dass die Kennzahlen nicht nur durch die Beteiligten zur Verfügung gestellt werden müssen, sondern auch durch sie beeinflusst werden können. Auf diese Weise könnte eine Ausweitung der Verantwortlichkeiten zur Motivationssteigerung beitragen. Andererseits sollte aber auch der Aufwand für die Kennzahlenerfassung nicht zu groß ausfallen, um die Unterstützung der Mitarbeiter sicherzustellen. Hierfür stellen der Einsatz aktueller Informationssysteme sowie die Bereitstellung ausreichenden Kapitals und zusätzlicher Ressourcen wesentliche Voraussetzungen dar.[578]

Hindernisse

Die Implementierung eines Performance Measurement ist häufig mit zahlreichen Schwierigkeiten verbunden. Insbesondere kann es zu Unstimmigkeiten in der Supply Chain kommen, wenn neue Kennzahlen schlechte oder unerfüllte Leistungserbringungen aufzeigen und dies zu negativen Konsequenzen für die betroffenen Mitarbeiter führt. So werden Mitarbeiter zunächst ablehnend reagieren, wenn sie von der Absicht erfahren, individuelle Leistungen zu messen.[579] Dieses Problem lässt sich nicht gänzlich beheben, kann aber über eine aktive Einbindung der Mitarbeiter in die Kennzahlenentwicklung sowie eine Förderung bzw. Änderung der SC-Kultur abgeschwächt werden. Dazu gehört, dass diese von Offenheit und bewusster Delegation geprägt ist, d.h. die Leistungsmessung sollte – wie oben bereits erwähnt

---

[576] Vgl. Neely (1998), S. 50.
[577] Vgl. Bodmer/Völker (2000), S. 482.
[578] Vgl. Bechtel/Jayaram (1997), S. 22.
[579] Vgl. Hacker/Brotherton (1998), S. 22.

– mit der Verantwortungsübertragung für die entsprechenden Kennzahlen an die individuellen Mitarbeiter verbunden werden.[580]

Eher funktionale Hindernisse bei der Implementierung bestehen in der fehlenden Richtigkeit bzw. Genauigkeit der Messung, da unkorrekte Messungen ein falsches Bild der erbrachten Leistungen wiedergeben. Die notwendige Genauigkeit der Messung ist dabei von der Sensitivität des Messwertes abhängig. Das bedeutet, dass bei Kennzahlen mit kleiner Schwankungsbreite, aber gleichzeitig großen Auswirkungen auf den Erfolg die Messung entsprechend sehr detailliert zu erfolgen hat. Die Messungen müssen hierbei stets Teil des jeweiligen Prozesses sein, damit die Datenerhebung nicht auf Freiwilligkeit beruht. Um Inkonsistenzen zu vermeiden, müssen die Messwerte wechselseitig überprüft werden. Dies ist vor allem dann erforderlich, wenn die Ausgangsgrößen eines Prozesses die Eingangsgrößen eines anderen Prozesses darstellen und diese Größen einen Einfluss auf die Bewertung der Leistungserbringung haben.[581]

Mit der obigen Voraussetzung der einheitlichen Interpretation der Kennzahlen geht das Problem der Datenerfassung einher. Dabei muss diese aufgrund fehlender anderer Möglichkeiten häufig manuell vorgenommen werden, was einen enormen Zeitaufwand nach sich zieht und in der Regel nur bei Unternehmen mit einer überschaubaren Produktpalette und Kundenanzahl überhaupt realisierbar ist. Zudem erfordert auch die Programmierung der entsprechenden Berichte zur Datenextraktion zahlreiche Personalressourcen und verursacht so erhebliche Kosten.[582] Die Kosten fallen noch höher aus, wenn für die Implementierung des Performance Measurement zunächst ein komplett neues EDV-System eingeführt werden muss. In diesem Fall spielen auch Fragen der Datenzugangsberechtigung eine besondere Rolle.[583]

Diese Schwierigkeiten bei der Implementierung treten in der Supply Chain gegenüber der unternehmensinternen Betrachtung vor dem Hintergrund erhöhter Datenmengen und der Beteiligung einer größeren Anzahl von Stakeholdern in verstärktem Maße auf. Um den Implementierungsaufwand trotzdem in überschaubaren Grenzen zu halten, sollte bei der vorherigen Entwicklung des Performance Measurement-Konzepts darauf geachtet werden, eine besonders sorgfältige Auswahl der zu erfassenden Kennzahlen sowie der einzusetzenden Instrumente zu treffen.

---

[580] Vgl. Keebler et al. (1999), S. 166.
[581] Vgl. Globerson (1985), S. 642ff.
[582] Vgl. Bourne et al. (2002), S. 1298.
[583] Vgl. Bourne et al. (2000), S. 763.

6.8 Zusammenfassung der Handlungsempfehlungen für die verschiedenen Prozessschritte

In den vorausgehenden Unterkapiteln wurde der Prozess der Einführung eines Performance Measurement-Konzepts in zwei verschiedenen, zuvor abgegrenzten SC-Typen illustriert. Dabei wurden für jeden Prozessschritt Handlungsempfehlungen bezüglich der jeweils zu treffenden Entscheidungen vorgestellt. Die wichtigsten Ergebnisse dieser prozessorientierten Betrachtung sollen in der folgenden Tabelle noch einmal zusammengefasst werden.

Tab. 17: *Zusammenfassende Handlungsempfehlungen für die Einführung eines differenzierten Performance Measurement-Konzepts*

	Agile Supply Chain	Schlanke Supply Chain
Ableitung der SC-Strategie	• Abstimmung der SC-Strategien der verschiedenen Unternehmen mittels hierarchischer oder heterarchischer Koordination • Analyse der Ausgangslage der Supply Chain z. B. mittels Branchenanalyse nach PORTER oder SWOT-Analyse • Einordnung der Supply Chain in die beiden SC-Typen mittels Erstellung einer Checkliste	
Organisatorische Verankerung des Performance Measurement	• Co-Controlling, bei dem mehrere Unternehmen gemeinschaftlich das Performance Measurement durchführen • wichtig: klare Abgrenzung der Aufgaben	• Single-Controlling, bei dem ein Unternehmen alleine das Performance Measurement durchführt • wichtig: zweites Unternehmen als Kontrollinstanz
Ableitung entsprechender Kennzahlen	• primär Kennzahlen aus den Bereichen Flexibilität, Qualität und Zeit	• primär Kennzahlen aus den Bereichen Kosten, Qualität und Zeit
Auswahl entsprechender Instrumente des Performance Measurement	• interaktive Steuerung mit dem Konzept der selektiven Kennzahlen	• diagnostische Steuerung mit der Balanced Scorecard
Einbindung der Kennzahlen in die Instrumente des Performance Measurement	• Selektive Kennzahlen, die in erster Linie Flexibilitäts- statt Kostenorientierung widerspiegeln • Herunterbrechen der Kennzahlen auf drei Ebenen (SC-, relationale und Unternehmensebene)	• Balanced Scorecard mit zusätzlicher Lieferantenperspektive • Möglichkeit der höheren Gewichtung der zentralen Bereiche Finanzen, Prozesse und Lieferanten, evtl. Ermittlung einer globalen Erfolgskennzahl
Implementierung des Performance Measurement	• Routinemäßige Vorgänge zur Inbetriebnahme des Performance Measurement, von denen die meisten unabhängig vom SC-Typ sind • Voraussetzungen: Unterstützung durch das Management, Festlegung klarer Verantwortlichkeiten, Motivation der Mitarbeiter • Hindernisse: Ablehnung der Mitarbeiter, mangelnde Genauigkeit der Messergebnisse, Aufwand bei der Datenerfassung	

Die in der obigen Tabelle dargestellten Ergebnisse der Untersuchung werden im nun folgenden Fazit noch einmal zusammenfassend erläutert.

7. Fazit

Gegenstand der vorliegenden Arbeit war die Entwicklung eines ganzheitlichen Konzepts für die Einführung eines differenzierten Performance Measurement in verschiedenen SC-Typen. Die Entstehung unternehmensübergreifender Wertschöpfungsketten wird durch den zunehmenden Wettbewerb derzeit stark vorangetrieben, da über Kooperationen Kosten-, Zeit- und Qualitätsvorteile realisierbar sind. Die Steuerung der Supply Chains im Rahmen eines entsprechenden Controlling unterliegt jedoch besonderen Anforderungen. Dabei wird die Idee eines erweiterten Kennzahleneinsatzes, der von der ausschließlichen Verwendung rein finanzorientierter und nicht an der Strategie ausgerichteter Messgrößen abrückt, durch die unternehmensübergreifende Betrachtungsweise untermauert. So führen die erhöhte Komplexität sowie die zunehmende Anzahl der Adressaten des Controlling dazu, dass verstärkt auch Vorlaufindikatoren der traditionellen Finanzkennzahlen erhoben und den Entscheidungsträgern zur Verfügung gestellt werden sollten.

Vor diesem Hintergrund erklärt sich das aktuelle Forschungsinteresse am Supply Chain Performance Measurement, das sich in zahlreichen Veröffentlichungen zu dieser Thematik in den letzten Jahren widerspiegelt. Allerdings fokussiert die Forschung dabei in erster Linie die Entwicklung von Kennzahlen sowie den Einsatz von wenigen ausgewählten Instrumenten, insbesondere der Balanced Scorecard, für den unternehmensübergreifenden Anwendungskontext. Weitergehende Fragen zur Einführung eines Performance Measurement-Konzepts finden hingegen meist keine Betrachtung. Darüber hinaus wird das Performance Measurement – trotz der Forderung nach dessen Strategieorientierung – kaum in Verbindung gebracht zu bestehenden Ansätzen zur SC-Typologisierung. Diese Umsetzungsschwierigkeiten beim unternehmensübergreifenden, differenzierten Performance Measurement zeigen sich auch in der Praxis. So wird dessen Erfolgspotential zwar erkannt, aber leider in vielen Unternehmen noch nicht genutzt.

Das strategieorientierte Performance Measurement in verschiedenen SC-Typen wurde demzufolge in der vorliegenden Untersuchung einer ausführlichen Betrachtung unterzogen, wobei die Einbeziehung unterschiedlicher Ansatzpunkte in die Analyse erfolgte. Dabei wurden zunächst die wesentlichen Grundlagen für die Klärung der zentralen Fragestellung gelegt. Ausgehend von den Begriffen der Supply Chain und des SCM konnte hierbei die Bedeutung eines Controlling von unternehmensübergreifenden Wertschöpfungsketten herausgestellt werden. Das Performance Measurement lässt sich als Bestandteil eines solchen Supply Chain Controlling auffassen, da die diesem Konzept zugrunde liegenden Kennzahlen seit langer Zeit eines der wichtigsten Controlling-Instrumente darstellen. Allerdings zeigte sich, dass ein modernes Performance Measurement zahlreiche Weiterentwicklungen gegenüber dem traditionellen Kennzahleneinsatz erfordert. Zu den bedeutendsten innovativen Aspekten zählen der Strategie- und Anreizbezug der Kennzahlen sowie die Integration kurz- und langfristiger, monetärer und nicht-monetärer, quantitativer und qualitativer sowie in- und externer Kennzahlen. Die vorgestellten Instrumente des Performance Measurement spiegeln diese Gesichtspunkte wider. Ein unternehmensübergreifendes Performance Measurement muss hingegen zusätzliche Anforderungen erfüllen, die aus der erhöhten Komplexität der Wertschöpfungskette resultieren. So sind beispielsweise die Einbeziehung weiterer unternehmensübergreifender Kennzahlen sowie die Berücksichtigung mehrerer Ebenen bei deren Erfassung vonnöten. Trotz des regen Interesses am Supply Chain Performance Measurement ergibt sich folglich weiterer Forschungsbedarf.

Der diesem gegenübergestellte Blick in die Praxis kam zu interessanten Ergebnissen. Obwohl in der Literatur die Weiterentwicklung von Kennzahlensystemen im Sinne eines Performance Measurement reges Interesse erfährt, werden in vielen der in Wertschöpfungsketten eingebundenen Unternehmen offensichtlich immer noch primär finanzorientierte Kennzahlen genutzt. Allerdings zeigte sich auch, dass bei SC- im Gegensatz zu anderen Unternehmen bereits in gewissem Maße eine positive Entwicklung zu beobachten ist. Besonders bei solchen Supply Chains, die ihre Strategie primär auf eine erhöhte Flexibilität ausrichten, konnte eine zunehmende Abkehr von der ausschließlichen Finanzorientierung der Kennzahlen nachgewiesen werden. Es offenbarten sich dementsprechend gewisse Unterschiede beim Kennzahleneinsatz in verschiedenen SC-Typen, wobei diese Differenzierung besonders bei erfolgreichen Supply Chains belegt wurde. Durch die Erkenntnisse aus der Praxis konnte somit die Forderung nach einem differenzierten Performance Measurement in Supply Chains gestützt werden.

Zur Ableitung einer eigenen SC-Typologie als Basis für das differenzierte Performance Measurement-Konzept wurden zunächst diverse Ansätze zur Typologisierung von Supply Chains aus der Literatur kategorisiert und vorgestellt. Die vergleichende Bewertung der verschiedenen Ansätze führte dazu, die an den Konzepten der Lean Production und des Agile Manufacturing ausgerichtete produktionsorientierte Typologisierung aufgrund ihrer umfassenden Merkmalsauswahl und -beschreibung für das weitere Vorgehen zugrunde zu legen. Allerdings wurde diese Typologisierung insofern erweitert, dass Merkmale zur Beschreibung des Verhältnisses der SC-Partner untereinander integriert wurden, um die Darstellung der schlanken und der agilen Supply Chain zu fundieren.

Bei der Darstellung des Prozesses zur Einführung eines Performance Measurement-Konzepts in diesen beiden SC-Typen erfolgte eine Untergliederung in Vorbereitungs-, Entwicklungs- und Implementierungsphase. Ziel war es, Handlungsempfehlungen bezüglich der in diesen Phasen zu treffenden Entscheidungen zu geben. Die Ableitung einer SC-Strategie diente dabei als Basis für ein differenziertes Performance Measurement. Die Erstellung einer Checkliste, die die differenzierenden Merkmale der beiden SC-Typen enthielt, erlaubte die Einordnung in die Typen der schlanken, der hybriden oder der agilen Supply Chain. Die nun folgende Entscheidung über die organisatorische Verankerung des Performance Measurement zählte noch zur Vorbereitungsphase, geschah aber bereits in Abhängigkeit von dem zugrunde liegenden SC-Typ. So wird in der schlanken Supply Chain, die einem strategischen Netzwerk ähnelt, in der Regel ein fokales Unternehmen existieren, das das Performance Measurement alleine durchführt, aber auf jeden Fall durch ein zweites Unternehmen kontrolliert werden sollte. Die Eigenschaften der agilen Supply Chain, die eher den Charakter eines virtuellen Unternehmens aufweist, führen dazu, dass das Performance Measurement hier bei einer klaren Abgrenzung der Aufgaben gemeinschaftlich erledigt werden sollte.

Die im Rahmen der eigentlichen Entwicklung des Performance Measurement-Konzepts durchzuführende Ableitung der Kennzahlen zeigte entsprechend der Zielbereiche des jeweiligen SC-Typs in der schlanken Supply Chain klare Schwerpunkte in den Bereichen Kosten, Qualität und Zeit, während in der agilen Supply Chain Kennzahlen aus den Bereichen Flexibilität, Qualität und Zeit empfohlen wurden. Die Entscheidung über den Einsatz entsprechender Instrumente des Performance Measurement erfolgte über die Abgrenzung zwischen interaktiver und diagnostischer Steuerung. Bei der interaktiven Nutzung von Kennzahlensystemen werden der aktuelle Zustand des Systems sowie dessen Weiterentwicklung ständig durch das Management überwacht; die diagnostische Steuerung setzt hingegen eine gewisse Selbstregulierung des Systems voraus, so dass nur gelegentliche Kontrollen vorgenommen werden. Vor diesem Hintergrund stellt das einfach aufgebaute Konzept der selektiven Kennzahlen in den volatilen Märkten der agilen Supply Chain ein geeignetes Instrument zur interaktiven Steuerung dar. Dabei sind die Kennzahlen, die primär die Flexibilitätsorientierung dieses SC-Typs widerspiegeln sollten, auf die verschiedenen Ebenen herunterzubrechen. Die Balanced Scorecard garantiert demgegenüber einen ausgewogenen Kennzahleneinsatz zur diagnostischen Steuerung der schlanken Supply Chain. Die starke Lieferantenorientierung dieses SC-Typs brachte die Idee der Einrichtung einer zusätzlichen Lieferantenperspektive in der entsprechenden Balanced Scorecard hervor. Zudem kann eine globale Erfolgskennzahl, bei deren Kalkulation die Möglichkeit der höheren Gewichtung der zentralen Perspektiven Finanzen, Prozesse und Lieferanten besteht, die Grundlage für die Etablierung eines Anreizsystems bilden bzw. eine ergänzende Frühwarnfunktion bei der diagnostischen Steuerung erfüllen.

Im Zusammenhang mit der abschließenden Implementierung, also der Überführung des Performance Measurement in den ständigen Betrieb, wurden schließlich wesentliche Voraussetzungen und Hindernisse abgeleitet, die jedoch zumeist unabhängig vom SC-Typ auftreten. So sind zur Implementierung eines entsprechenden Performance Measurement klare Verantwortlichkeiten festzulegen, die Unterstützung durch das Management zu garantieren sowie die diesbezügliche Motivation der Mitarbeiter voranzubringen. Dem entgegen stehen bei einem solchen Vorhaben das Misstrauen von seiten der Belegschaft, der enorme Aufwand bei der Datenerfassung und die mangelnde Genauigkeit der Messergebnisse.

Die vorliegende Arbeit kann über die zuvor dargelegten Ergebnisse Antworten auf die anfänglich gestellten Forschungsfragen geben. Dabei wird ein grundlegendes Verständnis dafür geschaffen, dass die Steuerung von Supply Chains verschiedenen Anforderungen unterliegt. Die Untersuchungen dienen daher als Basis für weitergehende Überlegungen hinsichtlich der differenzierten Ausgestaltung eines SCM und Supply Chain Controlling. In diesem Kontext wäre etwa die Konzeptionierung eines differenzierten Kostenmanagements denkbar. Darüber hinaus könnten die durchgeführten Analysen jedoch auch weitere Forschungsbemühungen auf dem Gebiet des strategieorientierten Supply Chain Performance Measurement nach sich ziehen. So ist die Idee, dass sich Supply Chains bestimmten Typen zurechnen lassen, recht eng gefasst, bildet aber eine gute Grundlage für die Ableitung entsprechender Gestaltungsempfehlungen bezüglich eines differenzierten Performance Measurement. Vor diesem Hintergrund bietet die Arbeit einen Rahmen, der bei Anwendung des Konzepts – je nach weiteren individuellen SC-Eigenschaften – spezifisch zu vertiefen ist.

Literaturverzeichnis

Agarwal, A.; Shankar, R.; Tiwari, M. K. (2006): Modeling the metrics of lean, agile and leagile supply chain: An ANP-based approach, in: European Journal of Operational Research, 173. Jg., Heft 1, S. 211-225.

Alicke, K. (2005): Planung und Betrieb von Logistiknetzwerken: Unternehmensübergreifendes Supply Chain Management, 2. Aufl., Berlin et al.: Springer.

Ansoff, H. I. (1979): Strategic management, London: Macmillan.

Arndt, H. (2010): Supply Chain Management: Optimierung logistischer Prozesse, 5. Aufl., Wiesbaden: Gabler.

Arnold, U.; Eßig, M.; Kummer, S.; Stölzle, W.; Weber, J. (2005): Supply (Chain) Controlling zwischen Rückstand und Fortschritt: Thesen zum Entwicklungsstand einer dynamischen Disziplin, in: Controlling – Zeitschrift für erfolgsorientierte Unternehmenssteuerung, 17. Jg., Heft 1, S. 41-48.

Bacher, A. (2004): Instrumente des Supply Chain Controlling: Theoretische Herleitung und Überprüfung der Anwendbarkeit in der Unternehmenspraxis, Wiesbaden: Deutscher Universitäts-Verlag.

Balke, N.; Küpper, H.-U. (2005): Controlling in Netzwerken: Struktur und Systeme, in: Zentes, J.; Swoboda, B.; Morschett, D. (Hrsg.): Kooperationen, Allianzen und Netzwerke: Grundlagen – Ansätze – Perspektiven, 2. Aufl., Wiesbaden: Gabler, S. 1033-1056.

Bamberg, G.; Baur, F.; Krapp, M. (2008): Statistik, 14. Aufl., München et al.: Oldenbourg.

Bartmann, D. R.; Pope, J. A. (1980): Ein Scoring-Modell bei mehrfacher Zielsetzung mit unsicheren oder fehlenden Daten und abhängigen Zielen, in: Zeitschrift für Operations Research, 24. Jg., Heft 2, S. 29-45.

Baumgarten, H.; Darkow, I.-L. (2004): Konzepte im Supply Chain Management, in: Busch, A.; Dangelmaier, W. (Hrsg.): Integriertes Supply Chain Management: Theorie und Praxis unternehmensübergreifender Geschäftsprozesse, 2. Aufl., Wiesbaden: Gabler, S. 91-110.

Baumgarten, H.; Wolff, S. (1999): The next wave of logistics: Global supply chain e-efficiency, Berlin et al.: Bundesvereinigung Logistik (BVL).

Beamon, B. M. (1998): Supply chain design and analysis: Models and methods, in: International Journal of Production Economics, 55. Jg., Heft 3, S. 281-294.

Beamon, B. M. (1999): Measuring supply chain performance, in: International Journal of Operations & Production Management, 19. Jg., Heft 3/4, S. 275-292.

Bechtel, C.; Jayaram, J. (1997): Supply Chain Management: A Strategic Perspective, in: International Journal of Logistics Management, 8. Jg., Heft 1, S. 15-34.

Beckmann, H. (2004): Supply Chain Management: Strategien und Entwicklungstendenzen in Spitzenunternehmen, Berlin et al.: Springer.

Bichler, K.; Gerster, W.; Reuter, R. (1994): Logistik-Controlling mit Benchmarking: Praxisbeispiele aus Industrie und Handel, Wiesbaden: Gabler.

Bititci, U. S.; Turner, T.; Begemann, C. (2000): Dynamics of performance measurement systems, in: International Journal of Operations & Production Management, 20. Jg., Heft 6, S. 692-704.

Bodmer, C.; Völker, R. (2000): Erfolgsfaktoren bei der Implementierung einer Balanced Scorecard: Ergebnisse einer internationalen Studie, in: Controlling – Zeitschrift für erfolgsorientierte Unternehmenssteuerung, 12. Jg., Heft 10, S. 477-484.

Bogaschewsky, R.; Rollberg, R. (2002): Produktionssynchrone Zulieferungskonzepte, in: Hahn, D.; Kaufmann, L. (Hrsg.): Handbuch Industrielles Beschaffungsmanagement: Internationale Konzepte – innovative Instrumente – aktuelle Praxisbeispiele, 2. Aufl., Wiesbaden: Gabler, S. 281-300.

Bourne, M.; Mills, J.; Wilcox, M.; Neely, A. D.; Platts, K. (2000): Designing, implementing and updating performance measurement systems, in: International Journal of Operations and Production Management, 20. Jg., Heft 7, S. 754-771.

Bourne, M.; Neely, A. D.; Platts, K.; Mills, J. (2002): The success and failure of performance measurement initiatives: Perceptions of participating managers, in: International Journal of Operations & Production Management, 22. Jg., Heft 11, S. 1288-1310.

Bowersox, D. J.; Closs, D. J. (1996): Logistical Management: The Integrated Supply Chain Process, New York et al.: McGraw-Hill.

Brewer, P. C., Speh, T. W. (2000): Using the Balanced Scorecard to measure Supply Chain Performance, in: Journal of Business Logistics, 21. Jg., Heft 1, S. 75-93.

Buchholz, W.; Moncada, P. (2006): Ausgestaltung der Supply Chain in den Phasen des Produktlebenszyklus, in: Supply Chain Management, 6. Jg., Heft 3, S. 33-39.

Budde, J. (2007): Performance Measure Congruity and the Balanced Scorecard, in: Journal of Accounting Research, 45. Jg., Heft 3, S. 515-539.

Bundesvereinigung Logistik (2004): Differentiation for performance: results of the fifth quinquennial European logistics study "Excellence in logistics 2003/2004", Hamburg: Deutscher Verkehrs-Verlag.

Busch, A.; Dangelmaier, W. (2004): Integriertes Supply Chain Management – ein koordinationsorientierter Überblick, in: Busch, A.; Dangelmaier, W. (Hrsg.): Integriertes Supply Chain Management: Theorie und Praxis unternehmensübergreifender Geschäftsprozesse, 2. Aufl., Wiesbaden: Gabler, S. 1-21.

Camp, R. C. (1994): Benchmarking: The search for industry best practices that lead to superior performance, München et al.: Hanser.

Chae, B. (2009): Developing key performance indicators for supply chain: an industry perspective, in: Supply Chain Management: An International Journal, 14. Jg., Heft 6, S. 422-428.

Chakravarty, A. K. (2001): Market Driven Enterprise: Product Development, Supply Chains, and Manufacturing, New York et al.: Wiley.

Chan, F. T. S. (2003): Performance Measurement in a Supply Chain, in: International Journal of Advanced Manufacturing Technology, 21. Jg., Heft 7, S. 534-548.

Chan, F. T. S.; Qi, H. J. (2002): Feasibility of performance measurement system for supply chain: a process-based approach and measures, in: Integrated Manufacturing Systems, 14. Jg., Heft 3, S. 179-190.

Chan, F. T. S.; Qi, H. J. (2003): An innovative performance measurement method for supply chain management, in: Supply Chain Management: An International Journal, 8. Jg., Heft 3, S. 209-223.

Chia, A.; Goh, M.; Hum, S.-H. (2009): Performance measurement in supply chain entities: balanced scorecard perspective, in: Benchmarking: An International Journal, 16. Jg., Heft 5, S. 605-620.

Childerhouse, P.; Towill, D. (2000): Engineering supply chains to match customer requirements, in: Logistics Information Management, 13. Jg., Heft 6, S. 337-345.

Christopher, M. (1992): Logistics and supply chain management: strategies for reducing costs and improving services, London: Pitman.

Christopher, M. (2000): The Agile Supply Chain: Competing in Volatile Markets, in: Industrial Marketing Management, 29. Jg., Heft 1, S. 37-44.

Christopher, M.; Peck, H.; Towill, D. (2006): A taxonomy for selecting global supply chain strategies, in: International Journal of Logistics Management, 17. Jg., Heft 2, S. 277-287.

Christopher, M.; Towill, D. (2000): Supply chain migration from lean and functional to agile and customised, in: Supply Chain Management: An International Journal, 5. Jg., Heft 4, S. 206-213.

Cook, M.; Hagey, R. (2003): Why companies flunk supply-chain 101: Only 33 percent correctly measure supply-chain performance; few use the right incentives, in: Journal of Business Strategy, 24. Jg., Heft 4, S. 35-42.

Cooper, M. C.; Lambert, D. M.; Pagh, J. D. (1997): Supply Chain Management. More Than a New Name for Logistics, in: The International Journal of Logistics Management, 8. Jg., Heft 1, S. 1-14.

Corsten, D. S.; Gabriel, C. (2004): Supply Chain Management erfolgreich umsetzen: Grundlagen, Realisierung und Fallstudien, 2. Aufl., Berlin et al.: Springer.

Corsten, H.; Gössinger, R. (2008): Einführung in das Supply Chain Management, 2. Aufl., München et al.: Oldenbourg.

Darkow, I.-L. (2003): Logistik-Controlling in der Versorgung: Konzeption eines modularen Systems, Wiesbaden: Deutscher Universitäts-Verlag.

Defee, C. C.; Stank, T. P. (2005): Applying the strategy-structure-performance paradigm to the supply chain environment, in: International Journal of Logistics Management, 16. Jg., Heft 1, S. 28-50.

de Guerny, J.; Guiriec, J.-C.; Lavergne, J. (1990): Principes et mise en place du tableau de bord de gestion, 6. Aufl., Paris: Delmas.

de Toni, A.; Tonchia, S. (2001): Performance measurement systems: Models, characteristics and measures, in: International Journal of Operations & Production Management, 21. Jg., Heft 1/2, S. 46-70.

de Treville, S.; Shapiro, R. D.; Hameri, A.-P. (2004): From supply chain to demand chain: the role of lead time reduction in improving demand chain performance, in: Journal of Operations Management, 21. Jg., Heft 6, S. 613-628.

Diller, H. (1994): Vahlens großes Marketing Lexikon, München: Deutscher Taschenbuch Verlag.

Dreyer, D. E. (2000): Performance Measurement: A Practitioner's Perspective, in: Supply Chain Management Review, 4. Jg., Heft 4, S. 62-68.

Edvinsson, L. (1997): Developing Intellectual Capital at Skandia, in: Long Range Planning, 30. Jg., Heft 3, S. 366-373.

Edvinsson, L.; Malone, M. S. (1997): Intellectual capital: Realizing your company's true value by finding its hidden brainpower, New York: Harper Business.

Ellram, L. M.; Cooper, M. C. (1990): Supply Chain Management, Partnerships, and the Shipper-Third Party Relationship, in: International Journal of Logistics Management, 1. Jg., Heft 2, S. 1-10.

Epstein, M. J.; Manzoni, J.-F. (1997): The Balanced Scorecard and Tableau de Bord: Translating strategy into action, in: Management Accounting, 79. Jg., Heft 8, S. 28-36.

Epstein, M. J.; Manzoni, J.-F. (1998): Implementing corporate strategy: From Tableaux de Bord to Balanced Scorecards, in: European Management Journal, 16. Jg., Heft 2, S. 190-203.

Erdmann, M.-K.: Supply Chain Performance Measurement: Operative und strategische Management- und Controllingansätze, 2. Aufl., Lohmar et al.: Eul.

Ewert, R.; Wagenhofer, A. (2008): Interne Unternehmensrechnung, 7. Aufl., Berlin et al.: Springer.

Fandel, G.; Fey, A.; Heuft, B.; Pitz, T. (2009): Kostenrechnung, 3. Aufl., Berlin et al.: Springer.

Fandel, G.; Fistek, A.; Stütz, S. (2010): Produktionsmanagement, 2. Aufl., Berlin et al.: Springer.

Fandel, G.; François, P. (1989): Just-in-Time-Produktion und -Beschaffung: Funktionsweise, Einsatzvoraussetzungen und Grenzen, in: Zeitschrift für Betriebswirtschaft, 59. Jg., Heft 5, S. 531-544.

Fandel, G.; Giese, A.; Raubenheimer, H. (2009): Supply Chain Management: Strategien – Planungsansätze – Controlling, Berlin et al.: Springer.

Fandel, G.; Giese, A.; Trockel, J. (2010): Entwicklung einer Balanced Scorecard für eine kooperative Hersteller-Entsorger-Beziehung, in: Controlling – Zeitschrift für erfolgsorientierte Unternehmenssteuerung, 22. Jg., Heft 12, S. 690-697.

Fandel, G.; Lorth, M. (2001): Produktion und Logistik, in: Jost, P.-J. (Hrsg.): Die Prinzipal-Agenten-Theorie in der Betriebswirtschaftslehre, Stuttgart: Schäffer-Poeschel, S. 273-329.

Fandel, G.; Stammen, M. (2004): A general model for extended strategic supply chain management with emphasis on product life cycles including development and recycling, in: International Journal of Production Economics, 89. Jg., Heft 3, S. 293-308.

Ferber, S. (2005): Strategische Kapazitäts- und Investitionsplanung in der globalen Supply Chain eines Automobilherstellers, Aachen: Shaker.

Fine, C. H. (1998): Clockspeed: Winning Industry Control in the Age of Temporary Advantage, Reading, Mass.: Perseus Books.

Fine, C. H. (2000): Clockspeed-Based Strategies for Supply Chain Design, in: Production and Operations Management, 9. Jg., Heft 3, S. 213-221.

Fine, C. H. (2005): Are You Modular or Integral? Be Sure Your Supply Chain Knows, in: Strategy + Business, 39. Jg., Heft 2, S. 1-8.

Fischer, M.; Fischer, A. (2001): Neue Konzepte für das Controlling der Zukunft, in: Kostenrechnungspraxis, 45. Jg., Heft 1, S. 29-35.

Fisher, M. L. (1997): What is the right supply chain for your product?, in: Harvard Business Review, 75. Jg., Heft 2, S. 105-116.

Fiske, A. P. (1990): Relativity within Moose ("Mossi") Culture: Four Incommensurable Models for Social Relationships, in: Ethos, 18. Jg., Heft 2, S. 180-204.

Fitzgerald, L.; Johnston, R.; Brignall, S.; Silvestro, R.; Voss, C. (1994): Performance measurement in service businesses, London: Chartered Institute of Management Accountants.

Fleisch, E. (2001): Das Netzwerkunternehmen: Strategien und Prozesse zur Steigerung der Wettbewerbsfähigkeit in der „Networked economy", Berlin et al.: Springer.

Forrester, J. W. (1958): Industrial Dynamics: a major breakthrough for decision makers, in: Harvard Business Review, 36. Jg., Heft 4, S. 37-66.

Fortuin, L. (1988): Performance indicators: Why, where and how?, in: European Journal of Operational Research, 34. Jg., Heft 1, S. 1-9.

Friedl, B. (2003): Controlling, Stuttgart: Lucius & Lucius.

Gericke, J.; Kaczmarek, M.; Schweier, H.; Sonnek, A.; Stüllenberg, F.; Wiesehahn, A. (1999): Anforderungen an das Controlling von Supply Chains, in: Logistik Spektrum, 11. Jg., Heft 2, S. 13-16.

Ghalayini, A. M.; Noble, J. S. (1996): The changing basis of performance measurement, in: International Journal of Operations & Production Management, 16. Jg., Heft 8, S. 63-80.

Gladen, W. (2002): Performance Measurement als Methode der Unternehmenssteuerung, in: Fröschle, H.-P. (Hrsg.): Performance Measurement, Heidelberg: dpunkt.-Verlag, S. 5-16.

Gladen, W. (2003): Kennzahlen- und Berichtssysteme: Grundlagen zum Performance Measurement, 2. Aufl., Wiesbaden: Gabler.

Gladen, W. (2005): Performance Measurement: Controlling mit Kennzahlen, 3. Aufl., Wiesbaden: Gabler.

Gleich, R. (1997): Stichwort Performance Measurement, in: Der Betriebswirt, 57. Jg., Heft 1, S. 114-117.

Gleich, R. (2001): Das System des Performance Measurement: Theoretisches Grundkonzept, Entwicklungs- und Anwendungsstand, München: Vahlen.

Gleich, R.; Kitzelmann, V. (2002): Performance Measurement in einem produzierenden Unternehmen, in: Fröschle, H.-P. (Hrsg.): Performance Measurement, Heidelberg: dpunkt.-Verlag, S. 89-96.

Globerson, S. (1985): Issues in developing a performance criteria system for an organization, in: International Journal of Production Research, 23. Jg., Heft 4, S. 639-646.

Göpfert, I. (2001): Logistik-Controlling der Zukunft, in: Controlling – Zeitschrift für erfolgsorientierte Unternehmenssteuerung, 13. Jg., Heft 7, S. 347-356.

Göpfert, I. (2005): Logistik Führungskonzeption: Gegenstand, Aufgaben und Instrumente des Logistikmanagements und -controllings, 2. Aufl., München: Vahlen.

Göpfert, I.; Neher, A. (2002): Supply Chain Controlling: Wissenschaftliche Konzeptionen und praktische Umsetzungen, in: Logistik Management, 4. Jg., Heft 3, S. 34-44.

Götze, U. (2003): Konzeptionen und Instrumente des Supply Chain Controlling, in: Der Betriebswirt, 44. Jg., Heft 4, S. 8-13.

Götze, W.; Deutschmann, C.; Link, H. (2002): Statistik: Lehr- und Übungsbuch mit Beispielen aus der Tourismus- und Verkehrswirtschaft, München et al.: Oldenbourg.

Grüning, M. (2002): Performance-Measurement-Systeme: Messung und Steuerung von Unternehmensleistung, Wiesbaden: Deutscher Universitäts-Verlag.

Gunasekaran, A. (1999): Agile manufacturing: A framework for research and development, in: International Journal of Production Economics, 62. Jg., Heft 1/2, S. 87-105.

Gunasekaran, A.; Patel, C.; McGaughey, R. E. (2004): A framework for supply chain performance measurement, in: International Journal of Production Economics, 87. Jg., Heft 3, S. 333-347.

Gunasekaran, A; Patel, C.; Tirtiroglu, E. (2001): Performance measures and metrics in a supply chain environment, in: International Journal of Operations & Production Management, 21. Jg., Heft 1/2, S. 71-87.

Gutenberg, E. (1983): Grundlagen der Betriebswirtschaftslehre: Erster Band: Die Produktion, 24. Aufl., Berlin et al.: Springer.

Haberkorn, K. (1996): Effizient führen: Informieren, Delegieren, Motivieren, Renningen-Malmsheim: Expert.

Häberle, S. G. (2008): Das neue Lexikon der Betriebswirtschaftslehre, Band 3, München et al: Oldenbourg.

Hacker, M. E.; Brotherton, P. E. (1998): Designing and Installing Effective Performance Measurement Systems, in: IIE Solutions, 30. Jg., Heft 8, S. 18-23.

Hahn, D. (2000): Problemfelder des Supply Chain Management, in: Wildemann, H. (Hrsg.): Supply Chain Management, München: TCW Transfer-Centrum-Verlag, S. 9-19.

Hauber, R. (2002): Performance Measurement in der Forschung und Entwicklung: Konzeption und Methodik, Wiesbaden: Deutscher Universitäts-Verlag.

Hervani, A. A.; Helms, M. M.; Sarkis, J. (2005): Performance measurement for green supply chain management, in: Benchmarking: An International Journal, 12. Jg., Heft 4, S. 330-353.

Hess, T. (2002): Netzwerkcontrolling: Instrumente und ihre Werkzeugunterstützung, Wiesbaden: Deutscher Universitäts-Verlag.

Hieber, R. (2002): Supply Chain Management: A Collaborative Performance Measurement Approach, Zürich: vdf Hochschulverlag.

Hilletofth, P. (2009): How to develop a differentiated supply chain strategy, in: Industrial Management & Data Systems, 109. Jg., Heft 1, S. 16-33.

Hoffjan, A.; Lührs, S. (2010): Offenlegung von Kosteninformationen in der Supply Chain: Wie es die Lieferanten sehen, in: Zeitschrift für Controlling & Management, 54. Jg., Heft 4, S. 246-250.

Hoffmann, O. (2002): Performance-Management: Systeme und Implementierungsansätze, Bern et al: Haupt.

Hofmann, E. (2010): Linking corporate strategy and supply chain management, in: International Journal of Physical Distribution & Logistics Management, 40. Jg., Heft 4, S. 256-276.

Holmberg, S. (2000): A systems perspective on supply chain measurements, in: International Journal of Physical Distribution & Logistics Management, 30. Jg., Heft 10, S. 847-868.

Holzkämper, C. (2006): Gestaltung kundenindividueller Supply Chains: Entwicklung eines Gestaltungsmodells von kundenindividuellen Supply Chains auf der Grundlage einer Analyse von logistischen Planungsaufgaben in Abhängigkeit des Kundenauftragsentkopplungspunktes (KAEP), Frankfurt am Main et al.: Lang.

Horváth, P. (1978): Controlling: Entwicklung und Stand einer Konzeption zur Lösung der Adaptions- und Koordinationsprobleme der Führung, in: Zeitschrift für Betriebswirtschaft, 48. Jg., Heft 3, S. 194-208.

Horváth, P. (2003): Controlling in Netzwerken, in: Freidank, C.-C.; Mayer, E. (Hrsg.): Controlling-Konzepte: Neue Strategien und Werkzeuge für die Unternehmenspraxis, Wiesbaden: Gabler, S. 211-225.

Horváth, P. (2009): Controlling, 11. Aufl., München: Vahlen.

Howard, T.; Hitchcock, L.; Dumarest, L. (2001): Grading the Corporate Report Card, in: Klingebiel, N. (Hrsg.): Performance Measurement & Balanced Scorecard, München: Vahlen, S. 25-35.

Hronec, S. M. (1993): Vital Signs: Using Quality, Time, and Cost Performance Measurements to Chart Your Company's Future, New York et al.: American Management Association.

Hungenberg, H. (2011): Strategisches Management in Unternehmen: Ziele – Prozesse – Verfahren, 6. Aufl., Wiesbaden: Gabler.

Iaccoca Institute (1991): 21st Century Manufacturing Enterprise Strategy, Bethlehem, Pa.: Lehigh University.

Jehle, E. (2000): Steuerung von großen Netzen in der Logistik unter besonderer Berücksichtigung von Supply Chains, in: Wildemann, H. (Hrsg.): Supply Chain Management, München: TCW Transfer-Centrum-Verlag, S. 205-226.

Jehle, E.; Stüllenberg, F. (2001): Kooperationscontrolling am Beispiel eines Logistikdienstleisters, in: Bellmann, K. (Hrsg.): Kooperations- und Netzwerkmanagement, Berlin: Duncker & Humblot, S. 209-230.

Junge, M. (2005): Controlling modularer Produktfamilien in der Automobilindustrie: Entwicklung und Anwendung der Modularisierungs-Balanced-Scorecard, Wiesbaden: Deutscher Universitäts-Verlag.

Kaplan, R. S.; Norton, D. P. (1992): The Balanced Scorecard: Measures That Drive Performance, in: Harvard Business Review, 70. Jg., Heft 1, S. 71-79.

Kaplan, R. S.; Norton, D. P. (1996a): Translating Strategy into Action: The Balanced Scorecard, Boston, Mass.: Harvard Business School Press.

Kaplan, R. S.; Norton, D. P. (1996b): Using the Balanced Scorecard as a Strategic Management System, in: Harvard Business Review, 74. Jg., Heft 1, S. 75-85.

Karlsson, C.; Ahlstrom, P. (1996): Assessing changes towards lean production, in: International Journal of Operations & Production Management, 16. Jg., Heft 2, S. 24-41.

Karrer, M. (2006): Supply Chain Performance Management: Entwicklung und Ausgestaltung einer unternehmensübergreifenden Steuerungskonzeption, Wiesbaden: Deutscher Universitäts-Verlag.

Katayama, H.; Bennett, D. (1996): Lean production in a changing competitive world: a Japanese perspective, in: International Journal of Operations & Production Management, 16. Jg., Heft 2, S. 8-23.

Kaufmann, L.; Germer, T. (2001): Controlling internationaler Supply Chains: Positionierung – Instrumente – Perspektiven, in: Arnold, U.; Mayer, R.; Urban, G. (Hrsg.): Supply Chain Management: Unternehmensübergreifende Prozesse, Kollaboration, IT-Standards, Bonn: Lemmens, S. 177-192.

Keebler, J. S.; Durtsche, D. A.; Manrodt, K. B.; Ledyard, M. D. (1999): Keeping score: Measuring the business value of logistics in the supply chain, Oak Brook, Ill.: Council of Logistics Management.

Keebler, J. S.; Plank, R. E. (2009): Logistics performance measurement in the supply chain: a benchmark, in: Benchmarking: An International Journal, 16. Jg., Heft 6, S. 785-798.

Kiefer, A. W.; Novack, R. A. (1999): An Empirical Analysis of Warehouse Measurement Systems in the Context of Supply Chain Implementation, in: Transportation Journal, 38. Jg., Heft 3, S. 18-27.

Klingebiel, N. (1998): Performance Management – Performance Measurement, in: Zeitschrift für Planung & Unternehmenssteuerung, 9. Jg., Heft 1, S. 1-15.

Klingebiel, N. (2000): Integriertes Performance Measurement, Wiesbaden: Deutscher Universitäts-Verlag.

Klingebiel, N. (2001): Impulsgeber des Performance Measurement, in: Klingebiel, N. (Hrsg.): Performance Measurement & Balanced Scorecard, München: Vahlen, S. 3-23.

Konrad, G. (2005): Theorie, Anwendbarkeit und strategische Potenziale des Supply Chain Management, Wiesbaden: Deutscher Universitäts-Verlag.

Kotler, P.; Keller, K. L.; Bliemel, F. (2007): Marketing-Management: Strategien für wertschaffendes Handeln, 12. Aufl., München et al.: Pearson.

Kotzab, H. (2000): Zum Wesen von Supply Chain Management vor dem Hintergrund der betriebswirtschaftlichen Logistikkonzeption – erweiterte Überlegungen, in: Wildemann, H. (Hrsg.): Supply Chain Management, München: TCW Transfer-Centrum-Verlag, S. 21-47.

Kramer, O. (2002): Methode zur Optimierung der Wertschöpfungskette mittelständischer Betriebe, München: Utz.

Künzel, H. (2005): Handbuch Kundenzufriedenheit: Strategie und Umsetzung in der Praxis, Berlin et al: Springer.

Küpper, H.-U. (1988): Koordination und Interdependenz als Bausteine einer konzeptionellen und theoretischen Fundierung des Controlling, in: Lücke, W. (Hrsg.): Betriebswirtschaftliche Steuerungs- und Kontrollprobleme, Wiesbaden: Gabler, S. 163-183.

Küpper, H.-U. (2008): Controlling: Konzeption, Aufgaben, Instrumente, 5. Aufl., Stuttgart: Schäffer-Poeschel.

Kuhn, A.; Hellingrath, B. (2002): Supply Chain Management: Optimierte Zusammenarbeit in der Wertschöpfungskette, Berlin et al.: Springer.

Kuhn, A.; Hellingrath, B.; Kloth, M. (1998): Anforderungen an das Supply Chain Management der Zukunft, in: Fachzeitschrift für Information Management und Consulting, 13. Jg., Heft 3, S. 7-13.

Kummer, S. (2001): Supply Chain Controlling, in: Kostenrechnungspraxis, 45. Jg., Heft 2, S. 81-87.

Kutschker, M.; Schmid, S. (2008): Internationales Management, 6. Aufl., München et al.: Oldenbourg.

Lachnit, L. (1976): Zur Weiterentwicklung betriebswirtschaftlicher Kennzahlensysteme, in: Zeitschrift für betriebswirtschaftliche Forschung, 28. Jg., Heft 4, S. 216-230.

Lachnit, L. (1979): Systemorientierte Jahresabschlussanalyse: Weiterentwicklung der externen Jahresabschlussanalyse mit Kennzahlensystemen, EDV und mathematisch-statistischen Methoden, Wiesbaden: Deutscher Universitäts-Verlag.

Lackes, R. (1995): Just-in-time-Produktion: Systemarchitektur, wissensbasierte Planungsunterstützung, Informationssysteme, Wiesbaden: Deutscher Universitäts-Verlag.

LaLonde, B. J.; Pohlen, T. L. (1996): Issues in Supply Chain Costing, in: International Journal of Logistics Management, 7. Jg., Heft 1, S. 1-12.

Lambert, D. M.; Pohlen, T. L. (2001): Supply Chain Metrics, in: International Journal of Logistics Management, 12. Jg., Heft 1, S. 1-19.

Lapide, L. (2000): True Measures of Supply Chain Performance, in: Supply Chain Management Review, 4. Jg., Heft 3, S. 25-28.

Lauzel, P.; Cibert, A. (1962): Des ratios au tableau de bord, 4. Aufl., Paris: L'entreprise moderne d'education.

Lebas, M. J. (1995): Performance measurement and performance management, in: International Journal of Production Economics, 41. Jg., Heft 1-3, S. 23-35.

Lee, H. L.; Billington, C. (1992): Managing Supply Chain Inventory: Pitfalls and Opportunities, in: Sloan Management Review, 33. Jg., Heft 3, S. 65-73.

Lee, H. L.; Tang, C. S. (1997): Modelling the costs and benefits of delayed product differentiation, in: Management Science, 43. Jg., Heft 1, S. 40-53.

Lejeune, M. A.; Yakova, N. (2005): On characterizing the 4 C's in supply chain management, in: Journal of Operations Management, 23. Jg., Heft 1, S. 81-100.

Liebetruth, T. (2005): Die Informationsbasis des Supply Chain Controllings: Forschungsstand, empirische Analyse, Gestaltungsempfehlungen, Köln: Kölner Wissenschafts-Verlag.

Lo, S. M.; Power, D. (2010): An empirical investigation of the relationship between product nature and supply chain strategy, in: Supply Chain Management: An International Journal, 15. Jg., Heft 2, S. 139-153.

Lockamy, A. (2004): Linking manufacturing and supply chain strategies: a conceptual framework, in: International Journal of Manufacturing Technology & Management, 6. Jg., Heft 5, S. 401-425.

Lönnqvist, A. (2004): Measurement of Intangible Success Factors: Case Studies on the Design, Implementation and Use of Measures, Publication 485, Tampere: Tampere University of Technology.

Lynch, R. L.; Cross, K. F. (1995): Measure up! How to measure Corporate Performance, 2. Aufl., Cambridge, Mass. et al.: Blackwell.

Macharzina, K.; Wolf, J. (2010): Unternehmensführung: Das internationale Managementwissen: Konzepte, Methoden, Praxis, 7. Aufl., Wiesbaden: Gabler.

Mason-Jones, R.; Naylor, B.; Towill, D. R. (2000): Lean, agile or leagile? Matching your supply chain to the marketplace, in: International Journal of Production Research, 38. Jg., Heft 17, S. 4061-4070.

Mayer, H. O. (2008): Interview und schriftliche Befragung: Entwicklung, Durchführung und Auswertung, 4. Aufl., München et al.: Oldenbourg.

McCunn, P. (1998): The Balanced Scorecard...the eleventh commandment, in: Management Accounting: Magazine for Chartered Management Accountants, 76. Jg., Heft 12, S. 34-36.

Melzer-Ridinger, R. (2005): Das Konzept Supply Chain Management, in: Hildebrand, K. (Hrsg.): Supply Chain Management, Heidelberg: dpunkt.-Verlag, S. 7-16.

Mensch, G. (2008): Finanz-Controlling: Finanzplanung und –kontrolle: Controlling zur finanziellen Unternehmensführung, 2. Aufl., München et al.: Oldenbourg.

Mentzer, J. T.; Min, S.; Zacharia, Z. G. (2000): The nature of interfirm partnership in supply chain management, in: Journal of Retailing, 76. Jg., Heft 4, S. 549-568.

Meyr, H.; Stadtler, H. (2008): Types of supply chains, in: Stadtler, H.; Kilger, C. (Hrsg.): Supply Chain Management and Advanced Planning: Concept, Models, Software, and Case Studies, 4. Aufl., Berlin et al.: Springer, S. 65-80.

Möller, K. (2002): Wertorientiertes Supply Chain Controlling: Gestaltung von Wertbeiträgen, Wertaufteilung und immateriellen Werten, in: Weber, J.; Hirsch, B. (Hrsg.): Controlling als akademische Disziplin: Eine Bestandsaufnahme, Wiesbaden: Gabler, S. 311-327.

Morgan, C. (2004): Structure, speed and salience: performance measurement in the supply chain, in: Business Process Management Journal, 10. Jg., Heft 5, S. 522-536.

Müller, W. (1974): Die Koordination von Informationsbedarf und Informationsbeschaffung als zentrale Aufgabe des Controlling, in: Zeitschrift für betriebswirtschaftliche Forschung, 26. Jg., Heft 10, S. 683-693.

Naylor, J. B.; Naim, M. M.; Berry, D. (1999): Leagility: Integrating the lean and agile manufacturing paradigms in the total supply chain, in: International Journal of Production Economics, 62. Jg., Heft 1/2, S. 107-118.

Neely, A. D. (1998): Measuring business performance, London: Economist.

Neely, A. D. (1999): The performance measurement revolution: why now and what next?, in: International Journal of Operations & Production Management, 19. Jg., Heft 2, S. 205-228.

Neely, A. D.; Gregory, M.; Platts, K. (1995): Performance measurement system design: a literature review and research agenda, in: International Journal of Operations & Production Management, 15. Jg., Heft 4, S. 80-116.

Olbrich, R.; Battenfeld, D. (2007): Preispolitik: Ein einführendes Lehr- und Übungsbuch, Berlin et al.: Springer.

Oliver, R. K.; Webber, M. D. (2002): Supply-chain management: logistics catches up with strategy, in: Logistik Management, 4. Jg., Heft 3, S. 75-88.

Otto, A. (2002): Management und Controlling von Supply Chains: Ein Modell auf der Basis der Netzwerktheorie, Wiesbaden: Deutscher Universitäts-Verlag.

Otto, A.; Stölzle, W. (2003): Thesen zum Stand des Supply Chain Controlling, in: Stölzle, W.; Otto, A. (Hrsg.): Supply Chain Controlling in Theorie und Praxis: Aktuelle Konzepte und Unternehmensbeispiele, Wiesbaden: Gabler, S. 1-23.

Parmenter, D. (2010): Key performance indicators: developing, implementing, and using winning KPIs, 2. Aufl., New York et al.: Wiley.

Pfaff, D.; Kunz, A.; Pfeiffer, T. (2000): Balanced Scorecard als Bemessungsgrundlage finanzieller Anreizsysteme – Eine theorie- und empiriegeleitete Analyse der resultierenden Grundprobleme, in: Betriebswirtschaftliche Forschung und Praxis, 52. Jg., Heft 1, S. 36-55.

Pfeifer, T. (2001): Qualitätsmanagement: Strategien, Methoden, Techniken, 3. Aufl., München et al.: Hanser.

Pfohl, H.-C. (2000): Supply Chain Management: Konzept, Trends, Strategien, in: Pfohl, H.-C. (Hrsg.): Supply Chain Management: Logistik plus? Logistikkette – Marketingkette – Finanzkette, Berlin: Erich Schmidt, S. 1-42.

Piontek, J. (2005): Controlling, 3. Aufl., München et al.: Oldenbourg.

Porter, M. E. (1979): How competitive forces shape strategy, in: Harvard Business Review, 57. Jg., Heft 2, S. 137-145.

Porter, M. E. (2010): Wettbewerbsvorteile: Spitzenleistungen erreichen und behaupten, 7. Aufl., Frankfurt am Main; New York: Campus.

Prockl, G. (2008): Logistik-Management im Spannungsfeld zwischen wissenschaftlicher Erklärung und praktischer Handlung, Wiesbaden: Deutscher Universitäts-Verlag.

Qi, Y.; Boyer, K. K.; Zhao, X. (2009): Supply chain strategy, product characteristics, and performance impact: evidence from Chinese manufacturers, in: Decision Sciences, 40. Jg., Heft 4, S. 667-695.

Ramdas, K.; Spekman, R. E. (2000): Chain or shackles: Understanding what drives supply-chain performance, in: Interfaces, 30. Jg., Heft 4, S. 3-21.

Reichmann, T. (2006): Controlling mit Kennzahlen und Management-Tools: Die systemgestützte Controlling-Konzeption, 7. Aufl., München: Vahlen.

Richert, J. (2006): Performance Measurement in Supply Chains: Balanced Scorecard in Wertschöpfungsnetzwerken, Wiesbaden: Gabler.

Riedl, J. B. (2000): Unternehmungswertorientiertes Performance Measurement: Konzeption eines Performance-Measure-Systems zur Implementierung einer wertorientierten Unternehmensführung, Wiesbaden: Deutscher Universitäts-Verlag.

Ringle, C. M. (2004): Kooperation in virtuellen Unternehmungen: Auswirkungen auf die strategischen Erfolgsfaktoren der Partnerunternehmen, Wiesbaden: Deutscher Universitäts-Verlag.

Ripperger, T. (2003): Ökonomik des Vertrauens: Analyse eines Organisationsprinzips, 2. Aufl., Tübingen: Mohr Siebeck.

Ross, D. F. (1998): Competing through supply chain management: Creating market-winning strategies through supply chain partnerships, New York et al.: Chapman & Hall.

Schönsleben, P.; Hieber, R. (2004): Gestaltung von effizienten Wertschöpfungspartnerschaften im Supply Chain Management, in: Busch, A.; Dangelmaier, W. (Hrsg.): Integriertes Supply Chain Management: Theorie und Praxis unternehmensübergreifender Geschäftsprozesse, 2. Aufl., Wiesbaden: Gabler, S. 45-62.

Schönsleben, P.; Nienhaus, J.; Schnetzler, M.; Sennheiser, A.; Weidemann, M. (2003): SCM – Stand und Entwicklungstendenzen in Europa, in: Supply Chain Management, 3. Jg., Heft 1, S. 19-27.

Schomann, M. (2001): Wissensorientiertes Performance Measurement, Wiesbaden: Deutscher Universitäts-Verlag.

Schreyer, M. (2007): Entwicklung und Implementierung von Performance Measurement Systemen, Wiesbaden: Deutscher Universitäts-Verlag.

Schuh, G. (2006): Change Management: Prozesse strategiekonform gestalten, Berlin et al.: Springer.

Schumpeter, J. A. (1939): Business cycles: a theoretical, historical, and statistical analysis of the capitalist process, New York et al.: McGraw-Hill.

Seidenschwarz, W. (1993): Target Costing: Marktorientiertes Zielkostenmanagement, München: Vahlen.

Sennheiser, A.; Schnetzler, M. (2008): Wertorientiertes Supply Chain Management: Strategien zur Mehrung und Messung des Unternehmenswertes durch SCM, Berlin et al.: Springer.

Seuring, S. (2001): Supply Chain Costing: Kostenmanagement in der Wertschöpfungskette mit Target Costing und Prozesskostenrechnung, München: Vahlen.

Sharp, J. M.; Irani, Z.; Desai, S. (1999): Working towards agile manufacturing in the UK industry, in: International Journal of Production Economics, 62. Jg., Heft 1/2, S. 155-169.

Shepherd, C.; Günter, H. (2006): Measuring supply chain performance: current research and future directions, in: International Journal of Productivity and Performance Management, 55. Jg., Heft 3/4, S. 242-258.

Simons, R. (1995): Levers of Control: How Managers Use Innovative Control Systems to Drive Strategic Renewal, Boston, Mass.: Harvard Business School Press.

Staehle, W. H. (1969): Kennzahlen und Kennzahlensysteme als Mittel der Organisation und Führung von Unternehmen, Wiesbaden: Gabler.

Steven, M.; Krüger, R. (2004): Advanced Planning Systems – Grundlagen, Funktionalitäten, Anwendungen, in: Busch, A.; Dangelmaier, W. (Hrsg.): Integriertes Supply Chain Management: Theorie und Praxis unternehmensübergreifender Geschäftsprozesse, 2. Aufl., Wiesbaden: Gabler, S. 171-188.

Stevens, G. C. (1989): Integrating the Supply Chain, in: International Journal of Physical Distribution & Logistics Management, 19. Jg., Heft 8, S. 3-8.

Stölzle, W. (2002a): Supply Chain Controlling und Performance Management: Konzeptionelle Herausforderungen für das Supply Chain Management, in: Logistik Management, 4. Jg., Heft 3, S. 10-21.

Stölzle, W. (2002b): Supply Chain Controlling: Eine Plattform für die Controlling- und die Logistikforschung?, in: Weber, J.; Hirsch, B. (Hrsg.): Controlling als akademische Disziplin, Wiesbaden: Gabler, S. 283-309.

Stölzle, W.; Heusler, K.; Karrer, M. (2001): Die Integration der Balanced Scorecard in das Supply Chain Management-Konzept (BSCM), in: Logistik Management, 3. Jg., Heft 2/3, S. 73-85.

Stölzle, W.; Hofmann, E.; Hofer, F. (2005): Supply Chain Costing: Konzeptionelle Grundlagen und ausgewählte Instrumente, in: Brecht, U. (Hrsg.): Neue Entwicklungen im Rechnungswesen, Wiesbaden: Gabler, S. 53-85.

Supply Chain Council (2011): Homepage des Supply Chain Council: http://supply-chain.org/f/Web-Scor-Overview.pdf (heruntergeladen am 28.02.2011).

Sydow, J. (1992): Strategische Netzwerke: Evolution und Organisation, Wiesbaden: Deutscher Universitäts-Verlag.

Thaler, K. (2007): Supply Chain Management: Prozessoptimierung in der logistischen Kette, 5. Aufl., Köln: Fortis.

Tietze-Stöckinger, I. (2005): Kosteneinsparpotenziale durch Erweiterung von betrieblichen Systemgrenzen: dargestellt an Beispielen von Kooperationen aus den Bereichen Energieversorgung und Abfallentsorgung, Karlsruhe: Universitäts-Verlag.

Töpfer, A. (2009): Lean Six Sigma: Erfolgreiche Kombination von Lean Management, Six Sigma und Design for Six Sigma, Berlin et al.: Springer.

Vonderembse, M. A.; Uppal, M.; Huang, S. H.; Dismukes, J. P. (2006): Designing supply chains: Towards theory development, in: International Journal of Production Economics, 100. Jg., Heft 2, S. 223-238.

Wagenhofer, A. (1999): Anreizkompatible Gestaltung des Rechnungswesens, in: Bühler, W.; Siegert, T. (Hrsg.): Unternehmenssteuerung und Anreizsysteme, Stuttgart: Schäffer-Poeschel, S. 183-205.

Wagner, K. W.; Patzak, G. (2007): Performance Excellence: Der Praxisleitfaden zum effektiven Prozessmanagement, München et al.: Hanser.

Warnecke, H. J.; Hüser, M. (1995): Lean production, in: International Journal of Production Economics, 41. Jg., Heft 1, S. 37-43.

Weber, J.; Bacher, A.; Groll, M. (2002a): Konzeption einer Balanced Scorecard für das Controlling von unternehmensübergreifenden Supply Chains, in: Kostenrechnungspraxis, 46. Jg., Heft 3, S. 133-141.

Weber, J.; Bacher, A.; Groll, M. (2002b): Der Einsatz der Prozesskostenrechnung als Controlling Instrument im Rahmen des Supply Chain Management – ein Stufenmodell, in: Logistik Management, 4. Jg., Heft 3, S. 52-62.

Weber, J.; Bacher, A.; Groll, M. (2004): Supply Chain Controlling, in: Busch, A.; Dangelmaier, W. (Hrsg.): Integriertes Supply Chain Management: Theorie und Praxis unternehmensübergreifender Geschäftsprozesse, 2. Aufl., Wiesbaden: Gabler, S. 145-166.

Weber, J.; Blum, H. (2001): Logistik-Controlling: Konzept und empirischer Stand, Weinheim: Wiley-VCH.

Weber, J.; Dehler, M.; Wertz, B. (2000): Supply Chain Management und Logistik, in: Wirtschaftswissenschaftliches Studium, 29. Jg., Heft 5, S. 264-269.

Weber, J.; Großklaus, A.; Kummer, S.; Nippel, H.; Warnke, D. (1995): Methodik zur Generierung von Logistik-Kennzahlen, in: Weber, J. (Hrsg.): Kennzahlen für die Logistik, Stuttgart: Schäffer-Poeschel, S. 9-45.

Weber, J.; Kummer, S.; Großklaus, A.; Nippel, H.; Warnke, D. (1997): Methodik zur Generierung von Logistik-Kennzahlen, in: Betriebswirtschaftliche Forschung und Praxis, 49. Jg., Heft 4, S. 438-454.

Weber, J.; Schäffer, U. (1999): Sicherstellung der Rationalität von Führung als Aufgabe des Controlling?, in: Die Betriebswirtschaft, 59. Jg., Heft 6, S. 731-747.

Weber, J.; Schäffer, U. (2000): Controlling als Koordinationsfunktion?, in: Kostenrechnungspraxis, 44. Jg., Heft 2, S. 109-118.

Weber, J.; Schäffer, U. (2008): Einführung in das Controlling, 12. Aufl., Stuttgart: Schäffer-Poeschel.

Weber, J.; Wallenburg, C. M. (2008): Logistik- und Supply Chain Controlling, 6. Aufl., Stuttgart: Schäffer-Poeschel.

Wehberg, G. (1995): Logistik-Controlling: Kern des evolutionären Logistikmanagement, in: Jöstingmeier, B. (Hrsg.): Controlling-Konzepte im Wandel, Göttingen: Vandenhoeck & Ruprecht, S. 73-134.

Werner, H. (2008): Supply Chain Management: Grundlagen, Strategien, Instrumente und Controlling, 3. Aufl., Wiesbaden: Gabler.

Wettstein, T. (2002): Gesamtheitliches Performance Measurement: Vorgehensmodell und informationstechnische Ausgestaltung, Freiburg/Schweiz: Wirtschafts- und Sozialwissenschaftliche Fakultät der Universität Freiburg in der Schweiz.

Wiedmann, H.; Dunz, R. (2000): LIKE: Beziehungsmanagement in der Automobilzulieferindustrie am Beispiel der Sachs AG (Atecs Mannesmann), in: Koppelmann, U.; Hildebrandt, H. (Hrsg.): Beziehungsmanagement mit Lieferanten, Stuttgart: Schäffer-Poeschel, S. 25-47.

Winkler, H. (2005): Konzept und Einsatzmöglichkeiten des Supply Chain Controlling am Beispiel einer Virtuellen Organisation (VISCO), Wiesbaden: Deutscher Universitäts-Verlag.

Wisner, J. D.; Fawcett, S. E. (1991): Linking firm strategy to operating decisions through performance measurement, in: Production & Inventory Management Journal, 32. Jg., Heft 3, S. 5-11.

Wollseiffen, B. (1999): Lean Production und Fertigungstiefenplanung, Lohmar et al.: Eul.

Womack, J. P.; Jones, D. T.; Roos, D. (1992): Die zweite Revolution in der Autoindustrie: Konsequenzen aus der weltweiten Studie aus dem Massachusetts Institute of Technology, 5. Aufl., Frankfurt am Main; New York: Campus.

Yusuf, Y. Y.; Sarhadi, M.; Gunasekaran, A. (1999): Agile manufacturing: The drivers, concepts and attributes, in: International Journal of Production Economics, 62. Jg., Heft 1/2, S. 33-43.

Zäpfel, G. (2000): Strategisches Produktions-Management, 2. Aufl., München et al.: Oldenbourg.

Zäpfel, G.; Piekarz, B. (1996): Supply Chain Controlling: Interaktive und dynamische Regelung der Material- und Warenflüsse, Wien: Ueberreuter.

Zäpfel, G.; Wasner, M. (1999): Der Peitschenschlageffekt in der Logistikkette und Möglichkeiten der Überwindung chaotischen Verhaltens, in: Logistik Management, 1. Jg., Heft 4, S. 297-309.

Zeller, A. J. (2003): Controlling von Unternehmensnetzwerken: Bestandsaufnahme und Lückenanalyse, Erlangen-Nürnberg: Bayerischer Forschungsverbund Wirtschaftsinformatik der Universität Erlangen-Nürnberg.

Zentralverband der Elektrotechnik- und Elektronikindustrie (1989): ZVEI-Kennzahlensystem: Ein Instrument zur Unternehmenssteuerung, 4. Aufl., Mindelheim: Sachon.

Zimmermann, K. (2003): Supply Chain Balanced Scorecard: Unternehmensübergreifendes Management von Wertschöpfungsketten, Wiesbaden: Deutscher Universitäts-Verlag.

Zollondz, H.-D. (2006): Grundlagen Qualitätsmanagement: Einführung in Geschichte, Begriffe, Systeme und Konzepte, 2. Aufl., München et al.: Oldenbourg.

Von der Promotion zum Buch

WWW.GABLER.DE

Sie haben eine wirtschaftswissenschaftliche Dissertation bzw. Habilitation erfolgreich abgeschlossen und möchten sie als Buch veröffentlichen?

Zeigen Sie, was Sie geleistet haben.
Publizieren Sie Ihre Dissertation als Buch bei Gabler Research.
Ein Buch ist nachhaltig wirksam für Ihre Karriere.
Nutzen Sie die Möglichkeit mit Ihrer Publikation bestmöglich sichtbar und wertgeschätzt zu werden – im Umfeld anerkannter Wissenschaftler und Autoren.
Qualitative Titelauswahl sowie namhafte Herausgeber renommierter Schriftenreihen bürgen für die Güte des Programms.

Ihre Vorteile:

- Kurze Produktionszyklen: Drucklegung in 6-8 Wochen
- Dauerhafte Lieferbarkeit print und digital: Druck + E-Book in SpringerLink Zielgruppengerechter Vertrieb an Wissenschaftler, Bibliotheken, Fach- und Hochschulinstitute und (Online-)Buchhandel
- Umfassende Marketingaktivitäten: E-Mail-Newsletter, Flyer, Kataloge, Rezensionsexemplar-Versand an nationale und internationale Fachzeitschriften, Präsentation auf Messen und Fachtagungen etc.

▶ Möchten Sie Autor beim Gabler Verlag werden? Kontaktieren Sie uns!

Ute Wrasmann | Lektorat Wissenschaftliche Monografien
Tel. +49 (0)611.7878-239 | Fax +49 (0)611.7878-78-239 | ute.wrasmann@gabler.de

KOMPETENZ IN SACHEN WIRTSCHAFT **GABLER**